为有荷花唤我来

叶嘉莹在南开

学术支持：南开大学中华古典文化研究所

沈立岩 主编

中国大百科全书出版社

图书在版编目（CIP）数据

为有荷花唤我来：叶嘉莹在南开 / 沈立岩主编 . —北京：中国大百科全书出版社，2021.10
ISBN 978-7-5202-1042-3

Ⅰ. ①为… Ⅱ. ①沈… Ⅲ. ①叶嘉莹－传记 Ⅳ. ①K837.115.6

中国版本图书馆CIP数据核字（2021）第198691号

出 版 人 刘国辉
策 划 人 曾 辉 娄庆吉
责任编辑 邬四娟
责任印制 魏 婷
封面设计 今亮后声
出版发行 中国大百科全书出版社
社　　址 北京阜成门北大街 17 号
邮政编码 100037
电　　话 010-88390636
网　　址 www.ecph.com.cn
印　　刷 中煤（北京）印务有限公司
开　　本 710 毫米 × 1000 毫米 1/16
印　　张 25.75 **插页** 2
字　　数 312 千字
印　　次 2022 年 1 月第 1 版 2023 年 11 月第 2 次印刷
书　　号 ISBN 978-7-5202-1042-3
定　　价 99.00 元

目录

序章

为有荷花唤我来

结缘卅载在南开
为有荷花唤我来
修到马蹄湖畔住
托身从此永无乖

迦陵2021年秋录旧作

壹

我与荷花及南开的因缘

叶嘉莹

我出生于荷月，故小字为“荷”，因此平生对于荷花情有独钟。自少年时代我即写有咏荷之作，对于荷之出泥不染、中通外直之美质尤为爱赏。考入中学后，未几就发生了七七事变，父亲随国民政府迁移后方，母亲又于不久后因病弃养。沦陷区之百姓生活极为艰苦，当时偶读李商隐《送臻师》之作，诗云：“苦海迷途去未因，东方过此几微尘。何当百亿莲华上，一一莲华见佛身。”盖以在佛书中往往以莲花为超度苦厄之象喻，我虽得名曰“荷”，然自愧有愿而无能，所以当时曾写有《咏莲》小诗一首，诗曰：

植本出蓬瀛，淤泥不染清。
如来原是幻，何以度苍生。

其后考入辅仁大学国文系，从顾随先生受读“唐宋诗”课程。先生每以禅宗佛理说诗，而当时我家中长辈自幼只以儒学教子弟，与佛教禅学殊少接触。一日，偶见报章中刊有北京广济寺将讲授《妙法莲华经》之消息，心存好奇，遂往聆听。当时自惭愚昧，并未有深入之所得，只记得说法人所举出的“花开莲现，花落莲成”的一个话头。听讲归来后遂写了一首小词《鹧鸪天》，词曰：

一瓣心香万卷经。茫茫尘梦几时醒。前因未了非求福，风絮飘残总化萍。　　时序晚，露华凝。秋莲摇落果何成。人间是事堪惆怅，檐外风摇塔上铃。

我当时对佛学禅宗原为门外汉，但因我既小字为“荷”，因此乃对“花落莲成”之喻，颇怀警悟之心，不知此莲此荷经秋摇落后之终有何成也。当时青春年少偶读古诗，见有“涉江采芙蓉”及“采之欲遗谁”之句；又读大晏词，见有“莫将琼萼等闲分，留赠意中人”之句，乃于此莲终有何成之证悟的追寻后又有了一

谢琰先生题写叶嘉莹先生自撰句与摄影荷花图

种终将向何处投赠的反省和寻思。于是我模仿乐府体又写了一组《拟采莲曲》，诗如下：

采莲复采莲，莲叶何田田。鼓棹入湖去，微吟自叩舷。
湖云自舒卷，湖水自沦涟。相望不相即，相思云汉间。
采莲复采莲，莲花何旖旎。艳质易飘零，常恐秋风起。
采莲复采莲，莲实盈筐筥。采之欲遗谁，所思云鹤侣。
妾貌如莲花，妾心如莲子。持赠结郎心，莫教随逝水。

大学毕业后，我于 1948 年春赴南京结婚，时已为国民党败退之前夕，南京市乱象纷呈，遂于是年 11 月底随外子工作调动迁往台湾。时外子在海军士兵学校任教职，我则经友人介绍在彰化女中任教职。一年后，我产下一女，三个月后乃遭“白色恐怖”之厄，外子即被海军监押。半年后，我携哺乳中之幼女亦与彰化女中之校长及其他几位教师同时被彰化警察局所拘捕。其后我虽幸获释出，而生活上则备经艰苦，久不事吟咏。我曾偶于梦中得句，杂用义山诗足成绝句三首，诗如下：

其一

换朱成碧余芳尽，变海为田夙愿休。
总把春山扫眉黛，雨中寥落月中愁。

其二

波远难通望海潮，硃红空护守宫娇。
伶伦吹裂孤生竹，埋骨成灰恨未销。
（按：义山诗原句作“恨未休”，为押韵之故改为“恨未销”。）

其三

一春梦雨常飘瓦，万古贞魂倚暮霞。
昨夜西池凉露满，独陪明月看荷花。

1969 年，我因种种机缘，乃于无意中竟然落足到了加拿大的温哥华，此一城市地近太平洋之暖流，气候宜人，百花繁茂，而独鲜植荷者。而我既以“荷”为小字，终身对荷情有独钟，遂对温哥华之不见荷花未免心有所憾。20 世纪 70 年代初，我归国探亲；其后又应邀在国内各地讲学，每睹新荷辄思往事，遂写得《木兰花慢 · 咏荷》一阕，词曰：

花前思乳字，更谁与，话生平。怅卅载天涯，梦中常忆，青盖亭亭。飘零自怀羁恨，总芳根、不向异乡生。却喜归来重见，嫣然旧识娉婷。　　月明一片露华凝。珠泪暗中倾。算净植无尘，化身有愿，枉负深情。星星鬓丝欲老，向西风、愁听佩环声。独倚池阑小立，几多心影难凭。

而在祖国各地所见的荷花中，则以南开大学马蹄湖中之荷花予我之印象最为深刻。盖因南开大学所建之专家楼与马蹄湖相距甚近，我当年在专家楼居住时，最喜在马蹄湖边散步，曾写有诗词多首。

写到此处，我就不得不将我回到南开来教学的前后因果略加叙述。原来 1970 年加拿大与中国建交后，我就曾申请回国探亲，1974 年获得批准，我遂于是年暑期经过旅行社的安排于去国二十六年之后，终于得到了一次回国探亲旅游的机会。当时我曾写有一首七言长古《祖国行长歌》。诗长有两千字之多，就时间而言，包括了二十余年生离死别的经历；就空间而言，包括了我

2007年，叶嘉莹先生在南开大学马蹄湖畔

离开祖国大陆后二十余年来飘转于中国台湾地区及美国、加拿大各地的经历和生活。由我少年时所经历的战时流离之苦，到当时看到祖国的崛起壮大，心中自然充满兴奋之情。只不过当时尚在“文革”之中，我心想以后我大概只能回国探亲旅游，而再也没有回到祖国来贡献我自己之所学的机会了。所以此诗开端所写的虽是“卅年离家几万里，思乡情在无时已，一朝天外赋归来，眼流涕泪心狂喜”的欣喜之情，但在结尾处所写的则是“雕虫文字真何用，聊赋长歌纪此行”的自我失落之感。谁知世变无常，1976年就发生了巨变。先是周恩来总理去世，天安门前民众自发的对于周总理的悼念竟然汇成了一片诗歌与联语的海洋，这使我以为祖国虽历尽诸多艰危苦难，而只要诗心不死，就大有可为，所以内心乃极为激动。继之，国内很快就恢复了大学的招生考试。而也就是在这一阶段中，我自己家中却发生了一件绝大的不幸之事，就是我的长女言言与女婿宗永廷在一次外出旅游途中竟然发生车

祸，夫妇两人同时去世了。我于悲悼之余，写了十首“哭女诗”，最后两首写的是：

其九

平生几度有颜开，风雨逼人一世来。
迟暮天公仍罚我，不令欢笑但余哀。

其十

从来天壤有深悲，满腹酸辛说向谁。
痛哭吾儿躬自悼，一生劳瘁竟何为。

正是这一次悲惨的巨变，使我以一人之力辛苦持家、为家庭工作和劳苦牺牲个人之梦觉醒了。当 1977 年再度回国探亲旅游时，我就动了申请回国教书的念头。1978 年我写好了申请信，步行到街口去投寄时，曾经写了两首绝句，题曰《向晚二首》，诗如下：

其一

向晚幽林独自寻，枝头落日隐余金。
渐看飞鸟归巢尽，谁与安排去住心。

其二

花飞早识春难驻，梦破从无迹可寻。
漫向天涯悲老大，余生何地惜余阴。

申请信寄出后不久，我就从海外版的《人民日报》上看到了一则令人振奋的消息。消息说原先在南开大学任教的李霁野教授在“文革”中一度被批判，现在已经复出任教了。李先生是我的老师顾随先生的好友，台湾光复后，李先生曾应台湾教育相关部门之邀与其好友台静农先生同赴台湾大学任教。当我随外子工作调动赴台时，顾先生曾写信嘱我去探望李先生。我于 1949 年春天曾在台北与他见过一面，其后不久台湾就发生了“白色恐怖”，1949 年冬外子被拘捕，1950 年夏我携哺乳中的女儿也与彰化女中的校长及同事们一同被拘捕，从此遂与李先生断绝了音信。谁知现在我竟然在报纸上见到了他复出的消息。兴奋之余，我立即给李先生写了一封信，告诉他我现在正在申请回国教书。不久，我接到了李先生的回信说祖国形势大好，我就又写了两首诗，名曰《再吟二绝》，如下：

其一

却话当年感不禁，曾悲万马一时喑。
如今齐向春郊骋，我亦深怀并辔心。

其二

海外空能怀故国，人间何处有知音。
他年若遂还乡愿，骥老犹存万里心。

1979 年我收到教育部的回信，教育部批准了我回国教书的申请，并安排我到北京大学教书。于是，我于这一年春天回到国内。我先在北京大学教了一段时间，不久应李先生之邀转到南开大学。南开的老师和学生都极为热情，我曾为此写了在南开教书的纪事绝句，有二十四首之多。初到南开时正值唐山地震之后，操场上还留有一片防震棚，可谓百废待兴。但老师与学生则莫不满怀热情，对一切事都充满理想和期待。2012 年，一九七七级的南开中文系校友曾出版一本纪念册，要我题诗，我于是为他们写了两首七言绝句，诗如下：

其一

春风往事忆南开，客子初从海上来。
喜见劫余生意在，满园桃李正新栽。

其二

依依难别夜沉沉，一课临歧感最深。
卅载光阴弹指过，未应磨染是初心。

1979 年当日的满园桃李如今都已各有成就，这当然是件值得欣喜的事。不过三十年来国内社会也发生了不少变化，我所盼望的是我们仍都能葆有当年那一份充满了理想和期待的纯真的本心，所以说“未应磨染是初心”。“磨染”典出于《论语 · 阳货》：“不曰坚乎，磨而不磷；不曰白乎，涅而不缁。”而这种不磷不缁的风骨则正与本文开端所提到的“荷”之“出泥不染、中通外直”的品性颇有相似之处。南开之吸引我的除了前面所叙及的李霁野先生之邀聘的一份殷切的情谊以外，南开马蹄湖的一片荷塘以及由此一片荷塘所孕育和影响出来的一种精神和风骨也都有足以引人赏慕之处。更为难得的是，南开的校领导大多对诗歌有着浓厚的兴趣。记得我于 1979 年年初到南开的时候，南开的校长是著名的化学家杨石先教授。初次见到杨校长，他就送给我一册线装的极精美的李清照的词集。南开的友人告诉我，杨校长对旧诗词极为喜爱，枕边案头经常置有诗词文集，甚至外出开会也会携带一册诗词集作为旅途中休闲的读物。另外，吴大任校长与其夫人陈鹞教授也极为喜爱诗词。20 世纪 80 年代初，我在南开讲课时，他们夫妇常来班上旁听，还曾介绍我为他们的一位已逝世的好友石声汉先生的遗著《荔尾词存》撰写序言。现在的龚克校长也是一位诗词爱好者，每次见面经常与我谈论诗词，而且有一次开会，他走在我的身边竟然还顺口背了我的一些诗作。我对理科出身的领导能对旧体诗词有如此浓厚的兴趣和修养，实在感到钦佩不已。至于中文系出身的陈洪先生则更是博学多才，几乎可以说是诗文辞赋无所不能。2011 年有位南开历史系的校友张候萍女士编写了一册访问我的文稿，曾将草稿呈交陈先生，请求指正。陈先生批阅后竟然写了三首诗送给我，诗的题目是《读叶嘉莹先生〈谈诗忆往〉有感而作绝句三章》，诗如下：

夜半掩卷，久久不能释然而作。

才命相妨今信然，心惊历历复斑斑。
易安绝唱南迁后，菡萏凉生秋水寒。

读《谈诗忆往》重有感二首。

其一

北斗京华望欲穿，诗心史笔两相兼。
七篇同谷初歌罢，万籁无声夜欲阑。

其二

锦瑟朦胧款款弹，天花乱坠寸心间。
月明日暖庄生意，逝水滔滔许共看。

陈先生这三首诗让我非常感动。回忆 1979 年我初来南开时，陈先生还在中文系读研究生，而其文才与干才则已早为系内师长所共同知赏。我的课程结束后临行之际，陈先生还曾到我住的饭店中为我收拾行李。三十多年来陈先生亲眼看到了我所走过的每一步足迹。我与陈先生还有一件巧合之事。有一次，校方要为我办些手续，把我的护照取去填写出生年月日，陈先生无意中发现我护照上的生日与他身份证上的生日竟然完全相同，而且陈先生也知道我生于荷月，小字为荷。陈先生所读的那一册访谈稿，原来还有一个别名，题为《红蕖留梦——叶嘉莹谈诗忆往》，所以陈先生在赠我这三首诗的同时，亦赠给了我几张他亲自在马蹄湖畔拍摄的荷花图像，还有他的一册论史说禅的题为《结缘》的新著，更有一篇他为天津写的题为《津沽》的长赋。于是我也写了两首诗答谢陈先生，记述了这些事情，诗如下：

其一

《津沽》大赋仰佳篇，论史说禅喜《结缘》。
曾为“行人”理行李，高情长忆卅年前。

其二

《谈诗忆往》记前尘，留梦红蕖写未真。
摄取“马蹄湖”上影，荷花生日喜同辰。

关于研究所的成立，陈先生也曾给予了大力协助。原来校方提出来想要成立研究所，并拟聘我为所长的一切经过也尽为陈先生之所深知。在最初我原不肯应承校方此一请求，盖因我自己深知除了教书以外，我其实别无所长，更从来没有担任过任何行政工作，所以最初我原持坚拒之态度。而当时南开外事处的逄诵丰处长则有他的一个理想，就是要把汉教中心从语言教学提高到一个科研层次，母国光校长也支持逄处长的设想。于是多方劝说要我担任此职务，说校方会为我安排得力的老师作为副所长来担任实际工作。于是在多方劝说下，我就表示了同意。岂知其后不久母校长就退休了，逄处长也过世了。这个研究所就只成了虚挂在汉教中心下的一个空名。不久后幸得鲁德才先生来协助做了许多开拓的工作，又请得安易女士来担任了秘书，最后才得借用到东艺系一间办公室，并配备了家具，安装了电话。但 1995 年年初鲁先生赴韩国讲学，原来拟定要来担任副所长的几位先生都因故未能到位。在此时期幸而请得崔宝衡先生来担任了副所长，是他们在既没有办公室，也没有教室，更没有经费的最为艰苦的时期开展了起步的工作。谁知就在极度困窘之中，居然结下了意想不到的善缘。原来温哥华有一位书法家谢琰先生，他原在 UBC（加拿大不列颠哥伦比亚大学）的亚洲图书馆工作，负责中文善本书的管理，我来不列颠哥伦比亚大学任教以后经常麻烦他为我检寻书籍。他的夫人施淑仪女士毕业于香港中文大学的中文系，酷爱诗词，经常到我班上旁听一些课程，遂成为极亲密的友人。温哥华有一位热心中华传统文化的实业家蔡章阁老先生，因在不列颠哥伦比亚大学成立亚洲研究中心的种种因缘与谢琰先生相结识。当他们夫妇知道了我当时困窘的情况后，谢先生向蔡老先生介绍了我的情况，并安排蔡先生来听了我的一次讲演，蔡先生当即决定要为我捐资在南开大学兴建一座中华古典文化研究所的教学楼，于是事情遂有了柳暗花明的转变。而恰巧在此一时期陈洪先生做了中文系主任，遂由陈先生提出愿意接受将研究所挂靠在中文系的名下，并且立即由中文系拨给研究所两名极为优秀的研究生。其后研究所建成，一切遂得顺利进行。我在对蔡先生及南开校方表示感谢之际，也当即决定把我从国外所领到的退休金的一半十万美元（当时约合人民币九十万元）捐给研究所设立奖学金。

研究所大楼于 1999 年正式落成，次年我应澳门大学之邀去参加澳大举办的首届词学会议，并担任会议的首席主讲员。会后宴请席上我又得与澳门实业家沈秉和先生夫妇同席，沈先生即席提

1999年10月，中华古典文化研究所大楼落成仪式。左起：时任副校长王文俊、郝世峰教授、叶嘉莹先生、书法家谢琰、时任校长侯自新、捐资人蔡章阁长子蔡宏豪、时任副校长陈洪。该楼由蔡章阁先生出资与南开大学共同兴建

2004年，叶嘉莹先生与沈秉和夫妇在中华古典文化研究所图书资料中心。此中心由沈秉和先生捐资设立

出要为研究所捐款之事，不久就从澳门邮汇过来一百万人民币作为研究所购买书籍及设备之用。从此研究所的一切工作遂得顺利展开。而在展开工作中，温哥华的友人，如梁珮女士及朱宗宇先生皆曾惠予协助，更有蔡章阁老先生之长公子、在香港的蔡宏豪先生也在研究所设立了儒学奖学金。我对南开校方、蔡先生和沈先生及诸多热心学术的友人们，实有不尽的感激之情。

1979 年我开始回国赴各地讲学时，曾写有一组小诗《赠故都师友绝句十二首》，其中一首诗云：

构厦多材岂待论，谁知散木有乡根。
书生报国成何计，难忘诗骚李杜魂。

我原是抱着书生报国的理想回来的，因此多年来我都是自费回国在国内各地义务讲学，未曾收受过任何报酬。及至研究所成立，有了正式的研究生，而且当时国内各大学的经费也逐渐宽裕以后，南开大学遂在我每年回国授课期间发给我生活费，而旅费仍由我自己承担。直到我所教的较早的两位研究生获得了硕士学位时，都是如此。其后招收的硕士、博士学生渐多，校方遂开始提出愿为我负担往来机票旅费。近年因我年事渐高，校方遂将原来负担的经济舱旅费改成了商务舱旅费。我对南开校方多年来给我的支持与照顾一直深怀谢意。

研究所的大楼建成后，我仍住在专家楼。有一天，我到马蹄湖边去散步，当时已是凉风萧瑟的秋天，面对着“菡萏香销翠叶残”的景象，我虽然也不免有自伤迟暮之感，可是想到研究所既已经建成，而且又得到了各方面的支持和赞助，心中自然也不免有一种欣幸感激之情，于是乃即兴吟成了一首七言绝句，诗曰：

1979年4月，叶嘉莹先生第一次到南开讲学时，与时任校长杨石先（前排右二）、时任外文系主任李霁野（前排右一）、时任中文系主任朱维之（前排左一）等人合影

2015年10月16日，叶嘉莹先生获得加拿大阿尔伯塔大学荣誉博士学位

2019年9月10日教师节，南开大学党委书记杨庆山（右一）、校长曹雪涛（左一）向叶嘉莹先生颁发终身校董聘书

萧瑟悲秋今古同，残荷零落向西风。
遥天谁遣羲和驭，来送黄昏一抹红。

又有一天，我从住所的专家楼向新建成的研究所办公楼走去时，蓦然听到遥空几声雁唳，举目望去正有一队排成“人”字形的雁阵由北向南自高空飞过，于是顺口吟成一首小词《浣溪沙》，词曰：

为南开马蹄湖荷花作。

又到长空过雁时。云天字字写相思。荷花凋尽我来迟。　　莲实有心应不死，人生易老梦偏痴。千春犹待发华滋。

人生易老而情意长存，我虽然已如秋荷之即将摇落，但也依然记得当年听讲《妙法莲华经》时那两句“花开莲现，花落莲成”的偈语。私意以为“花落莲成”盖可以有两层意蕴，一者为自己之证果，另一者则为传继之延续。记得多年前我曾读到过一篇考古的文章，文章记述在一座汉代古墓中发现几颗千年以上的莲子，经人们尝试种植以后，竟然也生长出来了新一代的莲叶和莲花。夫禅宗有传灯之喻，教学有传薪之说，则我虽老去，而来者无穷，人生之意义与价值岂不正在于是。又有一年九月既望之夜，我与安易及另一位友人在马蹄湖附近的校园中散步，提到了对研究生的期待和盼望，于是又写了一首小词《鹧鸪天》，词曰：

似水年光去不停。长河如听逝波声。梧桐已分经霜死，幺凤谁传浴火生。　　花谢后，月偏明。夜凉深处露华凝。柔蚕枉自丝难尽，可有天孙织锦成。

其后不久，又占得绝句二首，第一首用李义山《东下三旬苦于风土马上戏作》诗韵而反其意，第二首用旧作《鹧鸪天》词韵而广其情。二诗如下：

其一

一任流年似水东，莲华凋处孕莲蓬。
天池若有人相待，何惧扶摇九万风。

其二

不向人间怨不平，相期浴火凤凰生。
柔蚕老去应无憾，要见天孙织锦成。

天池相待之人与天孙织锦之人都表现了我对学生们深切的期望。

今岁我已行年九十，虽幸而身体尚未全衰，仍可乘飞机来往于大洋两岸，也仍能开筵授课，不过毕竟精力日减。于是乃有关心我的两位友人，温哥华的刘和人女士与澳门的沈秉和先生提出了要向南开捐献一笔启动资金为我之晚年安排一个可以集科研、教学与生活居住为一体的住所。此一提议立即得到了南开校方的热情回应，而且因为我喜爱荷花，校方更为我选择了一处与马蹄湖相近的所在作为以后修建学舍的基地。我一生漂泊、半世艰辛，早岁写诗曾有“入世已拼愁似海，逃禅不借隐为名。伐茅盖顶他年事，生计如斯总未更”的诗句。当我飘零在外时，一心想要归去的原是北京的老家，但我在北京察院胡同的老家早于十年前就被拆除，我的两个弟弟也早已相继去世，现在我的故乡早已无家可归。乃今竟在迟暮之年蒙受到友人和南开大学如此之关怀与厚爱，真是衷心感激之情难以言说。我自思我所能答报大家的只有继续为传承中华文化而努力。昔杜甫曾有诗句云："盖棺事则已，此志常觊豁。"我愿为传承诗词中之文化生命而努力的愿望，盖亦有类乎是。刘和人女士与沈秉和先生各捐出的一百万人民币到位后，校方进行了进一步筹划。

日前接获南开校方正在筹办首届荷花节的通知，自思我与南开及马蹄湖的因缘可谓不浅，所以乃借此机缘，撰写了这篇文章，以表示我对南开三十多年来给予我的一切支持和协助的感激之情。

最后，我愿以一首小诗来记写我与南开大学马蹄湖的一份情谊，诗曰：

结缘卅载在南开，为有荷花唤我来。
修到马蹄湖畔住，托身从此永无乖。

诗中所说的"永无乖"，就我而言，其实包含了三重意愿：其一自然是表示我将长久以此为家而不再远离；其次也暗喻着我将以湖中荷花的君子之德自相惕厉，永无乖违；其三我还有更深一层的意喻，那就是我在前引诗文中之所说的"莲实有心应不死""千春犹待发华滋"的对于继起青年学子们的祝愿。诗虽不佳，但那确实是我真诚的一片心意。

注：此原为2013年之旧作，现在有一些早年听过我初来南开大学讲课的校友将于最近出版一册题为《为有荷花唤我来——叶嘉莹在南开》的文集，感谢之余，特补记一些相关的往事，供大家参考。

迦陵
2021年8月

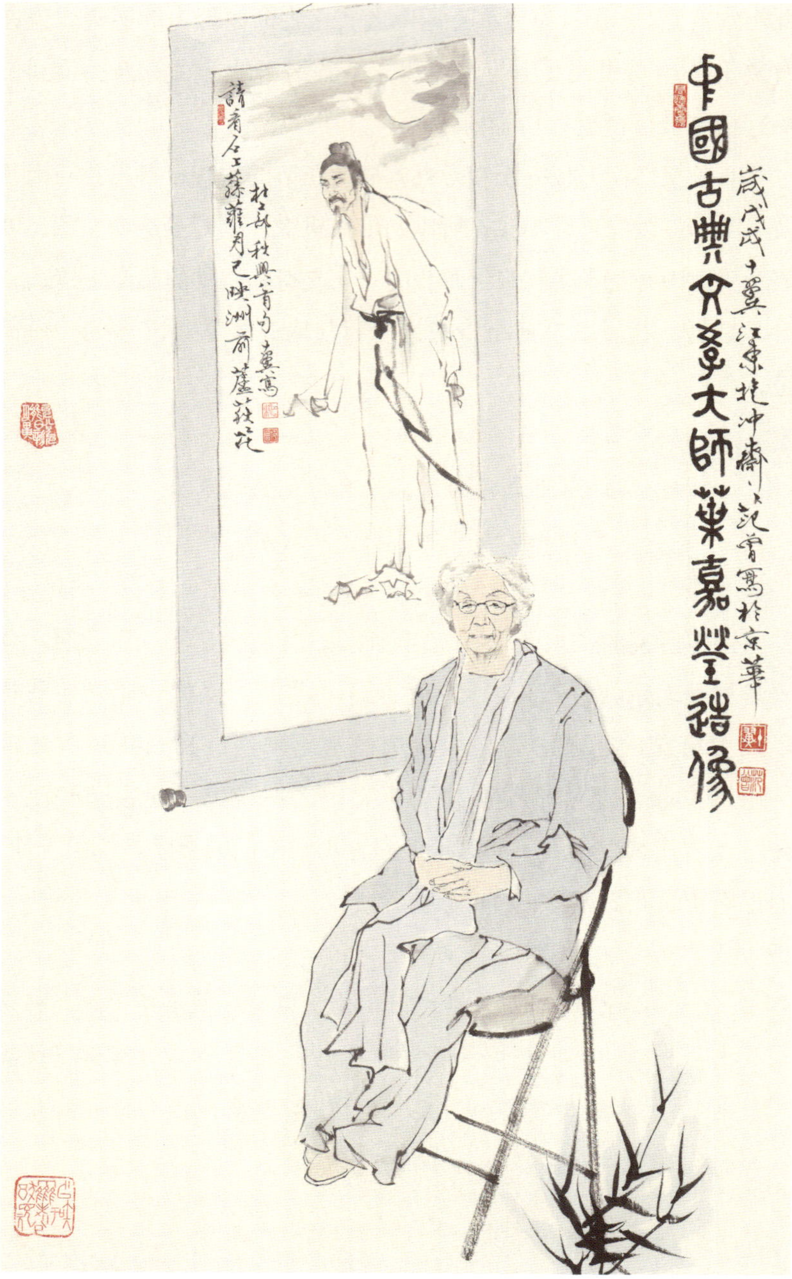

中国古典文学大师叶嘉莹先生造像（范曾绘）

贰

桃李芬芳伴弦歌

陈　洪

2020年是叶嘉莹先生回国任教的第四十一个年头。当年挤在阶梯教室席地而坐、聆听迦陵妙音的莘莘学子，长者已逾古稀，少者亦近耳顺。而四十多年前那种如饮醇醪、如沐春风的感觉却未曾减淡，甚或随人生感悟越发浓郁。于是，南开大学一九八二级诸同窗首倡，各年级学友响应，征得叶先生同意，遂编成这本图文并茂的《为有荷花唤我来——叶嘉莹在南开》。董其事者，既是我的学生，又是我的朋友，邀我作序，义不容辞。

叶先生初次来南开时，我正在读研究生，旁听了不少课，也参与了一些接待工作。先生诗句“曾为‘行人’理行李”，讲的就是我帮助她整理行装之事。后来每一年的授课、讲座，我也大半在场。先生的《谈诗忆往》稿成，有幸先睹，时值夜半，掩卷久久不能释然，万千感慨凝作一组小诗：

其一

才命相妨今信然，心惊历历复斑斑。
易安绝唱南渡后，凉生秋波动菡萏。

其二

北斗京华望欲穿，诗心史笔相熬煎。
七篇同谷初歌罢，万籁无声夜已阑。

其三

锦瑟朦胧款款弹，天花乱坠寸心间。
月明日暖庄生意，逝水滔滔共谁看。

（按：叶先生收到此三首诗后，略有修改。）

从叶先生的人生经历，我想到了才华盖世而命运多舛的李清照，想到了“每依北斗望京华”的执着、深沉的杜子美，想到了“一春梦雨常飘瓦”“望帝春心托杜鹃”李义山那绝美的诗境。席慕蓉曾经回忆陪叶先生到叶赫水寻根的情景，说叶先生一个人站在叶赫城故址的土台上，周围是一望无际的玉米田，地平线上一轮夕阳格外红、格外大。就这样，叶先生久久伫立着。陪同的人远远望去，都被这一画面吸引住了。席慕蓉深深地感慨道：在那一刻，叶嘉莹先生完全融入了《诗经 · 王风》的诗境——“彼黍离离，彼稷之苗，行迈靡靡，中心摇摇”。“她遇到了三千年前的这首诗，也可以说，她从心里流淌出了这首诗，或者说，她自身就是这样一首意味隽永的诗啊！”

叶嘉莹先生是一位卓异的诗人。中华民族三千年的诗歌传统沾溉了她的性灵，于是激发出了那一首首令人回肠荡气的诗词作品。但是，她又不只是一位杰出的诗人。在叶先生的生命历程中，有将近七十年是承担着“中华诗教”使命的践行者。在海峡两岸，在大洋两岸，她播撒着诗词文化的种子，学生中有金发碧眼的博士、心系故土的老者、位居要津的高官、童心未泯的少年……这些人往往通过叶先生那犹如润物春雨般的开示，从优雅的诗词文化中汲取日精月华，生命跃升到新的层次。

特别有幸的是，我们南开的学子，尤其是南开中文系的学子，是众多受益者中受益最多的人群。自然，我们的感恩心也最为强烈。用叶先生的诗句来形容，她在南开园的四十余年，可谓“满园桃李正新栽”“千春犹待发华滋”。

眼前这本《为有荷花唤我来——叶嘉莹在南开》，收录了数十篇文章、百余帧图片，便是这四十多年来沐浴在三春晖光中桃红李白的姿容，也是先生“犹待发华滋”的拳拳期盼。

经由编纂者的努力，书中所收颇有一些珍贵的文献资料，既包括先生与老一辈学人的往来照，也包括师兄弟之间其乐融融的生活场景。相信，无论是曾蒙亲炙的及门弟子，还是未列门墙私淑艾的朋友，翻阅之下都会感染到栖居于诗意中的愉悦，都会有弦歌一堂的风雅情怀。

这本珍贵的文集，也引发了我心底对弦歌的共鸣、回响，作为一瓣心香，献给诗意的南开园，献给尊敬的叶嘉莹先生：

桃李感恩重，瑚琏成器多。
回眸趋步日，处处伴弦歌。

写于 2020 年 9 月 7 日

（作者为南开大学中文系一九七八级学子，南开大学原常务副校长）

叁

苟非其人，道不虚行

沈立岩

近年来，因忝居院长之位，我有幸主持了叶嘉莹先生的多次讲座、颁奖活动。我是 1982 年就读南开大学中文系汉语言文学专业的，当年也曾多次聆听先生讲课，那种“白昼谈诗夜讲词，诸生与我共成痴。临歧一课浑难罢，直到深宵夜角吹”的盛况，至今如在眼前。但限于学识，当时先生所讲的很多东西，我其实体会得并不深切，充其量只能算得其一二。随着年齿渐长，阅历渐深，再听叶先生的讲座，感觉就有了很大的不同。而且我常常会突然冒出一种奇特的感觉：不是先生在讲诗词，而是诗词在讲自己。我问自己，为什么会有这样的感觉？这感觉意味着什么？

我最初的理解，是先生自幼即寝馈于中国古典诗词之中，早已将自己的人生与诗词打成一片，浑然无分彼我，自然入之深而知之切。举凡聆听叶先生讲座的人，都能通过先生的迦陵妙音，感觉到那沉积了百代千载的悲欢忧乐，扑面而来而又直透心底，心醉神迷之际，每有恍然自失之感。但是近几年来，我投身于先生倡导的中华诗教活动，对先生颠沛造次不违于是的深衷又有了新的体会。

乐天论诗，有“根情，苗言，华声，实义”之喻。论及文化，人率多仿此，例如水与木。文化有其滥觞，一如水有泉源，木有根荄；文化有其兴衰续绝，一如水有通塞丰枯，木有纷披摇落。一种文化之生命状态，自然可借此象喻而得简要之领悟。然而此种类比亦有不易觉察的缺陷：水木毕竟是自然之物，其兴衰存亡皆有人力不可及之处；文化则截然不同。文化是人的文化，因人而生，待人而存，所谓"既有典常，苟非其人，道不虚行"(《周易 · 系辞》)。若不得其人而行之，纵然经典浩瀚、载籍沉深，抑或金精玉坚、璆锵琳琅，其意义亦不过存既往之陈迹、发思古之幽情而已。人类学家博厄斯说："个体生活在他的文化中，其文化又依靠个体而存在。"是故文化的生命，实则有赖于一个个有生命的个人，有赖于一个个有生命的个人对此文化之衷心的认同与执着的践行。

由此观之，先生之可尊、可敬、可贵，真有不可胜言者矣！"莲实有心应不死，人生易老梦偏痴。千春犹待发华滋"，这便是先生之深衷所在。因为一种文化之凝结为传统，实殊为不易，必待多少世代积累延传方可告成；而其叶散冰离，塞源拔本，往往只在一代之间。子曰："文王既殁，文不在兹乎？"这位伟大的先师，一生颠沛流离、饱经忧患，犹学而不厌、诲人不倦，所为者非文化而何？叶先生之人生，其颠沛流离、饱经忧患，颇有类孔子者，其所为者亦非文化而何？叶先生之讲诗词，盖欲将中华文化之精义所在，其纯真、至善与大美之所在，广播于世人之心田，令其根深、苗壮、华美、实丰，生生不息、世世永续，其披肝沥胆之良苦用心与一往无前之气概，真有可歌可泣、可颂可祷者矣！我辈后学小子，唯有砥砺奋发，继踵前行，又岂有逡巡瞻顾之暇哉？

写于 2021 年 6 月

（作者为南开大学中文系一九八二级学子，

南开大学文学院原院长）

肆

菡萏清芬万载传

刘敬涛　陈　焰

2019年10月19日是南开大学中文系一九八二级学子心中一个终生难忘的日子。返校欢庆母校百年华诞的我们，意外得到一次拜见叶嘉莹先生的机会。也就是这次见面，让我们与先生缔结了一段意义非凡的书缘！

那天上午十时许，我们一行近二十人，来到叶先生位于西南村的家中。先生因筋膜炎初愈，尚不能独立行走，就推着步行车由卧室迎出来，不停说着“欢迎，欢迎”“你们能来我真是没想到”。淡紫色的长袍，长长的丝巾，先生永远是那么的朴素而优雅！她在客厅沙发坐下来，和蔼地招呼大家落座，使我们油然而生一种久别重逢的亲切之感。客厅不大，但诗书满架，书画盈壁，信然君子之居！

我们将自己设计的百年校庆聚会T恤送给先生留念，先生看着上面的题字“百年一梦醉芳华”，感慨地说：“我今年九十五岁，才真是百年一梦，过去的都是梦了。”师生谈话随意热烈，叶先生分享了自己一次意外摔倒磕到头部、涂抹喷剂而白发变黑的奇妙经历，也谈起自己患筋膜炎几乎失明的痛苦。先生思维敏捷、逻

2019年10月19日，在叶嘉莹先生（中坐者）家中。前排左起：刘辉、刘学玲、闫珊、徐艳梅、翟煜林；后排左起：石香凝、臧惠杰、陈焰、张纪欣、竺小政、张光莹、党贺喜、孙连杰、刘敬涛、周菁（纪睿泓摄）

陈焰将手绘风中牡丹折扇送给叶嘉莹先生留念（纪睿泓摄）

辑缜密，当刘敬涛同学说她头发“发华滋”时，她立即笑着反驳：“那是指荷花。”

我们簇拥着先生，听她讲述往事。“我那时候住招待所，走出来不远，过一座小桥，都是马蹄湖的荷花。后来老了，搬到这里来以后就很少出门了。”她语气里满是遗憾，好在客厅墙上还有一幅刘波先生的荷花画作陪着她，而我们也像张静老师文中的“望日莲”，将小名为“荷”的叶先生围在中心。刘敬涛同学又说：“您漫步马蹄湖边，那是南开一大风景！”

臧惠杰同学回忆起毕业三十周年聚会时专门去聆听叶先生给在校生讲课，先生以九秩高龄站了两个多小时吟唱宋词的情景，感叹不已。她向叶先生汇报：“我们当时拍了照，这次百年校庆我们也收集了您的各种活动资料，准备编进一本图片集（年级图片集）。”先生很开心，即兴回应：“太好了！你们出一本我在南开讲学的书给我吧。”我们知道，先生最看重的，是她的教师身份；先生最珍惜的，是她与学生的感情。得先生信任与厚爱，我们既兴奋不已，又忐忑不安。聚会刚结束，我们便告知了同年级的沈立岩同学，他时任南开大学文学院院长，多次主持叶先生的各种诗教活动。在他的支持下，我们便组建了一个筹备工作群，开始了此书的编辑工作。

叶先生1979年归国执教，至2019年已整整四十载。我们深感要钩沉这段历史，仅凭中文系一九八二级的力量，实在力所不逮。情急之下，我们开始寻求外援，向中文系历届学友广撒“英雄帖”，四方征稿，遂得大家热烈响应。特别是中文系一九七七级、一九七八级师兄师姐给予大力支持，编委会也壮大至十余人。我们心中仿佛揣着一团火，映照着柳暗花明之路。最终我们以图文并茂的风格，以多年级学子组成的群体回忆方式，再现了叶先生在南开大学诗教传灯、延续文脉的一段光辉岁月，叙写了叶先生与南开学子跨越世纪、绵绵不绝的师生情谊。这大概就是本书的特色所在吧。

本书的编辑过程，也是我们心灵的一次洗礼。我们在多艰人生中日渐钝化的情感，因先生的诗词之美而蓦然惊觉；我们心中忽明忽暗的信念之灯，因先生的“弱德之美”而豁然明亮！我们将千言万语化作一首小诗，献给我们仰慕和敬爱的叶嘉莹先生：

不是春风来海上，
天孙织锦待何年？
遗音沧海终能会，
菡萏清芬万载传！

写于2020年秋

（作者为南开大学中文系一九八二级学子）

第一章

客子初从海上来

春風往事懷南開
客子聊从海上来
喜見劫余生意在
满园桃李又新栽

迦陵 2011年秋録旧作

壹

叶嘉莹对中国传统文化的现代化创新

张　卫　周子燕

文学纪录电影《掬水月在手》记录了叶嘉莹先生 20 世纪 70 年代末到南开讲课的盛况，叶先生为什么在改革开放起始就在中国风靡？为什么在南开大学首次讲课就引起轰动？我们为什么觉得叶先生给我们打开了一扇大门，让我们目瞪口呆地看到了如此瑰丽、如此丰富的生命和情感世界？中国古典诗词就摆在我们的书架上，就装在我们的书包里，为什么我们之前没能深入感受到它如此美好？

因为在 20 世纪那个年代，全国许多大学的古典文学教研室还没有摆脱用阶级斗争理论方法论讲课的方式，而就在此时，南开大学中文系首届经过正式高考入校的一九七七级大学生们却举办了“解放之火”诗歌朗诵会，思想解放之火正在蔓延。“伤痕文学”在出版，“伤痕电影”在上映，文艺创作中人性论的大讨论进行得密集而热烈，古典文学教学中旧的枷锁正在被挣脱。这个时候，叶先生的到来与中国思想文化界正在进行的历史变革一拍即合，她以全新视角和理念推送的中国古典诗词阐释，精准地呼应着那个历史时期大学师生、读者、观众的社会心理需要，其别开生面的讲课给我们带来了三大新鲜。

叶先生带给我们的第一种新鲜是选择的新鲜。当时由于国内的古典诗词教学受阶级斗争理论的影响，多选阶级差别、阶级对立的内容做教材，例如“朱门酒肉臭，路有冻死骨”“农夫心内如汤煮，公子王孙把扇摇”……最典型的是杜甫的“三吏”“三别”。而叶先生除了选择古代诗人“哀民生之多艰”的内容外，还选择大量揭示人性人情的作品，表现个体情感、个体思绪、个体心理，例如《古诗十九首》。在南开大学主楼一层大阶梯教室的讲坛上，叶先生用怅惘忧伤的声调朗诵“行行重行行，与君生别离”时，台下的我们全都被这深深的离愁别绪打动了，经过“文革”洗脑的我们，只知个体是宏大机器上的齿轮和螺丝钉，个体的情感是无足轻重的，那是属于应该被排斥和压抑的小资产阶级情调，每一个体必须把整体放在第一位，如果这种情绪实在压不下去，只能把它融化在整体的宏大叙事中才可以存在。观众和读者在希望看到大概念的同时，也希望看到离别中的个体，叶先生在中国古典诗词中，就为我们选择了离别中的个体，聚焦个体在离别中的情绪：一位留在家中的女子，想念远行的丈夫或情人，想得她“衣带渐宽终不悔，为伊消得人憔悴”……

既然是个体，个体就是丰富多样的。叶先生的选择中既有个体的将士，个体的商人，又有远方的游子，家中的弃妇。既然是个体，个体就有丰富复杂的情感。叶先生为我们选择的既有慷慨激昂的“醉里挑灯看剑，梦回吹角连营”（辛弃疾《破阵子 · 为陈同甫赋壮词以寄之》），又有孤独而悲凉的“多情自古伤离别，更那堪、冷落清秋节。今宵酒醒何处？杨柳岸、晓风残月”（柳永《雨霖铃 · 寒蝉凄切》）。我们从诗歌的意向中，看到的是晓风的凄冷，别后的伤心，残月的破碎，凄楚的惆怅。叶先生让我们听到了孤苦的声音：“梧桐树，三更雨，不道离情正苦。一叶叶，一声声，空阶滴到明。”（温庭筠《更漏子·玉炉香》）叶先生让我们感受了生命的无常：“林花谢了春红，太匆匆。”（李煜《相见欢·林花谢了春红》）“生年不满百，常怀千岁忧。”（《古诗十九首·生年不满百》）“问君能有几多愁，恰似一江春水向东流。”（李煜《虞美人·春花秋月何时了》）这些以往被称为“消极情绪”的离愁别绪、孤苦寂寞，这些慨叹人生苦短、青春无常的悲伤似乎更能引起我们的共鸣。叶先生还让我们欣赏了闺房内的慵懒之美：“懒起画蛾眉，弄妆梳洗迟。　照花前后镜，花面交相映。新帖绣罗襦，双双金鹧鸪。”（温庭筠《菩萨蛮·小山重叠金明灭》）叶先生甚至选择了表现女性欲望的作品：“荡子行不归，空床难独守。”（《古诗十九首·青青河畔草》）叶先生的选择，让我们看到了古典诗词殿堂内的五光十色、多姿多彩！

叶先生带给我们的第二种新鲜是美学的新鲜。以往古典诗词教学强调的是现实主义美学或批判现实主义美学，最常力挺的是《兵车行》：“车辚辚，马萧萧，行人弓箭各在腰。爷娘妻子走相送，尘埃不见咸阳桥。牵衣顿足拦道哭，哭声直上干云霄。”叶先生在赞美现实主义诗作的同时，也非常欣赏审美的主体性，称赞被过去教学批判的主观唯心主义作品，推崇主体美学，欣赏王国维提出的“有我之境”：“以我观物，故物皆着我之色彩。”叶先生因此欣赏欧阳修的《蝶恋花》，赞叹主观感受形成的美学价值：“庭院深深深几许，杨柳堆烟，帘幕无重数。玉勒雕鞍游冶处，楼高不见章台路。　雨横风狂三月暮，门掩黄昏，无计留春住。泪眼问花花不语，乱红飞过秋千去。”因为“有我之境”，叶先生力推秦观用主观视角描述的眼前景物：“雾失楼台，月迷津渡，桃源望断无寻处。可堪孤馆闭春寒，杜鹃声里斜阳暮。　驿寄梅花，鱼传尺素，砌成此恨无重数。”（秦观《踏莎行·郴州旅舍》）正是个体生命的主观感受，才形成了艺术的独特个性。

2016年9月11日，叶嘉莹先生在南开大学东方艺术大楼做古典诗词讲座，年逾九旬而全程站立授课（韦承金摄）

从个体生命的主观感受出发，叶先生将诗词的美学推升为“生命美学”，她精准地描述了自己关于诗词的美学思想：“诗歌当以感发生命为主要素质。”（摘自当时上课笔记）她在诗词阐释中，非常强调诗人对眼前景物的生命感动，分析诗人创作中体现出的个体生命之美。她引导我们对诗词展开生命的体验，让诗词在自己的生命里复活。

在对诗词的形式美学（或特性美学）分析中，叶先生对比了诗和词的差异，她认为诗是言志的，而词是以幽隐婉转的方式传达作者情绪的，叶先生在此之后的研究中进一步将词的形式美学（特性美学）上升为“弱德之美”，她指出：“词体的‘弱德之美’，是指感情上那种承受，而在承受的压抑之中的自己的坚持……这种美感所具含的乃是在强大外力之下，所表现出的不得不采取约束和收敛的属于隐曲之姿态的一种美。”（《从文学体式与性别文化谈词体的“弱德之美”》）叶先生充盈的美学思想让我们对诗词美的体验大为丰富。

叶先生带给我们的第三种新鲜是研究和讲述方法的新鲜。旧的古典诗词教学，多是八股般的四段论：一是解释枯燥的字词句，二是讲主题思想，三是讲历史背景，四是讲艺术特色。在艺术特色中一般是千篇一律地分析“典型环境中的典型情感或典型人物”，长此以往，让大家觉得寡然无味。而叶先生借鉴了世界前沿的研究方法和文艺理论，从中西文论的比较入手，让我们看到了全新的切入点。比如叶先生用女性主义文艺理论分析诗词中的性别视点：“女性是男性眼中的他者，女性是男人的欲望对象，男性用什么样的眼光来观看女性呢？《花间集》里欧阳炯的《南乡子》这样写：‘胸前如雪脸如莲。’这是男性的眼光。‘耳坠金镮穿瑟瑟，霞衣窄。’彩霞一样的衣服，合身的，包裹着身体。‘笑倚江头招远客’，这是一个摆渡船的女子含着微笑在江边招呼远人来上船。

这都是男人眼睛中的女性……”

叶先生讲课时还从“读者论”和“作者论”这两种角度切入。我们在学习西方文论时了解到，“作者论”是从作者出发研究作品，这种方法将作者的经历作为作品的注脚。叶先生在分析晏殊作品《山亭柳·赠歌者》时，根据晏殊一生显达、晚年被贬官外派出京断定，晏殊写这个歌女，是借助他人的酒杯，浇自己的块垒，借歌女发泄自己政治的失意：“家住西秦，赌博艺随身。花柳上，斗尖新。偶学念奴声调，有时高遏行云。蜀锦缠头无数，不负辛勤。

数年来往咸京道，残杯冷炙谩消魂。衷肠事，托何人？若有知音见采，不辞遍唱《阳春》。一曲当筵落泪，重掩罗巾。”

“读者论”认为，一部作品，虽然经作者完成，但它在被读者和观众阅读观看之前只是一个半成品，是非自足性的；经过读者和观众阅读和观看之后，它才是一个完整的作品。叶先生讲道：“要成为一个艺术品，要等到有读者阅读反应了，它才成为一个有意义的艺术品。杜甫的诗再好，‘夔府孤城落日斜，每依北斗望京华’，你给一个不懂的人，他根本不知道他说些什么。”（摘自当时上课笔记）

不同的读者由于经历不同、出身不同、爱好不同、学术修养不同、对同一作品的理解不同，难免出现“仁者见仁，智者见智”的欣赏结果。叶先生特别赞成阐释学中关于读者的能动性、阐释的多义性等多方面论述。叶先生讲：“我知道解释一首诗、一首词不是那么简单，不是那么容易的事情。你不知道这个是不是作者的意思，而且它有多种解释的可能。‘感时花溅泪’，可以说成花朵上溅上了我的泪点了，也可以解释为花瓣落下来如同人的落泪。”由于字、词、句展示的多义性，叶先生对与字、词、句相关联的符号学产生了浓郁的兴趣，用符号学的方法讲述冯延巳的词，分析语言和词句的结构，比较该词的联想轴和语序轴，讲述两个

2020年9月10日，《掬水月在手》在南开大学主楼小礼堂首映，一九七六级、一九七七级、一九七八级、一九八二级中文系学子观影后合影，左四为张卫

轴之间的联系以及联系造成的意义转换。“波摇梅蕊当心白”，这句里的“波心”本指水波的中心，可是，当它跟下一句“风入罗衣贴体寒”一结合，这“心”就变成了人的心了。叶先生在讲述晏殊的《浣溪沙·一向年光有限身》也用了同样的方法：“‘满目山河空念远’，它是第一句的反省，说‘念远’是空的。‘落花风雨更伤春’，是把‘念远’的悲哀和‘伤春’的悲哀结合起来了，有‘念远’的悲哀，更有‘伤春’的悲哀，‘更’字，使得下一句的‘伤春’与上一句的‘念远’结合，上一句的‘空’字，不但

是对‘念远’的反省，也是对‘伤春’的反省，‘念远’是空‘念远’，‘伤春’也是空‘伤春’。晏殊所写的是两重的悲哀，也是两重的反省。”（摘自当时上课笔记）

叶先生以中国古典文论为框架，综合运用多种方法论，打开了我们的眼界，激荡了我们的大脑，启发了我们的思考，丰富了我们对古典诗词的联想，加深了我们对古典诗词的理解。

内容的丰富、美学的充盈、方法的多样将叶先生的古典诗词讲学打造成了一个瑰丽无比的艺术世界，充满了现代性。我们在这个世界里感受中国古典诗词之美成为大学时代最难忘的精神享受。在改革开放四十多年来的历史进程中，由于变革与创新的主流观念没有变，我们的文艺思想、教学思想没有倒退到旧的枷锁禁锢之中，所以叶先生讲述中国古典诗词的观念和方法始终受到文化界、教育界、传媒界和广大观众的欢迎和推崇。叶先生对中国古典诗词的推广，既是对传统文化的复兴，又是对传统文化的现代化创新，现代生命与古代生命因此在古诗词的起伏和扬抑中互相感应、彼此共鸣，这是改革开放四十多年伟大进程中的一个重要的文化现象，叶先生对中国古典诗词的讲述将作为一个时代的独特文化产品历久弥新！

写于 2020 年秋

（作者张卫、周子燕分别为南开大学中文系一九七八级、一九七七级学子）

贰

何幸当斯世，莫放此生空

——在叶嘉莹教授归国执教四十周年暨中华诗教国际学术研讨会上的致辞

刘跃进

四十年前的春天，叶先生来南开执教，我是先生的第一批学生。

查日记，叶先生在南开的第一讲是1979年4月24日，在主楼111阶梯教室。她用自己的诗句“书生报国成何计，难忘诗骚李杜魂”作为开场白，一下子就把我们全都吸引过去。那天，先生整整讲了一天。那周有两个半天的自习课，也都用来讲课。此后，先生白天讲诗，晚上讲词，讲古诗十九首，讲曹操的诗，讲陶渊明的诗，讲晚唐五代词，讲座一直安排到6月14日。在将近两个月的时间里，每堂课，学生们都听得如痴如醉，不肯下课，直到熄灯号响起。“白昼谈诗夜讲词，诸生与我共成痴。”叶先生的诗句形象地记录了当时上课的场景。叶先生的课，给我打开了一个全新的视野。此后，我便成了叶先生的忠实粉丝，先生到北京讲课，只要我知道，就一定要去旁听。我在清华大学讲授古典诗词，也模仿叶先生的讲课风格。先生的重要著作，自是案头常备，也是常读常新。今天，我能有机会当面向叶先生表达敬仰和爱戴之情，非常激动，非常荣幸。先生对我的教诲，可以用三句话来概括。

2019年9月10日，叶嘉莹教授归国执教四十周年暨中华诗教国际学术研讨会在南开大学隆重举行

第一句话，叶先生的课在蓦然回首之间就改变了我的学术选择。

1979年5月3日，叶先生讲王国维的《人间词话》，讲到词的三重境界，引申到人生的三重境界，对我影响极大。我们这些恢复高考首批进入大学中文系的人，大多来自农村、兵营、厂矿，有着比较丰富的人生阅历，也多怀抱着文学的梦想。对我而言，当作家梦不再的时候，很自然就转向现代文学、当代文学研究。听了叶先生的课，我才知道古典文学原来这么美，完全颠覆了此前我对古代文学课程刻板、政治化的印象。“众里寻他千百度。蓦然回首，那人却在，灯火阑珊处”，是叶先生点燃我的古典文学研究的梦想，是叶先生引导我去追寻古典文学世界中的“那人”，迄今整整四十年。

第二句话，叶先生让我们理解了文学的力量在于兴发感动。

她引清代赵翼的话说：“国家不幸诗家幸，赋到沧桑句便工。”一个文学工作者，对人生、对社会要有丰富的体验、深刻的认识，才能更好地理解诗。叶先生的《杜甫秋兴八首集说》，将杜甫的创作放在特定的时间、空间，站在历史的高度给予理解，让我们深刻地体会到杜甫创作成就的取得，离不开时代，离不开人民，更离不开崇高的思想境界。这些观点至今仍有现实意义。

第三句话，叶先生的言传身教让我们知道，生命的意义就是生生不息地追求。

叶先生说，忍耐寂寞也是人生的一大考验。她常假托顾随先生的话教育我们：“以无生之觉悟为有生之事业，以悲观之心情过乐观之生活。”先生一生，备尝苦难，但对祖国、对文学的热爱，始终如一。1979年6月14日，先生暂时告别南开，要到北京大学去讲座。那天学校举行了隆重的欢送仪式。我的日记这样写道：“两个月来，叶先生渊博的知识、诗人的气质、热爱祖国的真挚情感、严谨求实的治学态度，都给我自己留下终生难忘的印象。叶先生不仅仅是向我们传授中国古典诗词的知识，更是向我们传递一种人生哲理和向上的力量。她说，如果说实践是检验真理的唯一标准，那么真诚则是追求真理的重要途径。做人做事要真诚，学习钻研要真诚。真诚是做人的重要标准，古代这样，今天也是如此。”那天，我的日记还记录了叶先生的一首词，下半阕为：

> 虽离别，经万里，梦魂通。书生报国心事，吾辈共初衷。天地几回翻覆，终见故园春好，百卉竞芳丛。何幸当斯世，莫放此生空。

今天读来，依然感动。近一个世纪以来，叶先生用生命书写出对祖国历史文化的那种真挚、深情的爱，是传授给我们的最宝贵的精神财富。

敬祝叶先生健康长寿！

写于2019年9月

（作者为南开大学中文系一九七七级学子）

叁

我与恩师叶嘉莹先生

杨石

我出生在旧历二月初八，据佛经上说释迦牟尼佛祖在这一天出家。有位算命先生说我有佛缘，我姥姥不爱听，说这个算命先生胡扯。世俗凡人，命运起承转合，兴旺衰落，确实有一语成谶的。机缘凑泊，可能不相干的人说了一句话，偏偏对你的人生就有开示作用。

我年少时沉迷读书，把能借到、搜罗到的书都读完了，意外地从混乱中捡到了散落地下的几本佛经。记得有《阿弥陀经》《楞严经》什么的。《楞严经》有佛国故事，说佛国有迦陵鸟，鸣叫声悠远并且曼妙，曰“迦陵仙音，遍十方界”，我着了迷，想象佛国的鸟叫着梵音佛号，弘扬佛法智慧。稍长读《弘一法师》，看到一帧书法条幅“慧眼见一切，妙音满十方”，心里一亮，这说的不是《楞严经》的故事吗？

20 世纪八九十年代我在日本求学的时候，和一位成都科技大学的田荣隆教授相熟。有一次他突然问我，说他故乡庙宇大殿写有“法轮常转”，琢磨经年不明白啥子意思。我脱口解道：这是佛法讲的生命轮回，永恒不灭。常转，就是永远，就是永恒。一语惊醒梦中人，田教授连说他服了我这个文科生。我说完也暗暗吃了一惊：我从没有思考过佛家法器之于轮回永生的意义，竟不知早已了然在心。这就是佛家所说的开悟吗？1977年恢复高考，我得以入南开大学中文系求学。1979年春天，叶嘉莹先生从加拿大回国讲授中国古典诗词，我们一九七七级这一班七十六个学生，成为她回国后的第一批入门弟子，与叶先生结了师生缘。之后，我买到先生的第一本书《迦陵论词丛稿》，知道先生号“迦陵”，取自《楞严经》的佛国故事，心有戚戚焉。我对先生油然生出一种亲近，念动曰：莫非有佛缘？

先生讲授古典诗词，讲台上放个录音机，自讲自录，留作资料。先生讲课从不落座，也极少翻看讲义。从《诗经》、《楚辞》、汉乐府、《古诗十九首》、唐诗宋词，到清代词学大家纳兰容若的作品，一以贯穿，洋洋洒洒，如数家珍。先生时年五十多岁，立于讲台之上，昂扬挺拔，腰背不塌，精气神十足，书卷气十足。先生京腔京韵，温文尔雅，或背诵，或吟咏，绵延不绝，从容不迫。看得出来，先生对传承三千多年的古典诗词精华，烂熟于心。先生功力深厚，卓然自成一家。

先生讲课，精彩纷呈，盛况空前。能容下二百多人的阶梯教室，渐次连窗台、过道都坐满了听课的人。既有本校的，也有外校的；有学生，也有教师，慕名而来者众。本是我们班的课，却成了面向大众的公开课。无奈之下，中文系办公室只好别出心裁，用听课证控制外来人数。谁知仍有天津师范学院（现天津师范大学）中文系的学生，私下刻个萝卜章，仿造一纸听课证混进教室，一时传为笑谈。

先生讲课的风采，先生的学问，先生吟诗的声调韵致，印在我们心里。平日总有同学模仿，朗声说出先生课堂上讲的精彩句子：“设使国家无有孤，不知当几人称帝，几人称王！”（曹操语），“不恨古人吾不见，恨古人不见吾狂耳！”（辛弃疾语）。即使先生的课结束了，即使我们毕业多年以后，同学聚会，模仿先生讲课，模仿先生吟诗，依然是热点话题，是我们的保留节目。

1981年深秋，一九七九级师弟叶言材送来五盘磁带，是嘉莹先生给我们讲晏殊词的录音，先生希望我能根据这些课堂录音，整理出一篇论文。先生的信任与托付，我看得很重。明明知道难度很大，我还是硬着头皮下笨功夫。先把五个小时的录音一字一句记录下来，再对照我的课堂笔记把文字理顺。听先生的课，生怕漏下紧要的语句，我的笔记又多又细，有满满两大本，所以整理得还比较顺利。先生讲晏殊的词有多首，记录下来都是口语化的句子。要写论文，首先得有一个架构，再把口语文字作为材料使用，写成文章。对于一个学生来说，这是有难度的。因为先生的学术高度我望尘莫及，要整理出一篇让先生满意的论文，哪敢不下功夫？好在那时候我已读过先生的专著《迦陵论词丛稿》《迦陵论诗丛稿》和《王国维及其文学批评》，对先生赏析诗词的视角、审美取向、学术风格等有了些初步体会。

最后，我选了晏殊五首特色鲜明的词，先排次序，总体把握，再按先生讲的逐一赏析点评。每首词之间，以论述串联过渡，还把我对晏殊词的理解与对生活的感受结合起来，作为补充。三周时间，白天上课，晚上埋头写论文，当我把一万五千字的论文手稿誊写好，请叶言材转呈叶先生审阅的时候，心怀忐忑。

三天后，叶言材师弟转告我，叶先生约我去谈论文。傍晚时分，在先生下榻的天津市第一饭店三〇三房间，先生右手拿剪刀，左手拢着头发招呼我："你先坐一下，我把头发理完。"说着，先生对着镜子一剪刀一剪刀地理发。我看先生理发的样子，调皮地想到先生讲过的温庭筠的句子："照花前后镜，花面交相映。"我心里讶异，先生这么大牌的教授，居然自己打理头发。很快，先生收拾利落，在我对面坐下。先生告诉我，她平时大多是自己理发，去理发店太浪费时间。

先生谈起我整理的论文，表示很满意。特别是对“春风不解禁杨花，濛濛乱扑行人面”一句的赏析，我用自己的生活体验理解词人伤春的烦乱与无奈，先生很是赞赏。我在论文里是这样论述的：“在生活之中，当初夏将临之际，渐渐褪去了春天的清新秀美，如或阵阵热风吹来，带着飞扬的柳絮扑在行人脸上，如粘、如腻、如痒，拂之不去，拂去还来，这是何等无可奈何的感觉？”先生认为，诗词鉴赏者的体验，一旦与词人的心境契合，鉴赏的境界就有了深度。我长舒了一口气，总算没有辜负先生的厚望。

先生退还了我的手稿，让我再抄写一遍交给她。我翻看了一下，发现有改动过的地方，都留有先生娟秀的字迹。如“热风吹来”一句，先生改“热风”为“暖风”，可见先生对于诗词，有着超越常人的细微与锐敏。春夏之交的风，在先生的体会中，或者还不足以称为热风吧。我起身告别时，先生要预付我四十元的稿费，我很意外。为老师整理论文，本是学生应该做的，而且可以得到这样一位师长的亲手指点，这是一次多么好的机会。谢了先生的美意，我不肯收钱。先生解释说，这篇论文是要拿去发表的，你付出了劳动，应该得到稿酬。推托不过，我只好收下稿费，与先生告别。四十元，当时对我是一笔大钱。那时，国家每月给我十九元五角的助学金，除了吃饭等用度，还要节衣缩食省下钱买书。我用先生给的这笔稿费买了朱生豪翻译的《莎士比亚全集》、郑振铎所著《中国文学史》四卷、影印本《史记》十卷、罗曼·罗兰的《约翰·克利斯朵夫》等喜爱却又买不起的“大部头”书籍。

1982 年 1 月大学毕业后，国家分配我做了新闻记者。1983 年夏天，我正在北京参加一个新闻写作研究班。一天，我接到了叶言材师弟的电话，他让我记下他家的地址，说他父亲在家等我。

叶言材刚刚被分配到北京儿童电影制片厂做编辑，他正忙着，顾不得说清楚什么事就撂下了电话。我坐上地铁，匆匆去了叶家。

走进一个古色古香的四合院，我见到了叶嘉谋先生。他自我介绍是叶嘉莹先生的弟弟，在北京一所中学教高三语文。他尊称自己的姐姐为叶先生，说他受叶先生委托，转给我一笔稿费。原来，我为先生整理的论文，在蒋孔阳先生主编的《美学论丛》上发表了，先生又给了我一百二十六元稿费。叶嘉谋先生转述了嘉莹恩师对我的赞赏，并代她征询我的意见，有无考研的想法。先生很希望我考她的研究生。当时刚从学校步入社会，我对自己的记者职业非常热爱，实在不忍割舍。我谢了恩师的赏识，拜请叶嘉谋先生代我向嘉莹师解释。这个决定非常草率，从 1989 年秋凉时分厌倦了新闻工作，选择去日本读研究生开始，我一直在心里懊悔不已。即使今天回顾三十多年前的往事，依旧觉得在生命途中，我错失了一次追随大师研究学问的机会，等于错过了一段精彩人生。这是何等可惜啊！时也？命也？人生之阴错阳差，之抉择失措，真应了佛家一句偈语：“不可说，不可说，一说就错。”

这次先生给的稿费又是一大笔钱。我那时刚参加工作，第一年工资每月四十五元，第二年每月五十六元，这是那个年月大学毕业生的“官价”薪酬。在北京王府井新华书店，我用这笔稿费买了六十二本书。记得有黑格尔的《美学》、《太平广记》十卷、钱锺书的《管锥编》和《宋诗选注》、宗白华的《美学漫步》、李泽厚的《美的历程》等。

1985 年冬，在母校专家楼，我以中国国际广播电台记者的身份采访了叶嘉莹先生，用一则专访对外报道了恩师不辞辛劳，往返于加拿大和中国，做中国古典诗词传承人的事迹。我还记得报道的题目是《遍传佳音的一只仙鸟——访叶嘉莹教授》。这一次采访报道，我和先生谈的话题很多，也很深。如果说“天以百凶成就一词人”，那么，先生的坎坷遭遇和离乱人生铸就了她坚强的意志和博大的胸怀。先生以高远的眼光洞悉人生的大境界。先生把忧伤与苦难埋在心底，寄情于古典诗词中感发的生命，倾尽平生之力为青年学子传道、授业、解惑，桃李满天下。先生以自己的忧患，理解诗人的忧患；以自己的喜乐，体会诗人的喜乐。先生倾注全部智慧，探求学术真谛。苦心人，天不负，先生终成古典诗词研究的一代大家，声名远播。

先生置一己小我于度外，胸怀家国和天下苍生。先生晚年把历年稿酬及出售北京、天津房产的收入倾囊捐给了南开大学，堪称壮举。即便是伟岸的男子，也未必能有如此的担当与胸襟。所以，有熟知先生者，称誉先生是中国最后一位穿裙子的“士”，信哉斯言。

2000 年春天，朋友与我相约，一起到中华书局，拜访我们共同认识的柴剑虹老师。柴老师的书架上赫然陈列着叶先生所著《迦陵文集》十卷。我见到恩师的书，如见先生，心里一热，顾不及失礼，未请示柴老师同意，鬼使神差一般，随意抽出一卷，信手一翻，竟然正是我为先生整理的那篇论文《晏殊词赏析》。文章结尾处，先生还专门标注着“由杨石整理”。

果然巧合，和我同去看望柴老师的这位朋友，与当时的河北教育出版社社长王亚民先生是旧交。《迦陵文集》正是王亚民先生慧眼识珠，亲自做责任编辑，由河北教育出版社精装出版。很快，王亚民先生看在朋友的面上，把他案头的《迦陵文集》送给了我。只是，第六卷不知谁借去了，王亚民先生答应，日后有书一定补上。之后，我不好再通过朋友催要，只得自己数次光顾书店书市，一直想配齐《迦陵文集》第六卷。时至今日，二十年悠然而去，却仍未如我心所愿，《迦陵文集》第六卷《清词丛论》阙如。

用叶先生的话说，花未全开月未圆是为大美之美。缺憾，像人生无常之如影随形，无处不在。我所藏先生这套书，虽有缺憾长留心中，也许正强化了我对于这套书的念想，每有余暇，我必开卷精读，领会先生的学术精华，获益匪浅。

2009 年 10 月，值南开大学九十周年校庆之际，我们一九七七级同学重回母校参加纪念活动。我们的活动之一是请叶嘉莹恩师再给我们讲一次课。先生以八十五岁高龄欣然而来。先生精神矍铄，语调悠扬，解说诗词，抽丝剥茧，条分缕析。整整三十年过去，先生的课还是让我们激动不已。我们班的老大哥卢治安，激动得潸然落泪。课后，我代表同学们向嘉莹恩师致辞："三十年前的 1979 年春天，叶嘉莹先生从加拿大远道而来为我们讲授中国古典诗词。先生从李、杜、苏、辛作品，讲论诗词大道；从温庭筠、晏殊父子、吴梦窗、姜白石的小词长短句，解读兴发感动的人性之美。那时，先生在我们年轻的心里，点亮一盏灯，烛照我们的人生之路。先生不仅是我们的恩师，还是我们人生的引路人。先生如天使送来光明，让我们顿觉天高地远而宇宙之无穷。祝愿先生健康长寿！我们永远以您是我们的恩师为荣耀！永远以做您的学生为荣耀！"

曾经有学子请教先生，古典诗词有无现实功用？先生答："可以使人心不死。"而今，先生九十六岁高龄，不能不说正是古典诗词之美滋润先生永葆心灵之青春活力，如青松不老。曾记得先生在南开有《浣溪沙》词句"莲实有心应不死"，先生生命的活力，在古典诗词的传承中生生不息。

恩师高寿，是学生的福分。

师恩山高水长，让我永志难忘。

2020 年春大疫中记于结庐

（作者为南开大学中文系一九七七级学子）

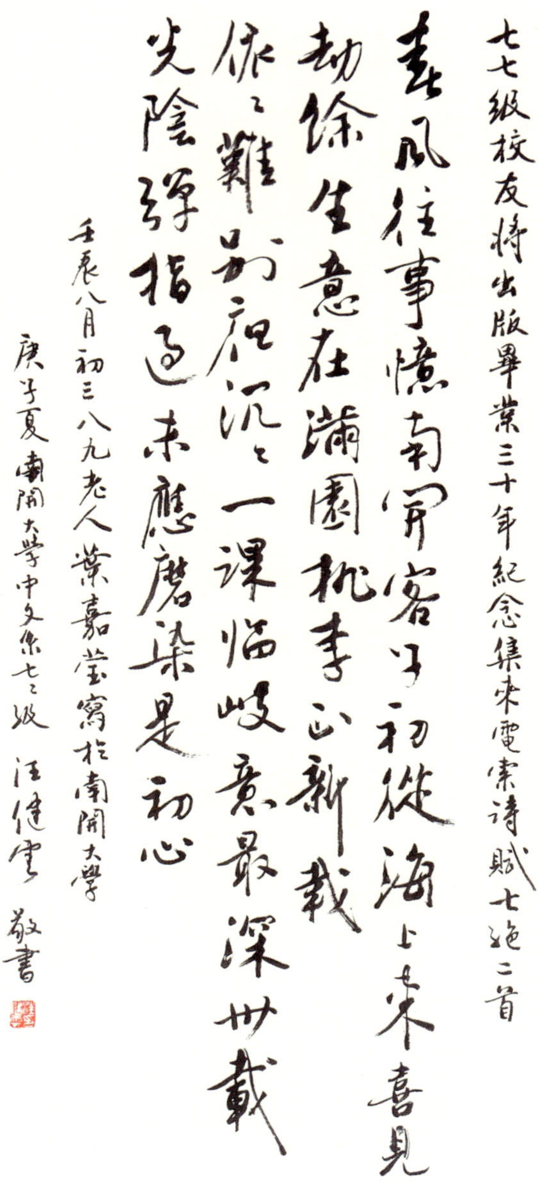

2020年初夏，汪健云书叶嘉莹先生为一九七七级学子毕业三十周年所作七绝二首

肆

一路追寻

王宇建

1979年晚春的一天，时为南开大学中文系一九七七级生活委员的我，突然接到系里的通知，要求打扫一间办公室出来，迎接一位来自国外的专家，为我们讲授中国古典诗词。我们在系办公室对面腾出的一间不大的房间，拖地、擦窗，挂上丝绒窗帘、搬来一组沙发。在当时的条件下，这算是有一间像点样子的接待室了。大家一边忙活，一边心存疑惑，为什么要邀请国外的专家来讲授中国的古典诗词呢？

孰料，几日后自加拿大归国讲学的叶嘉莹先生在课堂上一亮相，便把我们的疑虑一扫而光。作为叶先生归国讲学的“开门弟子”，我们中文系一九七七级全体同学随即为叶先生所“圈粉”。而我，也成为叶先生的“铁杆粉丝”，一路追寻她的诗词传承行迹……

叶先生的讲授为我们带来全新的震撼体验。

就文学而言，按照当时的授课体系和习惯，以不同时期的历史划分以及与之对应的文学现象为脉络，一般是先交代各个时期的历史背景，然后介绍不同历史时期有文学成就的作家作品，介绍不同的文学流派，再讲解这些代表作家的代表作品，分析主题思想、艺术特色。而最能体现老师们授课水平的，便是对文学作品，尤其是古典诗词的鉴赏，也是同学们最喜爱的部分。这种传统授课的好处是有助于我们系统了解中国各个历史时期的文学（虽然不够全面完整），缺憾则是专门对古典诗词的鉴赏课却很少，不甚解渴。而叶先生的讲授，与学校传统的方法全然不同，令我们耳目一新。她撷取某一组诗、词或某一位、某几位诗人的作品，从诗词本身讲起，将诗人的情感、经历融会贯穿其中，辅以大量的文学联想，列举诸多相关诗句印证诗人所要表达的喜怒哀乐，展现诗词本身的美和意境。先生以她广博的文学修养、深厚的文学积淀，“跑野马”一般汪洋恣肆，引领我们体悟诗歌的感知、感动、感发，使我们徜徉其中，如痴如醉，如沐春风。

叶先生甫回国讲学的时候，“文革”在意识形态、社会科学领域造成的影响远未消除。阶级分析、典型形象等概念性分析方法不可避免地体现在教学中，呆板而僵硬。叶先生则以朴素、细腻的诗人视角，将她坎坷多艰的人生感悟融入诗词赏析，为我们展现悠久而灿烂的中国古典诗词中的多样审美形态，引领我们走进古典诗词黄钟大吕的豪迈与柔肠百转的婉约意境里，让我们看到了别样风景。叶先生还为我们吟诵古典诗歌，带我们感悟“吟诵是诗词的另一个生命”之美好……

叶先生为中文系上课的同时，也曾接受外文系的邀请讲学。我曾翘课去聆听叶先生为外文系同学讲授《天安门诗抄》赏析。应该说我对《天安门诗抄》十分熟悉，但对其文学艺术价值不甚了了。叶先生选取大家耳熟能详的十几首诗歌从情感生发、遣词用字、诗词韵律等方面逐一分析解读，令人叹服！

先生授课从来不用讲稿，几个小时洋洋洒洒，诗句、典故仿若信手拈来，叹服先生功底深厚的同时，也好奇先生真的不需要讲义吗？两年后偶然的机会我才发现先生虽然从教三十余载，对她讲授的古典诗词也可谓早已烂熟于心，但是仍然认真备课和精心准备讲义……

1981 年初秋，叶先生再次利用假期归国为我们授课。我奉领导之命，由学校派车，到先生下榻的天津市第一饭店接送先生。某日我抵达时，先生尚在梳妆，用电动卷发器给自己做头发。先生一边做头发，一边低头看着一本厚厚的讲义，原来先生是有讲义的！先生偶尔会在下次开讲时纠正上次讲课的口误，想来她在课后会对课堂内容“复盘”，发现问题及时告知大家，可见先生对教学的细致严谨。在等待先生的时候，下榻同一饭店、同在南开大学讲学的万荣芳先生与我们会合。她笑说，看来叶先生也是自己做头发，我也是自己剪发呢！万先生时任美国堪萨斯大学东方文学教授。堪萨斯大学与南开大学是姊妹学校，万先生被邀请到南开外文系做客座教授。说来也巧，我于 1982 年年初毕业被分配到中国人民银行天津分行工作，与万先生的胞妹万棣芳成为同事，因为万先生的关系，我与万棣芳女士结为忘年之交。1983 年万荣芳先生因病辞世，万棣芳女士遵照其姊遗愿将其在国内的遗产全部捐赠南开大学，并设立“万荣芳奖学金”，专项奖掖英语学习的优秀学生。此是后话。

1986 年下半年，校友范曾先生在天津大学求实会堂主持大师级系列讲座，其中有叶嘉莹先生的诗词鉴赏。看到《天津日报》刊登的消息，我特别兴奋，邀约了七八个听我“鼓吹”过叶先生卓绝风采的银行同事，乘一辆面包车前往天津大学重睹先生的风采。进入会堂坐定，我看到先生坐在主席台向下扫视，忙举手致意，先生立即认出了我！那天，叶先生讲的是王国维先生关于做学问的三种境界。开讲前先生自谦道：“我不会像其他大师那样慷慨陈词，所思所讲皆为国之大事，我只是‘患在好为人师’……”

2015年平安夜，叶嘉莹先生与学生在迦陵学舍合影，二排左二为王宇建

接着先生讲到她从未谈及的一些事情：原来先生前几年都是在放假期间自费回国讲学的。为什么一定要回国讲学？除了“散木乡根”“书生报国”的家国情怀，她忆及初到国外用英语讲课的艰辛，时而会感受到学生听课时目光的茫然；接着谈到回国为南开中文系同学授课，师生在眼神交汇中流淌的情感呼应，使先生也从中获得很大的享受和满足。谈及此，先生说：“今天高兴地看到我当年的学生也坐在这里！”或许因为先生一生颠沛流离、辛苦多艰，而我也身世坎坷、经历曲折的原因吧，先生的讲授每每勾起我心灵深处的共鸣。我心潮起伏，几度眼眶湿润……

那天先生还讲到一些令人遗憾的事情。最近几年回国到各大高校讲学，竟有学生质疑：学习古典诗词有什么用？有的学校在发布先生讲座消息时，竟然要求加上诸如“中国古典诗词与外国诗歌比较研究”字样，由此吸引学生。先生怒斥了这种急功近利、崇洋媚外的学风！

2015 年 6 月，我们一九七七级的几个女同学从微信中看到中央电视台《读书》栏目即将推介叶先生的新书《〈人间词话〉七讲》，并招募叶先生的仰慕者作为观众参加录制。我们立即报了名，但随即被告知名额已满。遗憾间，时任藏学出版社总编辑的毕华同学联系了《〈人间词话〉七讲》出版方北京大学出版社的朋友，为我们让出了几张工作人员的入场券，还特意关照我们天津的同学前往。于是我与同学滕锦然和她的妹妹、同样喜爱叶先生的滕滨然一同赴京，只为再一次亲近先生。《读书》栏目主持人李潘与先生相对而坐，回顾先生的精彩诗词人生，分享先生的新作《〈人间词话〉七讲》。最令大家期待的，是后面的提问环节，许多年轻人纷纷举手站起诉说自己对先生的敬仰之情，向先生讨教诗词之道。为了争取与先生的互动机会，坐在最后一排的我和锦然索性站起来示意。当报出我们是南开大学中文系一九七七级叶先生的第一批学生时，观众席发出一片惊叹，先生高兴地说：“那可是三十六年前了，这可太难得了！”李潘立即回应道：“你们上来跟老师拥抱一下吧！”李潘还特意请摄影师为我们合影留念。我说：“叶先生当年对我们所有同学的影响，她的学养、讲课风范、气质，给我们的冲击力、震撼力都是非常大的！而我的问题是：先生已经虚岁九十二岁了，为什么还能保持这样年轻？”这是发自真心的提问，随后锦然也说：“今天先生讲课的思维一点不减当年，中间讲到‘采莲’，我还担心您‘跑野马’讲走了拉不回来……”（先生和观众笑）先生认真地说：“我这人心无旁骛，就是喜欢诗词，没有世俗的那种利害得失，除了对文字认真，其他都很马虎。”随即用钟嵘《诗品》序中“使穷贱易安，幽居靡闷，莫尚于诗矣”解答了保持年轻的奥秘！

此后不久，我接到中央电视台的电话，叶先生的《〈人间词话〉七讲》入选“2014年中国好书”，中央电视台邀请我作为先生的学生参加“2014年中国好书”颁奖典礼大型晚会，并与先生另一名学生张元昕（牛牛）各有一分钟的发言。牛牛是叶先生在南开大学的硕士研究生，她生长在美国，十一岁时就和九岁的妹妹一起师从叶先生学习中国古典诗词，中、英文都非常好。席慕蓉老师作为《〈人间词话〉七讲》的推荐人。主持人李潘问到先生从教七十年最大和最小的学生时说：“听说现场来了两位叶先生的学生，今天给你们一个机会，向叶先生说一句你们最想说的话。”我说：“叶先生当年的到来，对我们来说就像久旱的甘霖，她不仅教会我们欣赏中国的古典诗词，她的家国人生情怀也深深影响到我们的人生。我今已步入花甲之年，只想说谢谢先生的教诲！”牛牛说：“我想感谢叶先生，不仅为十一岁的我和九岁的妹妹这样两个孩子，而是为我们所有人点亮了心中的一盏明灯，让我们看到诗词中有多么美好、多么高尚的境界，谢谢先生！”叶先生现场还主动吟诵了辛弃疾的《水龙吟·登建康赏心亭》，先生抓住一切机会将古典诗词的吟诵传之于大众。

2015年圣诞节，我和锦然到迦陵学舍看望叶先生，与先生、先生的小女儿言慧和她的十几位研究生共度平安夜，并向迦陵学舍赠送了中文系一九七七级毕业三十周年纪念文集《青春回响》，其中有先生应邀为我们写的两首绝句。那晚，先生特意让我和锦然分坐在她的身边（足见先生对我们一九七七级同学感情之深），然后要求每一位同学背诵一首先生自己所作诗词，并谈感想。我背出的是先生1979年回国时所作绝句：“构厦多材岂待论，谁知散木有乡根……”而先生年轻的研究生均能大段背诵先生的诗词，这让我心中十分愧疚。一来当年先生讲授自己的诗词并不多，二来我大学毕业后一直从事金融、经济等工作，疏于学习。那晚，我深刻地体会到先生不仅仅是研究、教授中国古典诗词的大师，也是一位作品丰富、人品高尚、非常了不起的诗词大家！

写于 2020 年 9 月 22 日

（作者为南开大学中文系一九七七级学子）

伍

叶嘉莹先生与我们

杨苗萍

1979年4月24日至6月14日、1981年9月3日至1982年1月5日，叶嘉莹先生在南开大学中文系讲授了两个学期的中国古诗词课。我作为中文系一九七八级学生，有幸聆听了先生的授课。随着《掬水月在手》文学纪录电影的热映，先生四十多年前为我们讲课的点点滴滴又渐渐呈现在眼前。

一　先生的开课诗和告别诗

1979年4月24日，叶先生在南开大学主楼111阶梯教室为我们开课。古典文学教研室主任鲁德才先生对叶先生做简短介绍后，叶先生手持粉笔，笑盈盈地走上讲台，面向黑板，自右至左，自上而下，潇洒飘逸，板书绝句二首：

却话当年感不禁，曾悲万马一时喑。
如今齐向春郊骋，我亦深怀并辔心。

海外空能怀故国，人间何处有知音。

他年若遂还乡愿，骥老犹存万里心。

随着先生的吟诵，其海外漂泊三十年的家国情怀一下子展露在我们面前。这样新奇的开场白，也拉近了我们与先生的心灵距离。在我们的深深期待中，先生开始了“古诗词选讲”课程的讲授。

6 月 14 日，先生为我们上本学期的最后一节课。先生以王国维《人间词话》为课程作结。她着重讲述如何理解《人间词话》所提出的重要文学批评原则和诗歌评判标准：“境界”。她从“境界”的佛经本义、王国维原意、历代文学批评家评论，以及西方诗论的比较等方面着手讲述，洋洋洒洒，打开了我们对古诗鉴赏的眼界与思路。先生告诉我们：境界，是内心的感发，是感知的能力，是被外界感触而发的情意。兴发感动是诗歌创作的生命力。

课程结束，本学期一直与我们一起在教室聆听叶先生讲课的系主任朱维之先生走上讲台致欢送词。他说：“叶先生的讲课本身就是一首诗，充满了感发的力量，达到一种很高的意境。她的讲课贯穿着一种感情，就是爱国热情。她讲课旁征博引，基本功很深。她自己说是‘跑野马’，我看是奔放。她工作认真刻苦，去其他学校讲学，也从不误我们的课。这种精神，很值得我们学习。”

最后，叶先生致答谢辞。她边吟边书，笔走龙蛇，在黑板留诗《难驻》：

难驻游程似箭催，每于别后首重回。

好题诗句留盟证，更约他年我再来。

满教室的老师和学生全都站了起来，用热烈的掌声表达我们对先生的感谢和期待先生“再来”的心情。

1981 年 9 月 3 日，叶先生如约再来南开授课。依然是主楼 111 阶梯教室，依然首先潇洒地板书一诗：

人生有约即关情，万里归来履旧盟。
小别经年如昨日，重逢无物不相迎。

同时题赠学生诗二首：

读书曾值乱离年，学写新词比兴先。
历尽艰辛愁句在，老来思咏中兴篇。

构厦多材岂待论，谁知散木有乡根。
书生报国成何计，难忘诗骚李杜魂。

在我们对先生饱含家国怀抱之诗句的唏嘘感慨中，先生开始为我们讲授“唐宋词”课程。

1982 年 1 月 5 日，又到了最后一课，先生以稼轩词为我们结课。她援引西方现代诗论家艾略特的理论，分析稼轩词的特征与其所处时空及个人性格的关系。她说，辛弃疾是以整个生命写词，他的词是其内心性情的流动，忠义奋发，充满郁勃之气。先生在黑板上奋笔疾书稼轩词：《粉蝶儿 · 和赵晋臣敷文赋落花》《永遇乐 · 京口北固亭怀古》《沁园春 · 灵山齐庵赋》《汉宫春 · 会稽秋风亭观雨》。她讲述辛弃疾如何是一个有真赏的人，赞其词句句用典，句句有境界，无论写景、叙事、抒情都是真性情。那时讲台上的先生，手握粉笔，慷慨激奋，充满郁勃之气。我们分不清眼前所看到的是诗词中的辛弃疾，还是讲台上的叶嘉莹，深深地被先生打动。

二　先生为我们讲诗词

1979年4月，先生为我们开课“古诗词选讲”。她从《古诗十九首》讲起，从五言诗的形成、五言诗与四言诗的区别、五言诗在中国诗歌发展史上的重要地位，讲到《古诗十九首》是最成熟的五言诗，是继《诗经》《楚辞》之后最好的作品。先生的课使我们对这些没有年代、没有作者、没有声律、看似直白古朴的诗作一下子肃然起敬了！先生为我们讲《古诗十九首》，引领我们赏析其内含的意蕴，解读其表达感情的基本形态和赋、比、兴表现手法在其创作中的运用。在对《古诗十九首》的赏读中，我们第一次领略了先生旁征博引“跑野马”的功力。如讲《西北有高楼》中“交疏结绮窗，阿阁三重阶”的诗句时，她引述张衡《西京赋》中的“何工巧之瑰玮，交绮豁以疏寮”、李商隐《碧城三首》中的“碧城十二曲阑干，犀辟尘埃玉辟寒”进行解读，引述李善注《昭明文选》和郑玄注《周礼·考工记》中的相关注释加以解释，引述《史记·秦始皇本纪》关于阿房宫的描写

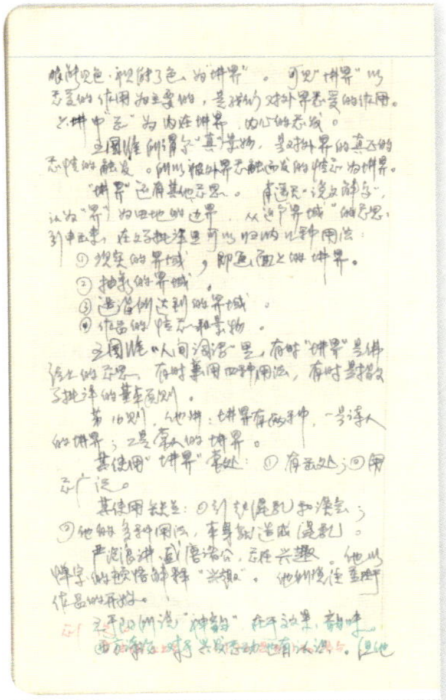

1979年6月14日，杨茜萍的听课笔记

进行比较，说明其诗意是“极言其美，极言其高大”。然而这些美好，是诗人的想象，是诗歌创作的一种表现手法“托喻”，是为表达诗歌主题所做的铺垫，是中国诗歌创作的一种传统。如此，每节课我们都有一种跟着先生上天入地、纵横八万里的感觉。

先生讲诗用的最多的词是“生命”“感动”。她说“诗词以感发的生命动人”“诗词感染人的作用在于兴发感动的力量”。她讲诗的多义性，说“诗的最重要的性质，是有一种感发的生命”；她讲评判诗的标准，说“批评诗的最重要的标准是诗歌的生命”。她讲三曹诗，称其蓬勃的“风力骨气”，源于其“诗中一种感动的力量”。她讲陶渊明诗，称其“以无生之觉悟为有生之事业，以悲观之心情过乐观之生活”，其以清者的操守给人以感动的力量。

叶先生在《掬水月在手》文学纪录电影的同名图书中说，她曾写诗纪念 1979 年在南开讲课时的盛况：

白昼谈诗夜讲词，诸生与我共成痴。
临歧一课浑难罢，直到深宵夜角吹。

这学期，叶先生的课安排在每周二、四白天，讲汉魏六朝诗。因先生讲诗常引词作印证，同学们非常希望叶先生能专门开课讲讲词，请求系里让先生加课。这样自 5 月 16 日起，先生每周三晚上加一节课讲词；至 6 月 14 日结课，共讲了四次。晚上的课，外系闻讯来蹭课的同学非常多，教室里坐满了人，先生也是竭尽全力，几乎每次都讲到主楼熄灯。她为我们讲词的源起，词的句式、曲调，列举温庭筠、苏轼、辛弃疾、柳永、周邦彦、韦庄、冯延巳、李煜等大量词作，与李白、杜甫、李商隐诗相比较，讲词与诗在句法停顿、平仄格律、表达情思和比、兴寄托上的区别。她以温庭筠《菩萨蛮十四首》《更漏子 · 玉炉香》讲飞卿词如何以客观描写，标举纯美意象，引起联想，感发生命；以韦庄《菩萨蛮五首》《女冠子 · 昨夜夜半》讲端己词感情强烈，呼之欲出，注入生命和个性，“是个性的抒情诗”；以冯延巳《鹊踏枝 · 谁道闲情抛掷久》《抛球乐 · 酒罢歌馀兴未阑》《浣溪沙 · 转烛飘蓬一梦归》讲正中词“深美闳约”，规模博大，所写都是感情境界，开北宋一代风气；以李煜《玉楼春 · 晚妆初了明肌雪》《相见欢 · 林花谢了春红》《虞美人 · 春花秋月何时了》讲后主词纯真、率直，以敏锐的知觉，写美好生命的消失，所述超出个人悲哀，写出了人类共有的悲哀。她讲欧阳修、苏东坡、范仲淹的词，指他们有胸襟、怀抱、志意，从此提高了词的境界。

那个学期，先生“白昼谈诗夜讲词”，尽情挥洒。那四个晚上，我们沉浸在词的精美绝伦中，跟随先生在诗词的长河中遨游，意犹未尽。

1981 年 9 月，先生再来南开为我们开讲“唐宋词”。她从词的起源、性质、诗与词的区别讲起，讲述词的演进和在词的发展中有重大影响的词人的创作风格、艺术特色，分析他们词作中比兴寄托的特质美感和兴发感动的精神实质。她诵讲温庭筠的《菩萨蛮 · 宝函钿雀金鸂鶒》《南歌子 · 倭堕低梳髻》，分析其词善举精美名物，给人以比兴联想，有中国诗创美人、香草的传统特色。她诵讲韦庄的《荷叶杯 · 记得那年花下》《菩萨蛮 · 红楼别夜堪惆怅》，与温词进行比较，分析其词直抒胸臆，虽显而好，有直接感动人的力量。她诵讲冯延巳的《鹊踏枝 · 谁道闲情抛掷久》《抛球乐 · 逐胜归来雨未晴》，分析其在词中表现了一种感情的境界，“深美闳约”，是词从应歌之作到一己抒情的重大演进。

她一气诵讲了苏轼的《满庭芳·归去来兮》《水调歌头·明月几时有》《念奴娇·赤壁怀古》《永遇乐·明月如霜》《定风波·莫听穿林打叶声》《木兰花令·次欧公西湖韵》等词，讲述苏轼以词直抒志向抱负，“向上一路，一新天下耳目”，有通古今而观之的觉醒，将盖世胸襟、气魄完全披露于纸上。本学期课程，先生共讲授了温庭筠等十三位词人及其八十余首词作。先生讲课时手中从不拿一书一纸，诗歌全在先生脑中、心中！课堂上，伴随着先生抑扬顿挫的吟诵声，黑板上清脆的板书声，我们跟随先生的引领，徜徉在中国古诗词的美景内，流连其中，真是幸福！

叶先生的诗词教化、为人修养，浸润、影响了我的一生。对先生的讲授，我始终不忘。先生的授课笔记，我一直珍藏。四十多年来，即使经历近十次搬家和藏书房间泡水，先生的授课笔记始终完好。近来，重新翻看这些笔记，当年先生讲课的驰骋纵横和博大精深，又呈现眼前，让我回味无穷，感慨万千。

在整理听课笔记时，我有幸在迦陵学舍看到外语学院谷羽先生送存的当年的听课笔记。那时谷先生已经是外文系俄语老师。他说，当年考大学他报的中文系，但是阴错阳差被录取到外文系。是叶先生的课，让他重拾学习古诗词的梦想，也给了他一个新的阶梯。现在他正与俄罗斯汉学家共同将中国唐宋诗词翻译成俄文，已经出版了几部作品。此文中，1979 年朱维之先生的欢送词就来自谷先生的笔记。在此，向谷先生致谢。

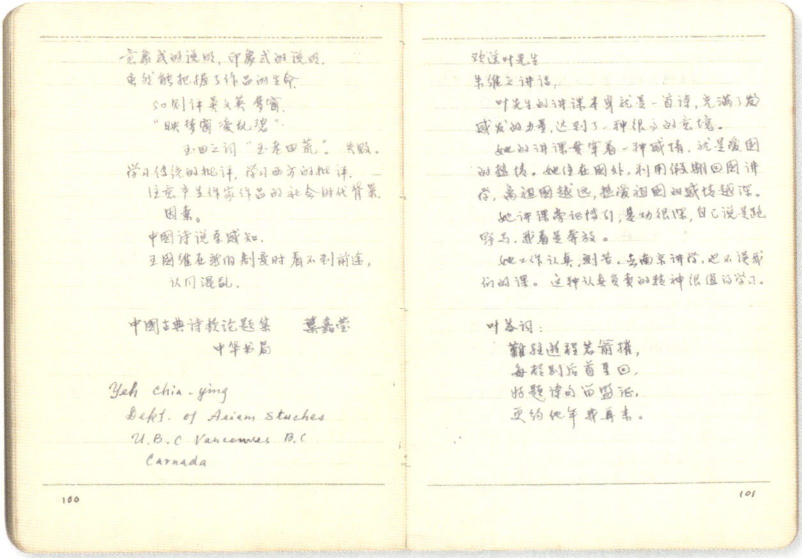

1979年6月14日，谷羽记录的时任南开大学中文系主任朱维之欢送叶先生的讲话

三　先生与我们两次合影

1979 年 4 月和 1981 年 9 月，叶先生两次来南开大学开课。那时校内没有住宿条件，学校安排先生先后住在位于解放路的利顺德大饭店和天津市第一饭店。有时学校派不出汽车接送，先生便乘坐公共汽车往来，路上需要换乘（天津话叫“倒车”）。系里指派天津籍的我与孟荣负责接送。

1979 年 6 月 14 日课程结束，我们将先生送到她下榻的利顺德大饭店，先生拿出自己的相机，说：“小杨，我们合张影吧。”随着相机的咔嚓声，留下了这张先生与我们的珍贵合影。那时国内彩色相机很少，这也是我人生的第一张彩色照片！

1982 年 1 月 5 日，先生在南开的第二次授课结束，我们将先生送到她下榻的天津市第一饭店，先生再次拿出相机与我们合影。

1979年6月，叶嘉莹先生与杨茜萍（左）、孟荣（右）合影

2009 年 6 月，先生八十五岁寿辰，在南开大学东方艺术系报告厅举办讲座。我将 1979 年我们与先生的合影冲印成水晶板照片，请主持讲座的陈洪副校长送呈先生。历经三十年，先生竟然没有认出自己，问："这是谁呀？"陈洪副校长笑指说："站在中间的是先生您啊！"先生惊讶于自己："当年我怎么这么年轻！"

2020 年 7 月，先生九十六岁华诞，正值防疫严控时期。我在匆忙中开车跑过几个花市，在一家花店买到仅有的一盆红色蝴蝶兰。我和余晓勇代表中文系一九七八级全体同学将蝴蝶兰敬献给先生，表达我们对先生的无限敬意。先生收到花后，竟然立刻让秘书可延涛老师给我发来照片和语音。我在开车的路上迫不及待地打开语音，听到先生熟悉的声音："茜萍同学，收到你们送给我的蝴蝶兰，真是非常漂亮。回想当年我们上课的时候，四十多年过去了，你们还一直记得我，真是非常感谢你们。”我的眼泪不觉流了下来。

2020年春节，叶先生请秘书可延涛老师将她的新作《小词大雅》赠送给我，并在书上为我题词：

杨茜萍同学，谢谢你送来美丽的兰花。我们的合影一直在我的书柜中。

迦陵

写于2020年10月

（作者为南开大学中文系一九七八级学子）

陆

荷月，感念叶先生

卢治安

又到六月。荷月，荷花的季节。

迦陵学舍，听夏夜的雨声点点；马蹄湖畔，看满塘的荷花盛开。此时，最是想念，我们敬爱的叶先生。

2009 年 10 月 17 日，在中文系一九七七级庆祝南开大学校庆九十周年的纪念聚会上，我曾流着泪水对叶先生说：“叶先生，我不会忘记，在我人生最艰难的时候，您对我的鼓励。您用苏轼的诗词教导我：‘谁道人生无再少，门前流水尚能西。休将白发唱黄鸡。’正是记着您的教诲，我一直走到了今天。”

这里，有一段永生不可忘怀的先生与我之间的往事。

1981 年 5 月 25 日，我至亲至爱、在“文革”中受尽苦难的妹妹走了，没有任何语言可以表达出我的伤痛。

9 月开学，先生自加拿大再次来校，为我们开设选修课“唐宋词”课程。

能再次聆听叶先生授课，是我们一九七七级的幸事。同学们极其兴奋，奔走相告，而我却仍沉湎于失去妹妹的伤痛里不能自拔。我的母亲也因过度悲伤，需要换个环境到外地调养心神，不再能帮助我和家属小杨照看一周岁的幼子卢桢。很长一段时间，我和小杨需要倒班照料稚子——当然是以我不去学校上课为多。因而先生的课我只听了几节。先生的课不点名，且堂堂课听众爆满，走廊、阶梯上都坐满了学员，正好是我可以缺课、在家照看孩子的时机。

1982 年 1 月，先生的课程结课并且进行闭卷考试。我没有任何时间做考前复习。打开试卷时，我满目茫然。赫然在目的是唯一的一道试题：结合具体作品论柳三变慢词在中国诗词史中的地位、意义及柳词的艺术特色和成就。

我读过柳永的词，最熟悉的是他的《雨霖铃 · 寒蝉凄切》；也知道些唐宋词由小令发展为慢词，扩大了容量，在内容题材、形式技巧上都有所创新的知识。但是，面对这道试题，我脑中一片空白，无从回答。

看着同学们低着头聚精会神地答着试卷，听着教室里同学们钢笔书写试卷发出的“沙沙”声，再抬头远望站在讲台前目光安详的叶先生，我突然觉得自己好卑微、好惭愧。

我坐在阶梯教室的最后一排，很想拿起空白的试卷，沿着阶梯走下去，走到先生身边，坦诚地向先生说明情况，做出检讨，求得先生的谅解，恳请先生能给我一次补考的机会。但是，我又实在是没有勇气。时间一分一秒地过去了，我的心受着煎熬。终于，不知道出于什么动机，我竟铺开试卷，划掉了试题，动笔给先生写了一封信，很长，应该有数千字。

我已经不能准确地复述文字的内容了，只记得大意是：我向先生述说了自己失去妹妹的苦痛；向先生述说了目前家庭生活的困境；承认自己没有好好上课听讲，没有学习功课，没有考前复习；检讨了自己的错误，恳请先生原谅，请求先生允许我补考。

泪水不知不觉地流了下来，滴落在试卷纸上。

接着，我写道：在失去亲人最苦痛的日子里，自己的精神近乎崩溃，任何所谓理论说教、经典语录都苍白无力，都拯救不了自己。是苏轼，是先生为我们讲析过的苏轼诗词点醒了我。他面对人生坎坷磨难时的旷达与从容，他历经世事沧桑后的超然与洒脱，他旷逸潇洒的乐观襟怀，他超然自适的人生态度，这一切，都像一股徐徐拂来的清风，豁然开朗了我的心。

“莫听穿林打叶声……谁怕？一蓑烟雨任平生。”“料峭春风吹酒醒……归去，也无风雨也无晴。”“小舟从此逝，江海寄余生。”从苏轼的这些词句中，我感悟到古人之心，体悟到他们在遭受政治风雨，人生坎坷时的心理感受，更感悟到他们超越具体境况，获得精神解脱，独立、超拔的博大襟怀。

记得我还引述了苏轼的“日啖荔枝三百颗，不辞长作岭南人”（《惠州一绝·食荔枝》）的诗句，称道他在被人诬以“讥斥先朝”的罪名贬谪到岭南蛮荒之地后，不仅毫无哀怨嗟叹之词，反而流连风景，体察风物，乐观旷达，随遇而安，葆有积极乐观的人生态度，等等。

我不停地写着，述说着，倾吐着，向着先生……

铃声响起，当同学们纷纷交卷的时候，我也急忙把试卷放在了讲台上。

我匆匆离开教室，长长地吁了口气，仰望长空，天很蓝，心中顿时觉得有些敞亮，头脑也立时觉得清醒。风吹过，扑在脸上，好清冷。耳畔，一个声音在严厉地叩问：“你这是怎么了？你怎么会做出这样的事？”我的心怦怦乱跳，后背一身冷汗。我急不可耐地跑回阶梯教室，先生不在；又跑到系办公室，想把自己的试卷要回来。然而，先生已经乘车离校，回她下榻的宾馆去了。

我的眼前一片迷茫，我的心无比悔恨。以后的十几天里，我忐忑、不安、焦虑。

两周后，下课后，我正收拾书本，系副主任郝志达先生走进教室，迎了上来对我说："卢治安，到系办公室，叶先生在等你。"

长长地吁了几口气，努力抑制着紧张的心情，我轻轻地敲了敲系办公室的门。"请进！"是先生平和的声音。

我推开门，见先生正侧着身，站立在后窗前。先生转过身，看着我说："卢治安同学？"我低下了头，轻轻地回答："嗯。"先生微微一笑，手指着办公室那张陈旧的长条皮沙发，说："请坐！"然后先生坐在了办公桌旁的椅子上。

办公桌上有一摞高高的试卷，先生将最上面的那张卷子拿在手里，展在眼前，从上到下浏览了一遍后，和蔼地看着我说："卢治安同学，你的试卷我已经看过了，也报告给了郝志达先生，还有其他几位先生。"

我忙站起身，说："叶先生，我错了！我……"先生微微地笑了一下，抬起手说："请坐，请你先坐下。"

先生把试卷放在桌子上，亲切地说："卢治安同学，可不可以先听一听我的意见？我要如实地对你说明，这张卷子，几位先生确实有不尽相同的意见。不过，我以为，如果置我原本的考题于不计，单就这篇文字来看，应该说你的答卷也不失为一篇很有内容、意味、情志的文章。"先生又看了看卷子，抬起头，看着我，目光真诚。

我很意外，怔怔地望着先生，一句话也说不出来。先生的语气很平静，缓缓地对我说："其一，你写了妹妹的美丽、善良、真纯，写了她所经历的苦难，写了她美的消陨和毁灭，写了你和她之间真挚的兄妹情感，写了你失去妹妹后难言的悲痛……情感真实、真挚，我很感动……"

说到这里，先生突然停住了话语，微微地垂下了眼睑，神情显得有些凝重，像是在回忆着什么，思索着什么。良久，她轻轻地摇了摇头，缓缓地吁了口气，自言自语似的，声音很轻：“父母儿女之情，兄弟姐妹之情，天地大情，人间至情，最是感动人心。”

然后，先生好长时间没再说话，只是看着我，目光竟似母亲般柔和，充满了关切。我立刻读懂了先生的目光，那是理解、同情、关爱。

我的眼睛湿润了。

先生似乎平息了一下心情，轻轻地拢了下头发，接着对我说：“其二，是你写这篇文章所表现的真实、真诚的态度。老老实实、平平实实，不虚妄、不伪饰。诉说家庭困境，表达私己诉求，很坦诚。修辞立其诚，我很赞同这种态度，几位先生与我也有一致的意见。”

说着，像是想起了什么，先生笑了，很轻松的那种笑，说：“小公子可还好？一岁？男人带孩子，三十多岁的大学生带孩子，一定很有趣。”

我也笑了一下，应该是无奈的苦笑，但心里轻松了很多。

先生说：“还是要积极地解决，不能总是这样耽误功课，能联系到幼儿园吗？”

我说：“我岳母就要来了，没问题了。”

先生说：“那好，好极了。”很快乐的样子。

我觉得周身很温暖。

先生背微微后仰，轻轻地靠在椅背上，双腿也稍稍向前伸展了一下，很放松的一种姿态。先生左手拿起了卷子，右手指点着卷面上的几行文字说：“其三，你写到在你遭遇人生苦难的时候，从苏轼的诗词中领会到古人之心，对他旷达、从容、超然、乐观的人生态度也有很深的感悟，心胸为之开朗。我可不可以做这样的理解，你要表达的意见是：苏东坡的诗词是支持你走出忧患的力量？”

南开大学主楼111阶梯教室，是叶嘉莹先生初来南开时的讲堂（纪睿泓摄）

我抬头，看到的是先生期许的目光。我认真地点着头，说："是的，就是的。"

先生显然很高兴，调整了一下坐姿，直起了身子，用睿智的目光看着我，说："我始终认为，中国的古典诗词是不会灭亡的，因为诗词中有中国古代诗人们全部的思想、情感、智慧、品格、襟怀，有他们全部的身世经历、人生体验、理想意志，有他们全部的生命激情和心灵感动。这种兴发感动的生命力，是生生不息的。"

先生的目光很亲切，她认真地对我说："卢治安同学，你能有这样切身的感受，我很欣慰。"

我心头立时涌起一股热浪，忙站起来，说："叶先生，谢谢您，我旷了课，交了白卷，您还这样鼓励我，我更惭愧了！我向您保证，我一定好好地复习，争取在补考时取得好成绩。"

叶先生笑了，她抬了下右手，说："请坐，请坐。"然后，很专注地看着我说，"我已经与几位先生讨论了处置意见。考虑到你具体的人生遭际、家庭境况，考虑到你一贯的学习态度、学习成绩，考虑到你对自己错误坦诚而深刻的认识，决定即以你书写的这些对苏东坡诗词鉴赏、解析的文字为依据，给出成绩，不必再补考了。”

先生的语调很平和，她微笑着看着我。

“是吗？”我“噌”地一下站了起来，觉得满屋子的阳光，是那样明亮、灿烂、美好。我很想扑过去，握住先生的手，但忍住了。

“谢谢叶先生，谢谢您！”我止不住地说了很多遍。

先生微笑着继续说：“不过，你毕竟没有完成考试试卷。并且，我以为，你对苏轼作品的理解也还欠深入、全面。从考试的严肃性、公正性考虑，准备给你一个‘良 -’的成绩，你以为如何？并且，要求你要把我讲过的课都补习上，我想你是会做到的。”

屋子堆满了金色的阳光，先生即坐在金色的阳光里。透过蒙眬的泪眼，我深切感受到先生的仁爱、先生的体恤、先生的关怀、先生的宽容……

我恭敬地对先生说：“叶先生，我原本最大的期望是您能给我一次补考的机会，您这样宽容、体谅我，我真的特别感谢。我知道我对苏轼诗词的理解很肤浅，当时也是想到哪写到哪，没有深刻的思考，严格说这根本就不是一篇文章。您还给我这样的成绩肯定我、鼓励我，叶先生，谢谢您！真的特别谢谢您！”说着，我流下了泪水。

在我说这些话时，先生站起身来。她微微侧着头，很认真地听着。然后，她笑了，笑得很舒心、粲然。先生说：“你能有这样的认识，我很满意。永远实事求是，永远认知自己的不足，以这样的心态读书、学习，一定会进步的。”先生递给我一张面巾纸，示意我擦擦脸上的泪水。那是我人生中第一次使用面巾纸，叶先生给我的。

先生说："你的文章对苏轼诗词中所表达的旷达、从容、超然、乐观的人生态度确有颇多的感悟，你的体会也是正确的，也承你所说，它成为你度过苦难、走出忧患的一种力量；但是，你似乎过度放大或者说误读了苏轼作品中的这种旷达、从容，将其引申到应天顺命、听其自然的消极、无奈，甚至宿命。"

先生从桌子上拿起试卷，略看了看，指着几行文字，说："你看，你说苏轼的诗词给予你心灵的启示是：人生的一切，似乎都有不可抗拒的冥冥中存在的天意、天命，或者说，人生中所遭遇的一切政治上的坎坷、精神上的痛苦、生活上的苦难、心灵上的创伤，都是上天早就为你预设好的。你只有适应，只有适从，你无法回避，更无法改变。顺天应时，从容达观，是人生应取的态度。"

先生放下试卷，炯炯的目光看着我，说："卢治安同学，这个认识就有失偏颇了。他的'大江东去，浪淘尽，千古风流人物'呢？他的'会挽雕弓如满月，西北望，射天狼'呢？难道不是昂扬奋发的进取精神和英雄气概吗？"

先生接着说："至于你在文章中引用的那些东坡的诗句，我以为，你似乎只注意到字面表层的意义，当然，这也很重要；但更深层的意味应该说你并未能深入把握。譬如说你引用的《定风波 · 莫听穿林打叶声》，'莫听穿林打叶声……谁怕？一蓑烟雨任平生''料峭春风吹酒醒……归去，也无风雨也无晴'，你解读得不错，是诗人的旷达，是苏东坡从容潇洒的生活态度，但是，读一读词前的《序》：'三月七日，沙湖道中遇雨。雨具先去，同行皆狼狈，余独不觉。已而遂晴，故作此词。'请注意，'同行皆狼狈，余独不觉'，这里写的是作者具体的生活感受，展示的是他独立的人格精神和自由不羁的个性情怀，远比我们一般感受到的旷达、从容深刻得多。难道不是这样吗？"

先生轻轻地踱着步，神采焕然，朗朗地讲着，身上披满了金色的阳光。

“再看你引用的《临江仙 · 夜饮东坡醒复醉》之‘小舟从此逝，江海寄余生’句，你的解读重心还是只停留在‘小舟’‘江海’‘余生’这些语词最初的表层意义上，以为这是词人对待命运平静、坦然、达观的人生态度，而未能感悟到诗人饱经忧患而襟怀开阔的精神风貌，更未能感受到诗人士大夫的审美情怀。你以为是这样的吗？”

我面对着先生，频频地点着头。能这样近距离地聆听先生讲课，为我一个人讲课，我的心中充溢着巨大的幸福感。

先生接着说：“你的文章中比较具体地表达了对苏轼‘日啖荔枝三百颗，不辞长作岭南人’诗句的体会，应该说，是很不错的。需要明确强调的是，苏轼置身于人生困境，并不只是我们一般意义上理解的‘乐观旷达，随遇而安’，不是苦中作乐、强作欢颜、自我安慰、自作超然，他是真的以一种永远快乐旷达的心境去面对人生的，他对人世、对自然充满了乐趣。山水草木，世间万象，无一不有美的发现。于是，即使被贬谪到儋州荒蛮之地，只身携带幼子，漂泊海上，他吟出的诗句竟也是‘九死南荒吾不恨，兹游奇绝冠平生’。要知道，此时的苏东坡，已是六十二岁，两位妻子先后离世，知己红颜名曰朝云者，亦永离人间，人生之大悲大苦，亦莫如此，而苏东坡却以‘九死’‘不恨’的心态，将其作为自己人生中的一次‘奇绝’壮美的旅行。”

先生停止了话语，专注的目光看着我，良久，说：“诗人这种对待人生苦难的态度难道不是我们的榜样吗？诗人的诗句难道不能给我们感发生命的力量吗？”

我很激动，我明白了先生讲了这么多的话，是在讲苏轼，更是在开启我的心灵。我只是一个普通的大龄学生，先生授课，我也都是坐在教室的最后面，从未在课上、课下与先生有过任何接触，也就是说，先生根本不认识我，只是看到了我交的“白卷”，只是从我的文字中知道了些我的情况，就这样关心我、体谅我、教导我。

我激动地说：“叶先生，我听懂了，我必须让自己的心明朗起来，我的心中有阳光，我就不会再忧郁、哀愁，我也就会以阳光的心看世界，看世界的美好，看人生的美好。叶先生，我理解得对吗？”

先生笑了，很舒心、很欣慰的笑。先生说：“卢治安同学，你能有这样的认识，极好。生活难道不是很美好的吗？再过一段时间，一九七七级就毕业了，恢复高考后的第一批大学生，国家未来的栋梁，多么好！你的小公子生活在这个新时代，呼吸着新时代的新鲜空气，多么好！”

先生的话，在我的心里激起幸福的涟漪，更给予了我努力学习、努力生活的信心和力量。

先生抬手看了下手表，接着说：“那么，我们都以苏东坡为豪放，为旷达，难道他就真的没有心灵的苦痛和悲痛的郁结吗？就真的没有任何铭心刻骨的伤痛吗？不是，当然不是。‘十年生死两茫茫。不思量，自难忘。千里孤坟，无处话凄凉。’对亡妻至死不渝的深情，对十年生死、人生永隔的喟叹，感天动地，这才是苏轼，这才是苏东坡。不错，他豪放，他旷达，但他也有痛苦，有悲情，有一生都放不下的情爱。只不过，他把这种痛苦沉积了、升华了，升华为诗词，升华为审美的境界，进而，他以审美的方式咀嚼自己的伤痛，承受自己的伤痛，达到了人生情感的更高境界。”

先生深深地看了看我，说：“难道不是吗？我们大家，谁没有经历过生离死别？谁没有过肝肠寸断的痛苦？”先生停住话语，微微眯了会儿眼睛，像在回忆什么往事，然后，面对着我，说：

“但无论多苦，你总要面对，总要生活下去，因为对社会、对家庭、对你自己，我们还有义务，还有责任。所以，苏东坡的诗词、精神是不死的，启示着我们，感发着我们，生生不息。”

先生像在课堂上讲课一样充满了激情，她踱着步子，微扬着头，两只手在胸前挥动着，她的手指纤细，她的目光明媚。阳光铺洒在她的身上，她白皙的脸庞神采奕奕，她挺直的身姿亭亭玉立。好美啊！先生讲课是诗，先生讲课是画，先生讲课是画中有诗，是诗中有画。我完全沉浸其中。

何其有幸，先生离我这样近，我就坐在先生的身边，这样近距离地聆听先生的教诲。幸福、感动、感激，一种要哭出来的感觉。我无比感激地对先生说：“谢谢您，叶先生，您的教诲我记住了，我绝不会辜负您的教导。我一定会走出伤痛，快乐地生活、学习、工作，不负这个时代。”

先生又笑了，很欣慰的笑容。

先生说：“好吧，我们共同努力。”

我说：“叶先生，耽误了您这么多时间，谢谢您，那我就告辞了。”

说着，我拿起书包，后退着身子，准备离开。

先生微微笑了一下，点了点头。

我刚要转身，就听到先生说：“卢治安同学，一句苏东坡的词句，送于你，我们共勉。”说着，朗声吟诵道：“谁道人生无再少，门前流水尚能西。休将白发唱黄鸡。”

我看到，先生轻轻地微笑着，满眼殷切而期许的目光。

我后退了几步，向着敬爱的叶先生，深深地鞠了一个躬，泪水，滴落在了水泥地面上……

后来，从先生的著述中，从诸多的资料中，我知晓了先生饱经忧患磨难的人生经历，我知道了我失去妹妹的苦痛触及了先生内心深处的人生伤痛。以先生至情至爱、大慈大悲的境界、胸怀，自然会对我有深切的仁慈、关爱、理解和宽容。再后来，我懂得了，先生少年丧母、中年丧女，因丈夫蒙冤而历经苦难，挑起家庭重担，但却永远乐观平和、平静安详，这是一种操守、一种品格、一种精神、一种境界。

我知道了，岁月何其残酷无情，从来没有停止过对先生的伤害，而先生也从来没有向无情的岁月屈服。

先生用自己的生命、灵魂，吟唱着我们中华民族最优秀、最优美的古典诗词，宣传着美，传播着美，而这所有的美丽、美艳、美好，都是先生一生历经的忧患、苦难编织而成的。先生背负着巨大的人生苦难，却像一个播火者，播撒着我们民族的文化火种；先生承受着巨大的人生忧患，却像一个布道者，传布着我们民族的文化精神。

从先生那里，我学会了应该怎样面对苦难，怎样面对生活；从先生那里，我懂得了应该怎样报效民族，怎样服务国家。

向敬爱的叶先生致敬！

写于2018年7月15日

（作者为南开大学中文系一九七七级学子）

柒

难忘诗骚李杜魂

庄建民

2012年，中文系一九七七级学生在编辑一本《青春回想——南开大学中文系七七级毕业三十周年纪念文集》，南开大学中华古典文化研究所所长叶嘉莹先生，应约为文集赋诗二首，真切地反映了南开大学中文系一九七七级学子同叶嘉莹先生的因缘际会和师生情谊。

其一

春风往事忆南开，客子初从海上来。
喜见劫余生意在，满园桃李正新栽。

其二

依依难别夜沉沉，一课临歧感最深。
卅载光阴弹指过，未应磨染是初心。

1979年，我们和先生相遇于南开，从此教学相长，结下了深厚的师生情谊和精神纽带。先生不仅教会了我们怎样学习和欣赏中国古典诗词文化，更教给了我们一份做人、做学问、做事业的初心。正是这份初心，让我们南开大学中文系一九七七级学子，在毕业后数十年的工作和生活中，恪守信仰，不忘初衷，没有辜负老师的教诲和国家的期待，在各自的岗位上做出了自己的贡献。

客子初从海上来

那是一个充满理想和希望的年代。

1979 年春天，我们的国家犹如春天的土地，万物尚待复苏，但已呈现出“满园桃李正新栽”的勃勃生机和“春来江水绿如蓝”的喜人景象。

作为“文革”后恢复高考的第一届大学生，我们就像经过了寒冬盼望雨露滋润的春草，充满了对知识的渴望和对新生活的向往。图书馆里总是坐满了埋头于书本的学生，教学楼里的灯光也总是亮到很晚。每个上晚自习的学生都备有一个软软的坐垫，不光用来坐，还用它来“占座”，因为条件所限，无论图书馆还是教室，去晚了或离开了也许就没有了座位。

在春意盎然的校园里，叶嘉莹先生出现了。她，气质优雅，风度翩翩；她，带着对中国古典文化的深厚学养，带着在中外课堂上数十年的教学经验，更带着她半生苦难铸就的“诗魂”，来了——为我们传授知识、启迪智慧、塑造人格。

先生初来南开大学的时候，是五十岁出头的年纪。应该说，叶嘉莹先生五十多岁以后的人生经历的升华和辉煌，就是从给南开大学中文系一九七七级学生讲授古典诗词的那一刻开始的。

这是命运的巧合，也是上天对我们的眷顾—— 一位具备了中国古典文化渊博知识和深厚学养的大学问家，一群充满理想和朝气的青年学子，一个改革开放万象更新的时间节点，这三者就在1979 年的春天碰撞在一起了，演绎出一段美好的师生乐章。

一课临歧感最深

一位同学这样回忆叶嘉莹先生讲课时的情形：“自始至终，从不落座，且伫立行走，都是挺胸昂首，仪态潇洒飘逸。‘伫立如秋水伊人，行走如凌波仙子。’”

笔者看过叶先生年轻时给孩子们上课的照片，那时她就是站着讲课的。此后数十年，只要先生走上讲台，就一定以站姿呈现，到老年亦是如此。先生说：“我到现在九十多岁，腰腿都有毛病，但是我一定是站着讲课的。”她把教授诗词、传授中国古典文化看作一件无比神圣的事情，容不得一丝懒散和懈怠。这也是在向课堂上所有人传达一种敬意：对于中国古典文化和人类文明的拳拳之心和敬畏之意。

每当先生讲课时，教学楼阶梯教室里都坐满了人，就连窗台上也有人坐着听课。为了保证课堂秩序，校方不得不印发“听课证”，凭证才能入内。

先生的课之所以大受欢迎，是因为她在讲解诗词的时候，融入了更多人性、人情的因素，没有说教，更没有当时流行的政治概念和政治术语，而是从人的自然本性和生命最初的感动着眼，来理解古人的情感，解读他们发自内心的声音。先生授课时虽然也有理性的分析，但她更看重感性的流露，生命力的自然勃发，先生称之为“感发的生命”。这种“感发的生命”在先生的滔滔诗语中，常常灵光一现，令人有一种顿悟的喜悦。

一位同学回忆说：先生倾心传达于我们的，是中国古典诗词

叶嘉莹先生在南开大学专家楼书房

中那种生生不息、生命感发的力量，是人性、人情、人生永恒的美好、美善、美德，或者是痛苦、悲情、苍凉。先生所传授的那种精神境界，对我们的一生都有激励作用。特别是当人遇到不幸，这种境界可以帮我们渡过苦难，滋润心灵。

叶先生在年富力强时，曾应邀做美国哈佛大学访问学者、密歇根大学客座教授，后在加拿大不列颠哥伦比亚大学进行教学和研究，是为数不多用英语讲授中国古典诗词的学者之一。她运用西方美学理论对中国诗词进行研究，从中总结出诗词的辞藻之美、音乐之美、形式之美，在当时中国学术界是不多见的。她在给我们讲解温庭筠的词时，一句“小山重叠金明灭，鬓云欲度香腮雪”，竟可以反复品味讲解数天，把诗人的那种细腻情感、精微体验、唯美表达，淋漓尽致地发掘出来。

在细微的唯美体验的同时，叶先生在人生的大境界上，在做人的操守和做事的原则上，传达给了我们一种更重要的东西，就是中国古代文人的气质和风骨。屈原的忧国忧民，李白的不事权贵，杜甫的心怀天下，都成了我们心中的榜样。王国维先生总结中国古人做学问、成事业的三重境界，从“昨夜西风”到“独上高楼”，再到“蓦然回首”，给我们指明了人生的目标。精神追求的种子在我们的心田开始生根、发芽。

慢慢地，南开大学中文系一九七七级学子，在叶先生和其他老师的教诲熏陶之下，变得更纯粹，更具有文人气质，更注重精神修养。正像先生在一首诗中所说：“书生报国成何计，难忘诗骚李杜魂。”

未应磨染是初心

带着对新生活的向往，带着老师的嘱托，我们走上了工作岗位。数十年来，虽然每个人的职业生涯各不相同，人生际遇和社会成就也差别巨大，但有一点是共同的，就是坚持家国情怀，坚持人格操守，坚持中国文人的初心。

这些年来，改革开放让社会生活日新月异，市场经济大潮涌动，很多人下海经商，很多人一夜暴富，同时，金钱至上、唯利是图的价值观也曾大行其道。

大多数南开大学一九七七级学子毕业后都在文化、教育、新闻、出版等岗位上，做学问、搞研究、从事教书育人等工作。这种现象当然是很多因素造成的，但有一点是共同的，就是我们在心理上比较远离物质追求，相反更看重精神追求。南开人、南开大学中文系学子本分、老实，更喜欢踏踏实实，一步一个脚印地在文化学术领域默默耕耘，这一现象恰恰印证了叶先生诗中所说

2014年，叶嘉莹先生在其九十华诞暨中华诗教国际学术研讨会上，右一为时任南开大学校长龚克

的“未应磨染是初心”。

在经济、金融等领域，难得见到我们同学的影子，而在文化艺术、学术研究、教育教学领域，我们的同学却身影频现，成就卓著。南开大学中文系一九七七级毕业生中，有社科院学部委员、作家协会主席、出版社社长、大学教授、博士生导师、文学院院长，还有“鲁迅文学奖”获得者、全国人大常委会委员、优秀教师和奥运火炬手……

这些同精神文明有关的成就说明，作为叶嘉莹先生的弟子，我们继承了叶先生的衣钵，就是那份中国士人的初心，就是千百年来生生不息、不断传承的“李杜魂”。

2009年10月，南开大学建校九十周年之际，中文系一九七七级同学在毕业二十七年之后重聚母校，回首青葱岁月，畅叙事业收获，抒发离情别意。

时年八十五岁的叶嘉莹先生参加了我们的聚会，站着讲了一个多小时，以她的人生经历，又给我们上了一堂生动的古典诗词课。同学们向先生表达感恩之情，献上一方印着青花瓷图案的大披巾。

叶先生教过的学生中有很多文化名人，台湾著名作家席慕蓉、白先勇、陈若曦、陈映真……有的听过她的课，有的就是她的“亲传弟子”。叶先生教过的学生无数，而南开大学中文系一九七七级学子可以自豪地说，我们是先生在祖国大陆的第一批“亲传弟子”！

南开大学中文系一九七七级，与叶先生诗魂相通，情谊绵长，初心同在。

愿这份初心代代相传，永存于世。

写于 2018 年

（作者为南开大学中文系一九七七级学子）

捌

洋风·古韵·一师一生

韩　异

一　洋风

与叶先生的初识，缘于1979年先生在去国三十年后，首次回大陆到南开大学中文系，给一九七七级主讲中国古典诗词。我作为中文系一九七七级的学生，现场聆听了先生回国后的首次授课。洋风古韵，是我对先生的第一印象。我也就从印象谈起。谈印象，难免散文化，不过正好，可以避重就轻，挂一漏万。但时过三十余年，追忆之言，又难免不够贴切得体，不过以先生之博大乐观的胸襟，想来必能谅解。

1979年，改革开放伊始，国内所能接触到的西洋事物极少，与今日西洋事物蜂拥而至不可同日而语。叶先生是我们所接触的欧美大学的第一位教授。叶先生的“洋风”对我们是先入为主、由表及里的。先生的洋风又分为洋气和风度。先入为主的是先生的洋气，由表及里的是先生的风度。

关于先生的洋气，先说仪容之洋气。先生当年到南开大学首次授课时，虽然已非怡红女儿之年，但先生的秀发及肩，卷舒有致，眉棱清丽，额鼻挺括，尤其是侧影，用先生当时常用的治学之言，“我以为”隐然有西洋佳丽的深朗之容。虽然其后我已知先生乃京都之女，但至今仍存此印象。

次说衣表之洋气。先生衣表之洋气，印象最深的是首堂课先生所着之衣。深蓝色的细布上装，窄袖束腰，疙瘩扣（天津俗称疙瘩袢，为中式传统服饰，此经杨石兄考证转告）；皂色的细喇叭型曳地长裤，颀长挺拔，裁剪合体，印象中，上下竟无一点褶皱而不妥帖之处。

再说仪态之洋气。先生当时给我们授课，自始至终，从不落座。且伫立行走，都是挺腰昂首，仪态潇洒飘逸，用“伫立如秋水伊人，行走如凌波仙子”喻之，虽嫌俗媚，但近感觉。

关于先生的风度，先生首次到中国大陆讲学时，“文革”刚刚结束。“因为受不断革命斗争的影响，不论是创作或批评，都喜欢滥用革命的口号教条而唯以追随政风为能事。”（叶先生语）先生对此是深恶痛绝的。但在授课时，先生却从不臧否诟病他人，唯致力于将诗歌中感发生命的永恒品质以生发感动的形式加以传达，以激励感发年轻人的心灵。凡到授课紧要处，先生每每都要强调“我以为”以为提示，即使是反诘，在“难道不是吗”之后，先生也总是展露会意的笑容，而从不盛气凌人。

我以为，先生的风度，优雅而绅士。优雅是表，绅士是里。作为女先生，先生的风度，在我所见到的人中，是最卓绝的。

关于先生的洋气和风度，再说几句。我以为，在目睹聆听了先生的最初几节课后，我们都被征服了。征服也分表里，内心里的深层感动下文再说。这里只说表的，那就是女生们会为有这样卓绝的女先生而自豪，也会为先生的优雅而生追仿之心；男生们则或不乏派生出对先生优雅风采的仰慕之情。而我，用时下酷词，是先生的“粉丝”。

二　古韵

古韵之一，先生是学养深厚的才女。

先生生于北京，自幼谙习中国古典文化，曾受教于顾随先生。顾先生学术上，不仅熟悉儒、道，还通佛学，尤精禅学；字则师法他的老师沈尹默，可以乱真。叶先生每每谈及顾先生，都有临文嗟悼，不能喻之于怀之情。除却叶先生，对顾先生推崇备至的还有周汝昌和张中行先生，足可见先生学养师承的源远深厚。另顾先生才气卓然，富于诗情，创作了大量古典诗词。先生在授课作文中，同样是吟唱悠然，论道卓然，妙语连珠。才气横出，与先生的天生才气相继，一以贯之。三十三年前，先生给我们讲的第一首古诗是《行行重行行》，一首诗竟讲出七解，并以古韵吟唱，其韵悠长，始知生离远甚于死别，是人生之长痛；讲王国维《人间词话》的三种境界，让我们领悟了知人论世的生发感动之妙；温庭筠的“小山重叠金明灭，鬓云欲度香腮雪”，先生竟然讲了数天。在当时“文革”之后不久的思想氛围中，将美人晨妆远远讲出绮怨之外，以诗词的生命之感动去生发思想解放的萌芽——凡此种种，如不是先生才气盎然，行云流水般的激励感慨，又如何能够生发感动我们这些年轻人的心灵？

古韵之二，先生是矢志报国的仁士。

先生自 20 世纪后半叶，生活屡遭劫难和困顿，先生往返游历于中国和北美各地。不同的时间、不同的区域、不同的社会生态和不同的价值观，这其中能将“自其变者而观之”和“自其不变者而观之”相统一，首要者是诗歌之所以为诗歌，在其本质方面却原是一直有着某些永恒不变之质素的（叶先生语），而先生身上又何尝不是如此呢？

1979 年，先生给我们讲课时，用自己刚创作的诗歌《赠故都师友绝句十二首》讲述了回国后的感动和心愿。

先生身上的古韵，正是古来仁人志士矢志不移的爱国情怀。先生的学品，或有李清照的词风，“知否？知否？应是绿肥红瘦”！先生的人品，则有李清照的诗风，“至今思项羽，不肯过江东”。

先生身上的古韵，是大胸怀，大境界，兼及表里，兼及知行。为了以文觉天下的书生报国之计，先生把散木的乡根留在了中国，留在了天津，留在了南开大学，留在了中文系。我为母校庆幸，为中文系骄傲。

三　一师一生

师生是与生俱来的故事。一人一生从一师，在古代，或是被传诵的故事；在今天，是难以想象了。但一个老师，特别是一代名师影响一代乃至几代众多学子一生的故事，却就在我们身上传颂着。

1985 年，我参加了中央讲师团，到西双版纳民族师范学校去支教。中文系的，只能是教语文。临行前，我专程到天津去找安志军兄，我知道他在聆听叶先生的授课时，有详尽的课堂笔记。志军兄给我笔记时说：“人回来，本子必须给我拿回来！”我教了一年语文，先教学生，后给当地老师开讲座。学生是傣族，老师是汉族。给当地老师讲，用的就是志军兄的小本子。回来后，京津两地，阴差阳错，至今算来二十七年了，本子还在我家里，肯定在，但得找。

毕业后，我曾三次与叶先生谋面。

我毕业后再见先生，是在南开大学建校八十周年校庆时。我和卫国兄在母校编导电视片《巍巍南开》。我当时未与先生有直接的沟通，只依稀记得先生仍然有着女学者的玉树临风。有一事，与我和先生有关。校庆期间，我为天开公司展卖砚台，其中一块巨砚由公司以全班同学名义捐献给了中文系，现在应还放在叶先生主持的中华古典文化研究所大门前。砚台摆在先生的工作室前，令人欣慰。

第二次见到先生，是 2002 年。当时经谢昌青兄介绍，我在天津大港种菜。其间到中文系找王力兄，我知道先生当晚给研究生上课，便去了。还如当年，先生把选定的诗词先发给学生，我没有，便聆听了一会儿，悄悄地走了。别前，我在门外小伫片刻，没和先生示意告别，我想先生不认识我了。

第三次见先生是在 2009 年 10 月，是杨石兄发起谢师宴，见到了一些中文系的老师。我们不但见到了先生，还专门请先生再为当年的学生讲了一堂课。开始，气氛轻松愉快，大家还在议论着杨石兄极精彩的敬师演讲。当由卢治安兄介绍发言时，老卢竟只说了一句“叶先生，您的教诲一直支持我走到今天”，便哽咽难言了。老卢当年在班里就是几个大哥级的老兄之一，“文革”中又经历了风雨历练，不到至情处，岂能如此流露真情。当年叶先生为我们讲过一首杜诗，记得先生是这样吟的：

诸公——衮衮（就）登台省，广文先生——（他）官独冷。

甲第纷纷——厌粱肉，广文先生——（他）饭不足。

先生有道——出羲皇，先生有才——（就）过屈宋。

德尊一代——常坎坷，名垂万古——（它）知何用！

先生讲此诗的当天，男生就对着窦广文兄吟唱“广文先生——（他）饭不足”，广文当时听了，总是“嘿嘿”一笑。

鸟瞰南开大学马蹄湖，荷叶田田（纪睿泓航拍）

今日我班同学，都已过了天命之年，卢兄等更是前后耳顺了。想来见到也已年事渐高的先生，“常坎坷”和“知何用”的感慨油然而情至深处了。卢兄慨然落泪，全场一片唏嘘。

的确，先生老了，我们也不再年轻，“文章千古事，得失寸心知”，人生亦如是。

毕华兄（我每呼毕兄，毕每应“韩老弟”。倪、毕伉俪当年曾住北京西长安街，但是筒子楼。老弟落草时，就在筒子楼吃饭）在课堂上，吟了先生当年“书生报国成何计，难忘诗骚李杜魂”的诗歌，时隔三十年，竟然还记得清楚。先生讲课时，也吟了这首诗，散木乡根，先生讲了很多家事，师生呼应，全场又一片唏嘘。

胡健兄前日发短信：“一个都不能少！”我把信存了，撰了一联，作结。

上联：当年春晓，杨柳依依，同学意高志广，四面齐聚马蹄湖

下联：世纪双跨，枝叶盈盈，才俊业嘉文莹，八方都唱大风歌

横批：一师一生

写于 2012 年

（作者为南开大学中文系一九七七级学子）

玖

心有支撑，总会云开

——叶嘉莹先生之于我

杨　红

没想到生命中一份静美而珍贵的感知与感动，在先生抑扬顿挫的吟诵中、在先生温暖真挚又常带着童真般俏皮的笑颜里，深长地种进一个十六岁少女的心，并随着年轮的增长在我的精神世界中开枝散叶。

一　妙音绕梁

1978 年 9 月，我作为一名跳级入学的“毛孩子”考入南开大学中文系。大学生活里的一切都令我眼花缭乱，薄薄的知识底子让我对社会经历和学养皆深厚的大哥大姐同学日日仰视呈“追星”状，直到有一天叶嘉莹先生来了。

主楼 111 阶梯大教室，是中文系一九七七级、一九七八级合班上课的“根据地”，两面高窗阳光灿烂。1979 年 4 月的一天，我们被告知：有位从海外归来的女先生要来给我们上诗词课。在那个集体想象“外面的世界很精彩”的年代里，对先生的期待中也带着对世界的好奇。一身合体的蓝色套装，一头端庄又不失飘逸的短发，先生在优雅中带着潇洒走上了讲台。她用亲切的微笑迎着我们的热情，用一口温婉京腔，给课堂点燃了一炷熏香，让我们即刻迷醉，诗词也顿时生动起来。在那个温暖的午后，我在先生关于中国诗词的灵魂是“兴发感动的生命”的启迪中，感受自己内心的某个角落在一点点被唤醒。我们和先生一起沐浴在阳光中，一起沉浸在她带我们进入的境界里。看着台上英姿有光的先生，我深陷其中不能自拔，直在心里惊呼：太美了！诗词女神下凡！

先生的到来，成了所有人的兴奋点，我和大哥大姐们一起开始了人生的第一次“追星”。111 阶梯大教室似乎成了一艘大船，我们几乎要把船舱挤爆，争相占取一个席位，好在先生的导航下在中国诗词的灿烂宇宙中开始旅行。先生讲授诗词时，最让我着迷的是她整个人呈现的一种发光的生命状：真诚感性、典雅温暖、亲切有趣。每首诗词似乎都是她的至爱亲朋，她带着所有的情感观照它们，让我们生动地感受每首作品里跳动的“诗心”。每个诗人都是有血有肉的生命个体，表达不一，境界不同，或悲情、或沧桑、或深厚、或浪漫、或家国天下、或机趣盎然。尤其是先生对每首诗词的诵读，除了情意的抒发，更有一种音乐的美感和韵律，让我第一次感受到中文作为一种语言文字的独特之美。在其独有的音节平仄中我感受到了生生不息的生命节奏。先生在吐纳呼吸中对诗词用心动情，将自己鲜活地融入其中，站在台上如一名深情的“歌者”。这让我情不自禁地张开双手，接着先生的“天籁之音”，珍藏先生剔透闪光的“诗心”。

翻开当年的一个小本子，里面有一些受先生感发而写的幼稚绝句。上大学前，自己的古典文学底子几乎为零。上大学后，世界似乎成了一扇扇等着我推开的门，我带着满满的好奇和青春的无惧急欲融入其中。当乘着先生的航船驶入诗歌的海洋后，年少的我好似落入其中的一滴水，在先生的光照中追逐自己想要的生命的样子。诗之于我，开始成为与世界相连的真挚而天然的表达。先生读诗讲课非常动听，这让每位诗人、每首诗都变得鲜活，让“诗”成为有旋律的“诗歌”，深深扎根于听课者心中，以至于自己写诗时耳中尽是先生的语气。

后来我莫名得了一种怪病，手臂发硬不能写字，并被告知如果恶化会被截肢。家人担心焦虑，好似我要在十几岁的青春里凋落。先生再次施魔法于我，我随先生进入诗歌的世界，我的生命似乎多了一片天空，不受尘世生死羁绊，心中有一种莫名的乐观和坚定，于是写下了：

常怀飘逸志，游历五湖间。
蹉跎无碍我，思上须弥颠。

这些句子虽然更像“顺口溜”，但却直接记录了先生对一个十六岁女孩儿生命的启迪：无论行走世间有何困苦，每人心中都可有一个乐观、积极的精神世界。

二 诗之歌者

先生与诗歌本真而又天然的联结，让我十几岁的生命感受到了先生作为诗的“歌者”的动人之美；中国诗词虽经历了几千年沧桑，但始终如一地至情至性。写诗技法虽有赋、比、兴，但在先生独特的诵读与讲解中，中国诗词不再是文字篇章，学诗也不只是积累知识，先生让诗歌成为一种生命最本真的传达。每首诗也许来自不同的时代，有不同的风格，但在先生的“歌声”里，它们都是一个个作者与世界相连的纽带，或情意幽隐如李商隐、或心系苍生如杜甫、或心物交感如温庭筠、或承前启后如杜牧。先生做着他们每个人的知音，用自己最真挚的心理解与尊敬他们，让他们从各自的红尘往事中走近我们，也让我们与每首诗词及其作者做着最亲密的感情交流。先生的纯净，让每个诗人和他们的诗歌在她面前抖落历史的风尘，露出最本质的生命感发。而我，透过先生讲诗，看见她对世界的善念、对自己品德的持守，感受人性大美。先生用自己的魔棒点亮了诗词宇宙中的一颗颗星星，构造了一个超越时空的、最美好的、永恒的心灵世界。我张开双臂欣喜地拥抱它，飘荡的尘埃落地了，先生在我的灵魂里种下了一棵小树。

我是无比幸运的，在豆蔻花季离开父母的呵护，便得先生这样一位助长心灵的老师。后来，我得知了先生一生所经历的磨难，心疼她的同时，也开始慢慢懂得欣赏先生在讲台上的风采，并理解为何我与先生一经相见，她对我生命的影响即成永恒。

先生在诗词的世界里，持守着自己的是非曲直和心灵的故乡；在现世中，通透彻底的知行合一让我看见先生对中国诗词最深的爱与尊敬：每一次的授课都在传达中国诗词的生命本质。先生如荷，虽被埋进个人苦难的污泥之中，但所有的踩踏都让先生深深地向下扎根，因一颗诗心而婷婷袅袅，在中国诗词兴发感动的生命中，纵情想象，肆意挥洒热情。先生在我们面前展开的是中国诗歌长卷中每个诗人的心灵图谱，解码的是一种文化能流传千古而不朽的基因。于是，听先生授课，听先生吟诵，是获取知识，更是在与古人和先生的共情中唤醒自己在这个世界上安身立命的真身，思考做人、审美的取舍。无论今后的生活和工作是否直接和诗歌有关，生命本体与文化价值观里都有先生的身影。于是，每个被她触动的心灵，都以不同的方式延续着先生的传奇。

我无比感恩，在饥渴吸吮一切的年龄里遇见了先生，被她带进了一个超越诗词本身的世界。在那里，一切都有勃勃的生命力，所有的知识和阅历加持的是更宽阔的心胸和对世界更真挚的关切，所有人世间的悲苦都搭建着超越自我的天梯与更广阔的世界相会。当先生带着自己全部的生命和磨难在超越个人生活的时空中行走，采天地精华继万代传承，她是真正的老师：集一生智慧把舵带领众人融现世之生命于诗歌之永恒，或独自一人喜乐在一片荷花之上。仰望天空，先生如伞：心有支撑，风雨不惧，伸臂接纳，总会云开。

记得我妹妹在加拿大留学时，她选择去温哥华的不列颠哥伦比亚大学，其中一个重要原因就是小时候看了我书架上的《迦陵论诗丛稿》，希望有一天能选修叶先生的课。周围的朋友也受我这个“粉丝”的感染，打开先生的书卷。

三　爱上先生

都说四月是恋爱的季节，先生初来南开大学为我们上课时，正值人间四月天。没错，我们都爱上了先生，我也自有我的“恋爱标准”。在我的心动字典里，学问深厚只会赢得尊敬，先生独“掠”我心的是她的“跑野马”。那时我对世界有一脑门子的好奇，更有满脑门子的疑问。我有不安分的天性，常常是听着德彪西，看着印象派，观着各路画，写着无体诗，走在马路上思绪都会拐到生死。世界似是个万花筒，我醉心于探万物之间的联结。可这份自在，常常是他人眼中的杂乱和不可靠。先生的“跑野马”让我一见倾心。随着先生带着花香的“马蹄”，我似乎找到了自己踏花的马背。

先生学贯中西、知识渊博，可让我着迷的是她从不让我们觉得自己是她目光所及处的无名小草。通古今达中外让先生更能在诗词中，空诸所有、独契诗宗，更真挚地带领我们上她的马车一同赏诗歌之风景。先生从多角度释放着自己和中国诗歌的能量，让中国诗歌丰富的想象力变成激励后人的创造力。聆听先生站在世界的角度讲中国诗歌，我开始领悟知识对于一个人到底意味着什么。先生为我解码：非炫自己之光，也非武断他人之器，是服务世界、创造美好的能力和智慧。先生的“跑野马”，远不是我想象的肆意撒欢儿。知识给了先生翅膀，她把自己与诗歌合二为一，诗歌是她心灵的家园，先生在其中最自在，常常率性如孩子般。可不管思绪跑了多远，如何天马行空，先生都飞驰在自己情感本体的疆域里和诗歌灵魂的经纬中。上了先生的马背，她让我深深感受到，一个人必须构建自己的精神本体。当一个人在所爱的世界中投入了全部，赤子之心会让生命因纯粹而无畏，因专注而不断重生。于是，自己的生命似乎被先生点了穴，定在那里迷恋她的感性真纯、她的敏感洞察、她的趣味亲切、她的至善大雅、她隐忍取舍后的自由自在。那一刻，我看到了属于先生的自由和我要奔向的远方！

走出校门的几十年间，国内国外风风雨雨。留学时，我曾以一篇《同一个世界》赢得了职业生涯的第一张入场券。那篇小文勾勒了一个来自中国的学生对世界的美好理想：和谐不是一种文化对其他文化的强权同化，而是对文化差异的尊重和有机融合。在国外，焦灼于沟通不畅的误解，于是我将促进东西方之间的文化交流变成了自己一生的事业。激人为善、共情沟通，将对世界的关照融入做事的愿景、使命、价值观里。

感谢先生。在我心中，您是天地间最美的存在。您带着我们感受属于这片土地的文化心灵的跳动；让我们听见独属于自己文化的代代生命歌咏；让我们看见个体与美丽世界相连后的风雨不摧；让我懂得：为师，是用自己一生的丰厚蹲下身来变成沃土，让后人在上面继续对世界耕耘。而我，带着被您唤醒的生命本真和被您影响的审美观和世界观，努力找寻自己与世界的联结。当年您在我心中种下的那棵小树，随着岁月在不断地伸臂触摸天地，让“兴发感动”也成了我与世界相交的主干。无论国内国外，为人做事，一切从于心，让生命中最珍贵的持守随物赋形、服务世界。

有一天，一位医生朋友让我给他三岁的儿子推荐诗词学习的书籍，我脱口而出：去看叶嘉莹先生《给孩子的古诗词》，去学习吟诵，去领略中国诗词之美吧。结果，那天的治疗成了先生如何在我十六岁时影响了我一生的分享。现在很多孩子快被物质的溺爱淹死，被功利式的学习喂偏。三岁的生命若能得到中国诗词的熏陶和先生精神的美育，是何等的成长幸事！于是，先生的书成了我给有孩子的朋友最好的礼物。我想告诉世界：心灵的纯粹会滋养无穷的创造力，而叶先生滋养的是心灵。先生在讲授诗歌时，直抒的也是自己的人生持守，引导我们看到生命不同的境界。于是，先生授业也传道。先生一生对物质名利的淡泊，都是在给自己丰富的精神留白。

如今，我已不再是那个懵懂少年。诗的写作，也成了内心最自然的表达。而我知道，无论用什么形式书写，它们都是您当年种下的那棵小树开出的花朵结成的果子。离开校园后，虽然从未与您再相见，但每次想到您，耳畔有声音眼前有画面心中有喜乐。写到此，我突然想起多年前写的一首小诗中的两句：其实人和小孩都同是一片干净的水，只不过有的甜有的咸。您看，甭管您多少岁，在我心里您永远触手可及纯净如水，度我从此岸到彼岸。

对不起先生，我也“跑野马”了。

写于 2020 年 8 月 10 日

（作者为南开大学中文系一九七八级学子）

拾

聆听叶嘉莹

单正平

2000 年 9 月 20 日星期三，我接到系里通知，说上午要开个学术方面的会。我到了会议室才知道学校请来了叶嘉莹先生。学校安排叶先生和我们系的教师座谈。我赶紧又跑回家，取来年初买的她的新书《叶嘉莹说词》，我想请叶先生签个名。说实在的，我根本没有想到，时隔二十年之后，能在海南见到叶先生，能再次聆听她那令人迷醉的讲诗说词。

二十年前，我在南开大学读书。那时的青年学生，衣衫不整，一身土气，目光在茫然中透出求知的焦灼，说话于热烈中流露天真的蒙昧。我们的校园，也是一片劫后余生的颓败残破，有些教工还住在 1976 年唐山大地震时搭起的防震棚里。我们的老师呢，很多方面跟我们一样，甚至比我们还要不幸。他们中的大多数人被政治运动整怕了，说话的内容不敢越雷池一步。当时给我们上课的一位老师，讲课激情澎湃，辅之以固定的手势：右手四指并直，拇指挺立，向正前方用力砍去，随即手腕一转，像大刀砍到水面的刹那变成了舀水瓢。如此循环往复，直到把这门课砍尽舀完。原以为只此一例，谁知后来还有老师也是如此，说话的语气

1979年，初来南开的叶嘉莹先生给中文系学生上课

腔调昂扬僵直，缺乏温情，没有个性。这种声音现在基本上没有了，要听得找以前的音像资料。

就是在这个时候，叶嘉莹先生来了。她那时尚未退休，是利用假期回国讲学。我第一次见到她，用一句老话说，真是望去“俨然若神仙中人”。当时先生五十多岁，穿或黑色或深蓝或白色的长裙，配一条和裙子花色协调的披肩，荷叶式黑发讲究而不刻意，白皙的面庞略施淡妆而了无痕迹，一派天然中透露出高贵，优雅从容中有一丝矜持，让你崇敬而不敢亲近，敬佩而不敢有所请益——毕竟我们太蒙昧了。她在校园中款款而行时，不要说女教师，就是年轻的女学生们都有自惭形秽之感：叶先生竟这么年轻、优雅！而当她走上讲台，缓缓开口讲话时我们都惊呆了，天下竟有如此美妙的嗓音！

她吟花，我们看见花在摇曳绽放；她咏水，我们眼前有水回环流荡；她说雾，我们觉得四周一片片岚霭迷茫；她唱风，我们能感到秋木枝叶在寒气中颤动飘扬；她念到黄莺，我们好像听到真有鸟儿在窗外鸣啭欢唱……她说话的声音像水晶、像珠玉、像

2017年4月9日，叶嘉莹先生做“镜中之影”讲座

钻石，晶莹剔透、温婉圆润、光明华丽；她的声音即使最苍凉时也有一种童音般的清脆，最欢快时也有若隐若现的悲伤。她在春天的词里吟咏生命的凋零，在秋天的诗里赞颂人生的悲壮；她能从花前月下的儿女情长中，读出英雄豪杰的家国之思；从酒徒贰臣的狎妓纵酒中，体会忠臣志士的天下情怀。她说话时手臂随语调变化而摆动如水波，手指自然弯曲宛若京剧演员那样的兰花指优美雅致。她写在黑板上的字就是书法，如行云流水（这次她给我签的名，书法还是那样潇洒秀美）。她从来没有讲稿，要讲的所有诗词都烂熟于心，脱口而出毫无滞碍。这一切好像都体现着诗的生命的自由流畅。诗是有生命的，而且生生不已。她一再说，当你把自己的生命投入到诗中时，你体会到的就不仅仅是那些字面的东西。字面下的精神，就是中国诗歌的精华所在，就是中华文化的伟大秘密所存。这需要有人来承担，来承传。而这个承担

承传的具体实践，就是吟诵诗词以体会其中的生命意义，最终转化为你的人生态度和行为，进而于潜移默化中影响下一代。

叶嘉莹先生近六十年来竭其所能，尽其所有，在海外讲、在中国台湾讲、在祖国大陆讲，给博士讲、给大学生讲、给幼儿园儿童讲。她讲的一直是同一个内容：中国古典诗词。她就是要通过终生的努力，在一个弃传统文明如敝屣的粗鄙时代，肩负起承传文明的历史使命。在这个意义上，叶先生是更上一辈那些杰出学者如陈寅恪先生、梁漱溟先生的真正传人。这天下午，叶先生给学生做报告，她坚持要站着讲。我立即就想起了1986年年初，在北京有幸听梁漱溟先生讲课时激动人心的情景。当时梁先生已经九十三岁高龄，他也是坚决不落座，一直站着讲完。梁先生同样获得了台下上千名全国各地来的中年学者、青年学生暴风雨般的掌声。梁先生还以梁启超先生的名言自励，朗声说："学者就应该死在讲台上！"这句话又赢得了雷鸣般的掌声。

二十多年来，叶先生几乎讲遍了国内主要的大学，聆听过她绝妙好词、纯美声音的大学教师、大学生，当以数十万计。他们当中也许没有多少人因此而对中国传统文化和诗词产生更多的兴趣，甚至也没有几个人能进而成为叶先生事业的继承者。但我敢肯定，只要听过叶嘉莹先生一堂课，他们就终生不会忘记。而对有幸见过她的人来说，无论男女，自觉或不自觉，都会把叶先生的气质风度、仪表举止当作效法的榜样。至少，她会让你明白，什么是自以为先进时髦的嚣张恶俗，什么是浑然不知历史世事的粗鄙野蛮，什么是搔首弄姿的小家碧玉，什么是摆谱拿大的人模狗样，什么才是真正的典雅、高贵、温婉、优美、善良。

当代大学生从小没有接受足够的古典文化教育，在叶先生看来，这造成了他们终身的缺憾。要他们重新补课，效果很有限。正是有感于此，叶先生下决心从幼儿园儿童开始，给他们教古诗词。一位年近八旬的老人，加拿大不列颠哥伦比亚大学终身教授，加拿大皇家学院院士，南开大学中华古典文化研究所所长，中国多所大学的名誉教授和兼职教授，如此身份而愿意从事儿童教育，她图什么？

叶先生必诵屈子辞作答曰：“余既滋兰之九畹兮，又树蕙之百亩；畦留夷与揭车兮，杂杜衡与芳芷。冀枝叶之峻茂兮，愿俟时乎吾将刈。虽萎绝其亦何伤兮，哀众芳之芜秽……亦余心之所善兮，虽九死其犹未悔。”

她初回国时写的一首诗，在课堂上给我们吟诵过，其中两句我还记得：“书生报国成何计，难忘诗骚李杜魂。”

写于 2000 年 9 月 24 日

（作者为南开大学中文系一九七九级学子）

拾壹

终生不忘诗教

刘　武

叶嘉莹先生的门生众多，我与叶先生交往不多，只是听过她的课，忝列其间，微不足录。

最早知道叶先生，是在1980年秋考入南开大学后。当时一九七九级有位师兄名叫叶言材，在同学中小有名气，主要原因是我们入校不久，大家就相传他有个加拿大的姑姑，名叫叶嘉莹，讲授中国古诗词。

那时候，说起谁谁有个海外关系，确是让人高看几分，更何况是加拿大的学者，那更是让人感觉了不得。后来，就听说叶嘉莹先生要来给我们开课，简直让我们感觉幸运之至。当时也不知道叶先生会一直在南开大学留下来，就觉得过了这村儿没这店儿，不去听课得遗憾至极。

第一次听叶先生的课，印象中是一个下午，在主楼111阶梯教室，当时好像要凭听课证进门。记得我坐在靠前的两三排，在左边过道旁。那时，听课的学生乌泱泱坐满了整个阶梯教室，连窗台上、过道上都站满或坐满了人，这种景象只有某些社会名流来校做讲座时才会出现。

记忆中第一次见到的叶先生有些清瘦但精神，穿着整洁、干净，说话的声音清脆、明亮。最近我翻查大学时的日记，第一个学年的日记没有找到，在第二学年中找到了有关听叶先生课的记录。第一篇是刚刚开学的 1981 年 9 月 10 日，当日晴，日记中写道："晚上听华裔加拿大温哥华某大学教授叶嘉莹讲唐宋词的课，她到我们学校来讲课，本只给一九七七、一九七八级讲，但又增开了给一九七九、一九八〇、一九八一级的课。听者甚众，教授知识极丰富，对古典诗词极有研究。"

记得一开始好像是听叶先生讲杜甫、陶渊明，她说诗歌并非是佶屈聱牙，故作深沉，很多大白话其实就是诗，甚至是好诗。说着，她就在黑板上写下了"群鸡正乱叫"几个大字，教室里顿时"哗"的一片笑声。

叶先生说："'群鸡正乱叫'这大白话谁都会说吧？搁日常生活中，根本听不出是诗，可这就是杜甫《羌村三首》中的一句，接下来就是'客至鸡斗争。驱鸡上树木，始闻叩柴荆。父老四五人，问我久远行'。"她说，"杜甫所写的是一幅多么生动、有趣的乡村画面，这大白话并没有让人感觉缺乏诗意、没有韵味"。

接着，叶先生又列举了陶渊明《归园田居》中的一首："种豆南山下，草盛豆苗稀。晨兴理荒秽，带月荷锄归。"她说这首诗开头这句"种豆南山下"也与"群鸡正乱叫"一样异曲同工，都是用大白话开头，讲述乡间生活，让人回味起来却味道十足。

继续查看我当年的日记，后来还记录了六次，但多是简单地写"晚上听唐宋词课"，个别的会在后面写"受益不浅""讲欧阳修与晏几道"。最后一次课是 1982 年 1 月 5 日，日记中写道："下午上唐宋词课，这是最后一节课，讲辛弃疾。叶先生准备去昆明旅游，下学期在北京师范大学讲课。"

上课时，印象最深的还是叶先生吟诗时的表情和神态。第一次听到时，我心想以前私塾的教书先生可能就是这样吟诗的吧，抑扬顿挫，一咏三叹。当中有两首诗词的吟咏，让我记忆尤深，现在每读到这两首词，脑海里就蓦然回荡起叶先生吟诵的声音。其中一首是李煜的《相见欢》，开头那句“林花谢了春红，太匆匆”，叶先生吟诵时似乎沉醉其中，用有些高亢尖细的嗓音慢慢吟出“林花谢了春红”，然后加速念出“太匆匆”。另一首则是温庭筠的《菩萨蛮》。“小山重叠金明灭，鬓云欲度香腮雪”，吟咏到“金明灭”“香腮雪”的时候，叶先生都会提高音量，念到下阕的“照花前后镜，花面交相映”时，又会加快速度，做出照镜子的姿态，表现出这个女子空有美丽容颜而无人欣赏，折射出诗人当时的心境。

这个学期足足四个月中，应该听了叶先生十几次课，累计估摸有三十多个小时。这门课最后考的什么、拿了多少分，都已经忘了，课下跟叶先生聊过什么，也没有了印象，但在我的记忆中，叶先生的古典诗词课是最有韵味、最有激情的，这让我对写诗填词及研读古典诗词一直抱有浓厚、持久的兴趣，延至今日也未衰减。

后来很多年，我间或在南开大学的一些活动中见过叶先生，听过叶先生单独的讲座，但并没有与叶先生直接交往。倒是最近几年，又陆续参与了一些与叶先生有关的活动。2014 年 10 月 17 日，南开大学九十五周年校庆之际，我们班的同学举办毕业三十周年聚会，活动之前，我们计划派几个代表一起去探视叶先生，同学们提议让我书写一幅书法，代表全班同学送给叶先生作为纪念，我便用四尺整张的宣纸书写了“风云入书史，诗酒趁年华”十个大字，准备当面送给先生。不巧的是，先生那时身体不好，不便见人，我们很遗憾没能前去拜访，这幅字只好委托文学院转交给先生。

大概到了2016年前后，北京一家公司计划出版一本讲述叶先生生平故事的书籍，策划人邀请我来写作，并委托我联系叶先生，想征得她的同意。我便回南开大学文学院找到叶先生的助理张静老师，与她商议此事。张老师表示，叶先生对出版个人传记非常慎重，包括照片的使用，一般都要经过叶先生挑选、认可，她表示征询叶先生的意见后再回复我。我将张老师的话转告给策划人，不知为什么，几天后策划人对我说放弃了做那本书的打算，我也只好惋惜地通知张老师不再烦扰叶先生。

2017年12月8日晚上，“同心筑梦，聚力百年”南开大学社会捐赠感恩答谢会在校内谊园举办，我受邀参加活动。会上请来了九十三岁高龄的叶先生，她虽然坐着轮椅，却仍精神矍铄，嗓音一如从前一样高亢亮丽。她上台讲了很多话，在台下，又与大家欢快地聊天。我上前去特意跟她握手，告诉叶先生当年听过她整整一学期课，以及当时听课的感受，叶先生非常开心，与我聊了几句，听我捎带说起她的侄子叶言材时，她更是感觉意外和兴奋。

2019年3月下旬，我帮母校策划拍摄快闪《歌唱祖国》，在撰写拍摄方案时，我特意写明请叶先生出镜，吟诵“愿得此身长报国，何须生入玉门关”。不过再度遗憾的是，当时先生突患重病，卧床难起，不方便拍摄，计划只好作罢。

此时，我还参与策划校庆一百周年庆典晚会工作，正要写作长诗《仰望星空》，另外校庆百年倒计时一百天活动准备朗诵我写的诗歌《百年南开的呼唤》。在这两首诗中，我都专门写到叶先生，称赞她“高声吟咏着千年古典诗歌，为我们展现了传统文化的无穷魅力”。

很巧的是，这年6月5日，南开大学基金会、宣传部等部门领导又邀请我，一起到天津金逸影院审看了一部有关叶先生的文学纪录电影（注：即《掬水月在手》），此片由一位台湾导演执导，近两小时，采用诗化手法讲述了叶先生与古诗词的因缘。我看完后，感觉影片对叶先生多年的讲学生涯介绍得非常详细，也描述了古典诗词对叶先生人生际遇的深刻影响，但影片整体节奏有点舒缓、沉闷。不过，我还是非常赞赏他们制作这样一部介绍叶先生的纪录片。此前，叶先生已将自己的全部财产捐赠给南开大学教育基金会，以设立迦陵基金。2019 年 1 月，叶先生又向南开大学捐赠一千七百一十一万元，累计捐赠三千五百六十八万元。如此为中国古典诗歌研究做出毕生贡献，并捐献出全部家产的叶先生，其情怀与精神岂是一部影片说得尽的。

有意思的是，2019 年年底的一天，我与南开大学陈洪教授一起聊到叶先生，陈教授说到先生的一件趣事。他说先生年初摔伤后，有朋友给她送了云南白药，由于叶先生后脑勺也有些磕伤，她就将云南白药搽在头上，没想到出现了奇迹，她发现搽药那个部位的头发居然变黑了，返老还童。叶先生便像小孩子一样，每有熟悉的朋友去探望她，她就会高兴地指着自己的后脑勺说："你看，我这里的头发变黑了！"然后笑得非常灿烂。

最后谨赋一诗，恭赞叶先生：

少年倾仰会先生，每课满堂倚窗棂。
顿挫抑扬吟古调，镜花水月诉幽情。
传灯归国四十载，陶世开坛八九城。
鲐背裸捐呈峻节，迦陵万里播声名。

写于 2021 年

（作者为南开大学中文系一九八〇级学子）

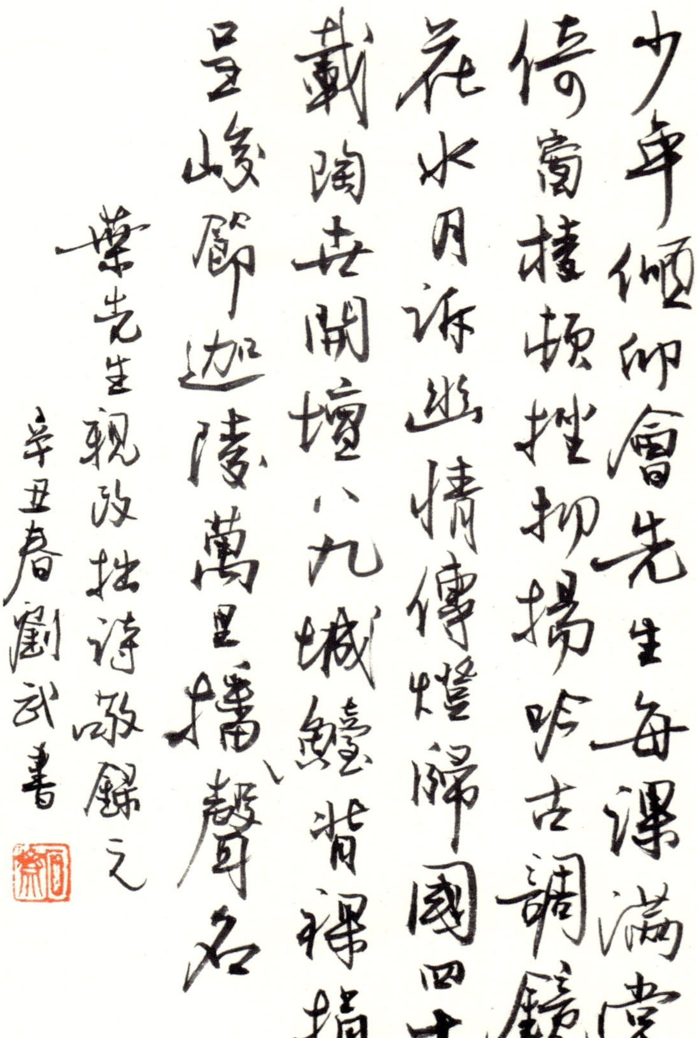

2021年4月8日，刘武书叶嘉莹先生亲改诗作

拾贰

跟随叶先生走近诗意人生

梁建武

2017年的一天，九十三岁的叶嘉莹先生，作为一名朗读者出现在中央电视台演播厅，与亿万观众见面。当时正坐在电视机前面的我，一下子屏住了呼吸。鲐背之年的叶先生虽说行动有些不便，但精神矍铄、神采盎然。满头的银发，似乎沉淀了太多的岁月艰辛；而满眼的执着，却又凝聚了对古典诗词、传统文化的无限热爱。

那一期的《朗读者》，因为有叶先生，我看得很认真。偶尔也会把思绪撇开去，仿佛要回溯历史长河，去捕捉叶先生年轻时候的踪影。之所以这么想，是因为我在南开大学中文系求学时，亲耳聆听过叶先生对唐诗宋词的精彩讲授。我很自豪，因为我是叶先生的学生。

时光已经过去三十多年了，叶先生为我们上课的情景，我们这些学生听叶先生讲课的感受，有些细节已经变得模糊。看着屏幕上正在朗读的叶先生，我突然想到我在上大学时记下的那些日记。大学之前，没有日记；大学之后，依然是没有日记。唯独大学四年，记了四年的日记。

我翻找出自己的大学日记。我坚信自己的日记，对叶先生为我们上课的情景有一个记载。终于，我翻到了1986年10月8日这一天的日记。那一刻，我真的是有点欣喜若狂。

这一天，应该是叶先生为我们上第一课的日子。当时，我已是一名大学四年级的学生了。日记原文抄录如下：

> 今天上午第三、四节课，由加拿大籍华人叶嘉莹先生来给我们上唐宋词选讲。她穿着一身黑色衣服走进了教室，当然，欢迎她的是一片热烈的掌声。学生们对叶先生是有好感的。
>
> 她恐怕有六十多岁了吧，可看上去似乎只有四十来岁，朴素的衣服，从容的神态，显示出她款款的仪表和具有很深修养的学者气度。她讲着流利的北京话，这越发增添了她讲课的魅力。
>
> 叶先生知识渊博，旁征博引，无时不启发同学们的思维。她还自己写词评论古代词人之词。她朗读诗词有着一种特别的味道，能让人联想起春天校园里那簇簇开放的紫丁香、白丁香，馨香诱人；想起成熟的杏子，嚼在嘴里，浓浓的甜，又带有淡淡的涩，这是一种特殊的感觉。

庆幸自己在上大学的时候有记日记的习惯，才让叶先生给我们上课的瞬间留在文字里，留在我人生成长的岁月中，成为永恒。

记得每逢上叶先生的课，主楼阶梯教室总是坐满了学生，不仅有我们中文系一九八三级的学生，还有本校其他系的学生，甚至还有其他学校慕名而来的学生。

对于叶先生的讲课，在我的日记里共有两处。另外一处是1986年12月17日，我的日记里记载这一天在下雪。早上起来，我独自一人在雪地里散步；下午，跟几个要好的同学去水上公园踏雪。不过，更为重要的是，在充满雪趣的字里行间，我搜寻到了这样一句话：

哥哥听了两节叶嘉莹女士的宋词课。

我的哥哥梁建文，现在是天津大学土木工程学院博士生导师，当年还在天津大学土木工程系读硕士研究生。我和哥哥，一个在南开大学，一个在天津大学，两个学校比邻，兄弟俩也经常来往。应该是我跟他说了叶先生给我们上唐诗宋词课，他才来听的课。我有点遗憾自己在日记里怎么不多写几句当时上叶先生课的情景啊。可是遗憾无用，历史就是这样，有时简略到一句话的事情，也许对你的影响最为深刻。

时光如白驹过隙，大学毕业，一晃三十多年过去了。在这三十多年里，尽管为了生活我让自己的职业和梦想背道而驰，但还是尽可能地让自己的日子离叶先生在课上讲给我们听的那些诗意近一些，再近一些。生活一旦变得粗糙不堪，就让沉浸着无限诗意的唐诗宋词，像天光云影飘进自己的心田，来一番润物细无声的滋养。

生活的诗意，很大一部分来自读书，而读书里很重要的一部分则是叶先生出版的那些书了。在书店里翻阅先生的书，恍惚是同先生邂逅在一个充满书香、飘满诗意的世界。叶先生对于古典诗词的理解，成为自己对于诗意生活的最基本感知。除了她的书，这些年来，我还一直关注叶先生的行踪和消息。纪念毕业三十周年时，南开大学中文系一九八三级出版了一本《夜阑偏爱说青春》的书，书中收录的都是同学们自己写的回忆大学时代的文章。我在自己写的《马蹄湖畔的青春记忆》一文中，谈到了叶先生对自己的影响和我对自己曾经是叶先生学生的自豪之情：

南开四年，现在回想起来，让我最难忘的老师当数叶嘉莹先生了。她那儒雅的神态、知性的气质、渊博的学问、细腻的情感，留给我极为深刻的印象。她对唐诗宋词的解析和感悟，沉淀在我的文学梦想里，化作远山如黛、近水含烟一般的底色。近年来，每当有叶先生的消息在网上传播，我便将消息发在我的朋友圈。我很骄傲地告诉朋友们，我亲耳聆听过这样一位大家的讲课。

我的这篇文章后来还入选了南开大学百年校庆出版的《一百个南开故事》一书。我愿叶先生能看到我的这篇文章，不是因为自己的文章写得怎么样，而是想借此文向先生表达我对她的敬仰之情，表达我们这些得到她教诲的学生对她的热爱之情。

一个人在人生长河中是不能没有一个让你敬仰的人的，有这样一个人存在，仿佛在你的前方有一座山峰，成为你一路成长的奋斗目标和理想寄托。你向着这座山峰迈进，也许你永远到不了峰顶，甚至你只能在山脚徘徊，但不管怎么样，“高山仰止，景行行止”，这座山峰会给你人生的启迪，成为你一生的感召。

表达对叶先生的敬仰之情，除了文字，后来我还找到了另一种方式：书画篆刻。

近年来，我对书画和篆刻生发了兴趣，业余时间便开始操刀弄墨。每逢有了一点点进步，便喜欢在“朋友圈”发出来，向朋友们嘚瑟一下。

回看朋友圈：2019 年 12 月 14 日，刻下“迦陵吾师”一印。叶先生，号迦陵，我以此印表达对先生的敬意。

2019 年 12 月 16 日，刻下“看荷”一印，并在“朋友圈”里写下了这样一段话：

已是冬天，外边下着雪，可心里却想着夏天的事情：看荷。这种心境缘起于叶嘉莹先生的一句诗“独陪明月看荷花”。叶先生的这句诗是她梦中所得，只一句，她却配上李商隐的三句诗，诗情、诗境浑然天成。

看荷

当然北方的冬天无处看荷了，便在一方石头上刻出看荷的心情来。

迦陵吾师

2019 年 12 月 17 日，我刻下“月下看荷”一印，又写下两句话：

真心喜欢叶先生“独陪明月看荷花”的诗句，这句诗虽说是梦中偶得，但在天光夜色中，上有明月，下有荷花，与看荷之人共同组成皎洁、清白、无瑕的境界，天人合一的诗情画意自然呈现。

怀着敬仰，2010 年 1 月 18 日，我在宣纸上写下了叶先生“独陪明月看荷花”的诗句。虽说笔法稚拙，但对先生的敬仰之情永在。

2020 年 6 月 16 日写于石家庄

（作者为南开大学中文系一九八三级学子）

拾叁

在南开园中，你随时可能遇到大师

萧劲松

叶嘉莹先生，中国古典文学专家，南开大学中华古典文化研究所所长，终生致力于中华优秀传统文化研究。多年以来，叶先生一边教书育人，一边从事研究，在古典文学和诗词文化传播上的影响力远阔卓绝。然而，当三十年前我们还在南开园读书的时候，却因为种种原因，未能亲耳聆听先生的讲课，以至于后来每每想起都深以为憾。没想到的是，几年前的一次偶遇，却让我们几位同学与当时已是九十二岁高龄的叶先生有了一面之缘，并且留下了珍贵的合影，实在是至今难忘的一件幸事！

2016 年 7 月，正值我们中文系一九八七级学子毕业二十五周年，在京津两地工作的部分同学决定借此机会回到南开园小聚。那是一个周末，天气闷热而潮湿，天空中雾气蒙蒙，偶尔还飘落些零星雨点。为了等待几位尚未赶到的同学，我们几个先到者在校园里漫无目的地边走边聊。当看过思源堂，往前走了不远，迎面一座建筑门前“迦陵学舍”的牌子映入眼帘。同行的颖子同学不禁好奇地问了一句：“咦，这是什么地方？”（因为我们在校的时候确实还没有这座建筑）门口守候的小哥回答说这里是

叶嘉莹先生与南开大学中文系一九八七级学子合影，左二为萧劲松

叶嘉莹先生的居所。又有同学随口问了一句：“叶先生经常会住在这里吗？”这时候，小哥突然礼貌地请我们后退，说叶先生过来了。顺着他的眼光一看，一位面容慈祥、神情和蔼的银发老人正在两位工作人员的陪同下缓步朝这里走来。哎呀，这不正是叶嘉莹先生吗？没想到我们有这么好的运气，真的能够见到她啊！不知道怎的，我们这些已经“奔五”的人好像一下子回到了当年做学生时，面对自己尊敬的老师，满心仰慕中又带着几分胆怯和紧张，纷纷拿出手机远远地抢拍。这时候，我突然灵机一动，难得有这么好的机会，能不能跟叶先生合个影呢？这个想法一出口，已经秒变“迷妹”的颖子同学激动地说：“真的可以吗？叶先生会同意吗？”我说：“总得试试看啊！毕竟我们也曾是南开的学子，不是什么闲杂人员呀！”于是我赶紧上前恳求门前的小哥，跟他说明我们的情况，让他帮我们问一下。他显然有些为难，但还是过去沟通了，没想到叶先生听完很快就点头

同意了。我们按捺住激动的心情，迅速迎上去向先生问好，先生和气地点头回应，听说我们是毕业二十五周年的同学在此小聚，还微笑着说：“啊，那还真是难得呢！”在工作人员的招呼下，我们几位同学迅速围着叶先生站定，留下了这张非常有纪念意义的合影。

目送着叶先生走向迦陵学舍的背影，大家都兴奋不已，甚至有点不敢相信刚才发生的一幕是真的。而随后到来的同学，更是为自己错失这一美好时刻而懊恼不已。当天我就此发了个“朋友圈”，下面的评论主要有两种，一种是“你太幸运了”的羡慕与惊叹，一种是“为何我没赶上”的惋惜和“嫉妒”。

回过头来想想，这次偶遇真是太巧了，如果我们聚会选择的日子不是那天；如果当天我们走了另一条路线，没有从迦陵学舍门前经过；如果我们路过迦陵学舍时早一点或者晚一点，都会和叶先生错过。但是，就如同张爱玲那句话“没有早一步，也没有晚一步，刚巧赶上了”。这份幸运和惊喜，值得我一直珍藏在心。

写于 2020 年 4 月

（作者为南开大学中文系一九八七级学子）

迦陵学舍外墙西北角种植的木兰花树与石碑题记（纪睿泓摄）

拾肆

“跑野马”之境

——在南开聆听叶嘉莹先生古典诗词讲座札记

韦承金

听过叶嘉莹先生讲课的都会有这样的印象：先生一向不看讲稿，任凭自己的联想来发挥——她可以滔滔不绝站着讲两三个小时，兴之所至，无迹可寻。恰苍茫旷野流连处，一声喃喃自语“我又‘跑野马’了”，好似“缰绳”一收，这“野马”就被拉回来了。先生所称的“跑野马”让我受益良多且最为难忘，我以为这恰恰是先生授课的艺术魅力之所在。

因缘巧合，我有机会多次聆听先生授课，故而不揣谫陋，借助记录的片段，试述先生授课印象之一二，敬乞诸位师友、同道赐正为盼。

兴发感动，全任神行

叶先生“跑野马”的神奇之处，在于先生以己之诗心解古人之诗心的“全任神行”，来引导学生之“兴发感动”。

以先生 2008 年 11 月 15 日讲授东坡词《八声甘州 · 寄参寥子》

韦承金拜望叶嘉莹先生

为例。这是苏东坡五十六岁时写给他的朋友参寥子的赠别词。此前的苏东坡，辗转杭州、密州、徐州、湖州……经历了“乌台诗案”之后，被贬谪黄州、转登州……一度被召回朝廷，后来又因论政不合而一再被贬谪。讲这首词之前，先生的“野马”先“驰骋”在苏东坡那历尽坎坷起伏的人生“旷野”里，时而穿插着《定风波》等其他代表性诗词的讲说，以对比他不同时期的内心精神状态。

“你看他第一句开头，真是‘天风海涛之曲’——‘有情风、万里卷潮来，无情送潮归。’写得真是好！”为什么好呢？先生用自己的观潮经历、人生感悟，介绍所体悟的东坡词之境界：“远远的一条白线——到你眼前——翻滚得波浪滔天……它来了，它又走了，如果来是有情，走就是无情……人世间的盛衰兴亡就如同那潮来潮退，如同那日升日落……”

“‘不用思量今古，俯仰昔人非。’在北宋苏东坡那个时候的新旧党争之间，多少人上台了，多少人下台了，朝廷上整天所扮演的就是这种升降祸福的剧目……”先生的“野马”不知不觉跑到北宋时期广阔的社会背景中去，可是，“缰绳”一收，又“跑”回来了：“这时，苏东坡忽然间一转，所以这首词真是抑扬起伏：不但有这样博大的气势，而且有这样低回婉转的变化，他说：‘谁似东坡老，白首忘机。记取西湖西畔，正暮山好处，空翠烟霏。’这真是写得美！刚才的‘有情风、万里卷潮来’，写得如此之波涛澎湃；而现在写得却如同‘春花散空’……”东坡词境之高妙，经过先生的条分缕析，在我的脑海里不断地升腾，如沐春风，如饮甘泉。

“现在苏东坡就要被朝廷召回到首都去，他跟他的好朋友参寥子说‘约他年’，将来‘东还海道’，我像当年的谢安一样，会坐着船回到杭州这里来，我还会在杭州这么美丽的地方与你再相见。可是人有多少理想，都能够完成吗……”讲到这里，讲台下许多人与我一样，不禁热泪盈眶。

“他说‘他年’的‘东还海道’，谢公的‘雅志莫相违’，他有多少忧危念乱的话？可是都没有说出来。他说‘莫相违’，说‘不应回首’，写得这样低回婉转……在朝廷的党争之间，他此去的安危祸福，有很多话不能说，环境也不允许他说。于是在这种低回掩抑之中，他写出这样幽约怨悱的好词。这是苏东坡的上乘佳作，这可谓‘天风海涛之曲，中多幽咽怨断之音’。”由是，我明白东坡词洒脱豪迈之中有博大浑厚、痛快淋漓之中有沉着苍茫的缘由。

先生讲到海潮，“跑”到苏曼殊的“何时归看浙江潮”，“跑”到她自己观海潮的美妙体验；讲到“几度斜晖”，她与晏殊“夕阳西下几时回”的境界做对比；讲到“白首忘机”，她与《红楼梦》里王熙凤“机关算尽太聪明”做对比；讲到“诗人相得”“惺惺相惜”，她感慨“人生得一知己死而无憾”……先生的语调或慷慨激昂，或低回婉转，仿佛与千年前的另一个生命同频共振。我随着先生的“跑野马”，穿越到一片“前不见古人，后不见来者”的苍茫宽阔旷野里，不知不觉之间，诗人的音容笑貌仿佛就在眼前，诗人的悲欣慷慨仿佛就奔腾在我的血液里了。

那次讲座叶先生连续讲了两个多小时，发现“野马”跑得远了，就带着歉意对我们说：“我今天讲得太啰唆了，很抱歉没有时间了，讲座的题目还没有讲完。我还需要再讲一次才能结束这个题目……”而台下的听众非但没有“怪罪”先生，反而报以持久热烈的掌声。于是，在原计划的三讲之后，先生又在 2008 年 11 月 28 日晚讲了第四讲，才完成“王国维《人间词话》问世百年的词学反思”这一主题的系列讲演。

不激不厉，风规自远

叶先生“跑野马”的魅力不仅体现在为后生授课的小课堂，也体现在名流荟萃的大会堂。

2004 年在南开大学“庆祝叶嘉莹教授八十华诞暨词与词学国际学术研讨会”上，面对来自陈省身、杨振宁、文怀沙、冯其庸、范曾等名家和社会各界的赞誉，先生引用孟子“声闻过情，君子耻之”来表达自己的“惶恐”“惭愧”，然后从容自若地开始“跑野马”式的讲述，从谋生的需要做了教师引起对古典诗词传承的关怀，到后来在海内外各地讲学的坎坷经历，娓娓道出自己从事古典诗词教学六十余载而“人生易老梦偏痴”的缘由：“我觉得，我们国家、民族现在虽然是日臻富强了，可是我常常想，我们在追求物质方面的成就之外，我们的精神、我们民族的精神、国民的品质，也同样是非常重要的……我们虽然生命是短暂的，但我们的感情、我们的理想、我们的希望、我们的追求是永远的，我们诗歌的生命、我们中国文化的那个血脉的源流，这种精神是生生不已的。”先生对中华古典诗词的爱恋之深切溢于言表。

2005年秋某日，范曾先生以“大丈夫之词”为题在南开大学主楼小礼堂讲稼轩词。“富贵不能淫，贫贱不能移，威武不能屈”“诗词要与天地精神相往还”“辛稼轩有大丈夫之襟怀和肝胆，然后有大丈夫之辞章”……范先生引经据典、滔滔不绝、气势飞扬，可谓先声夺人。当时叶先生被邀请为点评嘉宾。范先生讲完之后，她并不立即点评讲座内容，而是先从与范先生相识、交往的故事开始“跑野马”，谦逊地表示自己“既非高才，也不是丈夫，不敢妄加点评”；然后，才从词的起源和美感特质谈起，以她一以贯之的“弱德之美”观点，分析了自己对于稼轩词的不同理解，表示以此“向范先生请教”。

叶先生说，稼轩的词之所以好，不仅因为其词之豪放，更在于其中有一种深微婉曲、低回要眇的韵致，隐藏在范先生所举的这些豪壮激烈的稼轩词中。稼轩有一种向上的大丈夫的志向，而作为一个臣子，他又处处不得不在与小女子（“臣妾”）相类的地位上遭受许多屈辱、许多挫折，这使得他的词低回婉转、百转千回，虽豪放却有一种要眇幽微的双重意蕴。先生如此阐释之后，现场听众对于稼轩词的理解仿佛又进入另外一层境界，顿时主楼小礼堂里掌声雷响、经久不息……

先生常常自谦“小女子”，却有一种敢于“跑野马”并且收放自如的大气度。先生的发言自始至终都不激不厉，却因为内中有一种透彻的了悟，使得先生能做到“和而不同”；先生虽然没有与他人一争高下之心，却总能自然而然地展现出一种强韧、自信和自在。

信马由缰，得大自在

不羁的“野马”也有受到束缚而倍感艰辛的时候。2012 年初春，叶先生讲授“小词中的修养境界”公开课，讲课过程中，某摄制组从录像效果的角度，对现场观众不时提出这样那样的要求，比如要求观众按照个子高矮调换座位，个子较高的被要求“腰身弯着点儿，不要坐得太直”。开拍前先让先生试音，先生开始讲了，又被告知暂停，说是得让场记板打下之后才能开讲。讲课过程中，除了由摄制组策划的鼓掌之外，别人不能在听讲中发出其他任何声音……先生很克制、很配合，按部就班地讲完了那次课。等摄像机关上之后，先生才对几位摄制组工作人员悄悄地说：“你们这么拍，非常造作！这让我讲得支离破碎，不成样儿了……”很少见到先生如此难过。那时，我也很难过。那次课，先生讲得非常拘束，以前讲课她可以信马由缰地“跑野马”，唯独那次，因为要配合摄制组的录制，先生的“野马”好像困顿了一样，始终没能“跑”起来。

对先生来说，讲解和讲授中华古典诗词课是一门艺术，需要特定较为轻松自由的氛围，如果授课各环节过于“被安排”，受到过多的外部干预，则很难有出人意料的精彩发挥，更不可有现场随机生发灵思妙悟的“跑野马”了。这种领悟，由于五年后的 2017 年 4 月 9 日，我听了“镜中之影——《迦陵诗词稿》中的心路历程”讲座而更为深刻。

那天南开大学东方艺术大楼的听众，除了南开大学的青年学生，还有先生早年在台湾的学生们——虽已是满头华发，但他们望向先生的眼神与青年学子一样真诚炽热而满怀敬仰。叶先生不无激动地说：“今天我们的讲座现场来了一些台湾的朋友，是我多年的老友。另外，还来了一些新的朋友。我实在是太开心、太激动了！”

先生回忆了自己当年初到海外讲学流离失所、受语言所限而无比怀念在台湾讲学的“跑野马”。她提起1970年写下的《鹏飞》一诗：“鹏飞谁与话云程，失所今悲匍地行。北海南溟俱往事，一枝聊此托余生。”先生感叹道：“那时候哪有课件呀，我讲课就是用一支粉笔。我想到哪里就讲哪里，真是自由！要是跑得远了再拉回来。现在受英语限制，只能用课件，都把人限制了，好像在地上爬一样，都跑不起来了。”这般幽默的解释，引起了台下一片会心的笑声和掌声。

那晚，九十三岁高龄的叶先生依然是站立演讲，“野马”跑得很远，往往由自己创作的一首诗词引发，“跑”在自己近百年人生坎坷经历的“旷野”里，跑在古今中外学问的“天地”间，浩浩荡荡、横无际涯。而先生抑扬顿挫的声音配以她那“独家”的手势，让台下每一角落的观众都能感受她的致意，举手投足之间的那种风度，仿佛嵇康诗所言“目送归鸿，手挥五弦。俯仰自得，游心太玄”之境界，又仿佛庄子所言“独与天地精神相往来”之境界……演讲结束时，观众席中的所有人都站了起来，讲座之余韵伴着掌声久久绕梁。

叶先生尝言：“我首先是老师，其次是研究者，最后才是诗人。”而我以为，先生的教师、学者、诗人三重身份是相辅相成的。先生授课“信马由缰”之境界，有赖于先生作为大诗人的灵心妙悟和作为大学者融会儒释道、贯通中西学之学识根底；同时，先生在中华传统文化式微之时，以“知其不可而为之”的信念，做传承传播中华传统文化和古典诗词的“入世”之事业，孜孜不倦躬耕三尺讲坛七十余载，在这过程中，先生以“足乎己，无待于外”的定力，践行并锻炼了其诗心与学养，正如先生早年诗句所言：“入世已拼愁似海，逃禅不借隐为名。”亦正如先生课上之所常言："真正伟大的诗人，是用生命来写自己的诗篇、用自己的生活来实践自己的诗篇。"

如今，年近百岁的叶先生，渐臻于"得大自在"的至高人生境界。

后记：叶先生曾说："既然我们同样遨游于诗歌感发生命的长流之中，我真诚地希望我们这条兴发感动的长流能够生生不息地绵延下去。我不辞辛苦地来讲，大家热情洋溢地来听，我想你们一定也得到了一份兴发感动的生命。日本的有岛武郎说过一句话：对于幼小者，你们得到了，就如同饮过血的狮子，从此增添了力量，可以更勇猛地向前奔走。我不敢这样说，但是，既然我们曾经得到过什么，就应该保存下去、传播下去。大家不辞劳苦地听了这么久，如果有什么心得，想写几句话，最好写出来给我，让我也认识你们。即使将来我们分开了，这个生生不已的生命却将继续传播下去。如果这样，也就不枉我们今天的相识了。"自2001年负笈南开大学至今二十年来，每逢有叶先生的讲座我几乎场场必到，然而自知才疏学浅，这些零碎的听课札记，未必能再现先生授课神采之万一。可是有一点最真切的体会是，这些年来我的工作、学习、生活，时常得益于先生的启发和鼓舞。我想，既然我曾经从先生的讲座中得到过这么多的鼓舞和力量，就应该将这份感动记录下来。唯愿中华文脉诗心生生不息、永久流传……

写于2021年3月21日

（作者为南开大学经济学系二〇〇一级学子）

第二章

谁知散木有乡根

構廈多材豈可論
誰知散木有鄉根
書生報國成何計
難忘詩騷李杜魂

為南開校友所編《葉嘉瑩在南開》一書題寫舊作七言絕句一首

迦陵 二〇二一年夏
于南開大學之寓所

壹

跨越时空的师生情谊

顾之京

20 世纪 80 年代前期，张中行写了《顾羡季》一文，寄慨于我的父亲顾随 1960 年辞世之后，遗著、遗稿损毁殆尽，而“每想到这件事，总不免有人琴俱亡之痛”。“人琴俱亡之痛”六字，出自中行先生一人之笔端，道出的却是众多学人内心共有的怅憾。的确，父亲顾随的名字渐渐地被人们淡忘了，那时候，包括三四十岁读过大学文科的一代年轻人，知道顾随其人者，恐怕也已是甚为寥寥。但到了 21 世纪之初，时或见及学术界、出版界在提到顾随时，往往在前面冠以“隐藏的大师”“隐藏的大家”诸名号。这里既然提出了“隐藏”二字，实际已意味着隐藏者已然逐渐走进人们的视线，而渐显他原有的大师、大家的风貌。再到如今的 2009 年，父亲顾随的遗著包括“全集”在内已出版了十多种（这还不包括正在编订、印行的书籍），至于相关的文章更是时或见诸报端与刊物的版面。

而今，我与林涛合作编订《顾随与叶嘉莹》一书，我草此跋文，之所以如此不避“书券三纸”之嫌，只是想要说：二十余年的时光，置于历史的长河中，还不足以说是“弹指一挥”之间；

而父亲顾随的身后事，却从令一代学人痛感“人琴俱亡”的阑珊灯火之中，发展到而今的景象，这是众多师长、学长、同辈学人以及后学才俊共同付出心血才智的结果。这之中，尤其令人难以忘记的是父亲的传法弟子叶嘉莹教授。

当改革开放的春风刚刚吹动的时候，嘉莹教授即满怀报国深情回国讲学，她的足迹遍及大江南北、五岳东西，在全国各地的讲坛上，每逢开讲，时时说到“我的老师羡季先生……”“青年时代师从顾随老师学诗……”，这预示了隐藏于历史大幕之后的顾随形象日后必然要走向幕前。

前溯到1974年，她远赴海外二十余年之后，第一次回国探亲的时候，她最想见到的是自己的老师顾随，想要把自己这些年来秉承师教取得的成绩呈于老师座前，以期得到老师的首肯，以慰老师多年培植的苦心。但她得到的消息却是老师早已于1960年过世，且身后著述散佚无收。她在极度的苦痛之中，发愿搜集、整理、出版老师的遗著，以期弥补这历史造成的遗憾。

1978年形势刚刚开始好转之时，她即利用每次回国讲学之机，急切实践自己发下的誓愿。她三十年前携去的当年手抄的老师的文稿，多年来虽然辗转流离却保存完好，如今她再次手抄之后带了回来，如《苦水诗存》一集之外诸多未曾刊布过的诗稿，如人们只知有《积木词》一名而从未睹庐山真面目的《积木词》稿等，不及一一详述。她在北京讲学时，于自己下榻的宾馆邀请学长、同窗共议收集先师遗作的大事，于是有了吴小如先生提供的20世纪40年代经他之手发表的老师论古代小说的文稿二篇，有了刘在昭先生提供的20世纪30年代初老师的散文手稿三篇……她在天津讲学时，特请老师20世纪50年代的弟子在天津图书馆手抄当年连载于《天津民国日报》的稼轩、东坡两种“词说”，使这两种“词说”得以与当年手抄的部分文稿及他处存留的部分手稿、抄稿互补、互校而成完璧。当遗集的框架大体构成之后，她立即奔走于印刷出版的大事。为了扩充遗稿的规模、丰富遗集的内容，她又想出了一个绝妙的路径：将珍存身边几十年的、当年听老师讲课的八册笔记带回国内，亲手指导我做摘录、整理，辑为七万字的《驼庵诗话》。一部文集四十余万言，于 1984 年编订完成，它凝聚着嘉莹教授回报师恩的满怀深情，更凝聚着她传承中华文化的一片苦心与赤诚；因而文集即将交付出版时，我请她为文集作一篇序言。经过再三的增补与修改，她从温哥华给我寄来了手写的长达三万言的《纪念我的老师清河顾随羡季先生——谈羡季师对古典诗歌之教学与创作》，却坚持不肯将其作为序文置于老师文集之前，只允许作为“代跋”置于文集之末。面对嘉莹教授尊师的情愫，我只有“恭敬不如从命”了。1986 年，《顾随文集》在上海古籍出版社正式出版，这是父亲谢世二十六年之后出版的第一种遗著。当我将它送给父亲任教于燕京大学时的弟子周汝昌时，这位著名的红学大家手捧文集，坦率而真诚地感叹：“这件事，除了她，谁也办不成！”这部书的出版，标志着大幕般遮着父亲顾随的屏障，已拉开了它的序幕，顾随的学术形象正开始走出隐藏他的迷雾。

文集之后，1992 年，嘉莹教授在中国台湾桂冠图书出版公司为老师出版了《苦水作剧》与《顾羡季先生诗词讲记》两种遗作；她再次交给我一批当年的听课笔记，以这批笔记整理出的文稿作为主干内容的《顾随：诗文丛论》及其“增订版”，在 1995 年和 1997 年相继由天津人民出版社出版。随后，上海古籍出版社将“文集”中两种佛学著作抽出，定名《顾随说禅》作为“名家说——‘上古’学术萃编”之一而出版。20 世纪末，河北教育出版社在编订了十卷本的《迦陵文集》之后，立即着手为她的老师顾随编订全集。在此期间，父亲的忌辰、诞辰纪念会、纪念展览相继举行，其时嘉莹教授虽远在海外，都及时给大家发来信函与传真，她所珍藏的老师的信札、评改的作业、她的听课笔记是纪念展览中最具文献价值的展品。尤其值得提出的是，嘉莹教授在南开大学设立中华古典文化研究所，同时培养硕士、博士研究生，她以自己退休金之半数设立奖学金，更以老师晚年名号“驼庵”为奖学金命名；既以纪念自己的老师，更深蕴薪火相传的大义。

写到这里，一支小的“插曲”也不妨一提：2005 年，南方的一个出版社既未经版权所有单位的同意，又未经我这个著作权人签署出版合同，竟自出版了父亲的一种著作，且大作宣传，据说发行量为数不少。如此做法确实有些不甚磊落，但此一节却标志着隐藏着顾随学术形象的大幕已经正式拉开。确实，此后父亲遗作陆续出版，稿约也时或而至。

自 1978 年至今，三十一年历史中的巨大进展，叶嘉莹教授所做的独有贡献、所起的独特作用是有目共睹、有情共仰的。

叶嘉莹是顾随传法弟子，这是现在学界已有的共识。其实早在 20 世纪 50 年代初期，嘉莹女士初到中国台湾任教时，她把自己的两篇文章交给我父亲早年的好友——时任台湾大学教授的郑骞先生审阅时，由于对老友的熟知，郑先生一眼就看出“你所走的是顾羡季先生的路子”；称赞她：“你可以说是传了顾先生的衣钵，得其神髓了。”[1] 而若就我父亲自己来说，从现在所见到的材料，至晚在 1946 年叶嘉莹已毕业于辅仁而仍在从师受教的时候，父亲已有以叶嘉莹为传法弟子的意愿，且明确地写进给弟子的信函中，那精辟的话语值得在教育史、文化史上作为经典流传：

1　见叶嘉莹著《我的诗词道路》前言，台湾桂冠图书公司2000年版。

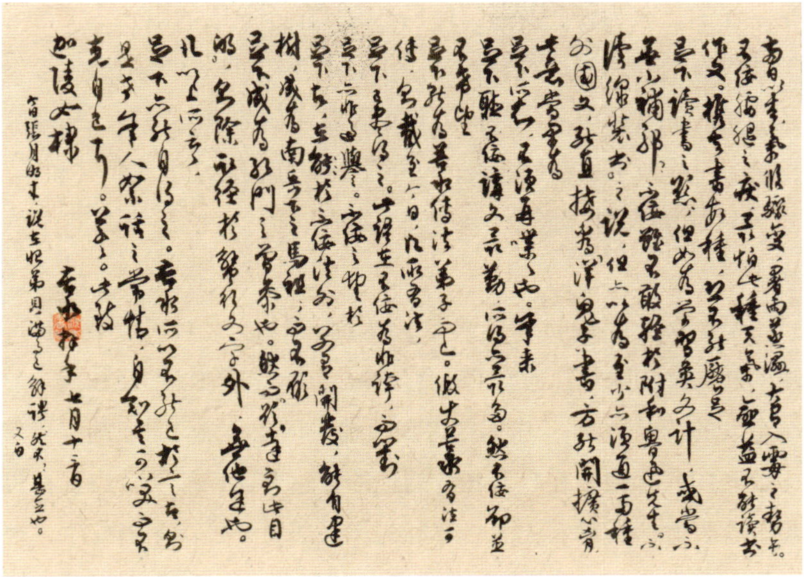

1946年7月13日，顾随先生在信中对弟子叶嘉莹寄予厚望

……不佞却并不希望足下能为苦水传法弟子而已。假使苦水有法可传，则截至今日，凡所有法，足下已尽得之。……不佞之望于足下者，在于不佞法外，别有开发，能自建树，成为南岳下之马祖，而不愿足下成为孔门之曾参也。

父亲一向反对人云亦云，随人脚跟。面对自己的学生，他时常引用禅宗的话头“见与师齐，减师半德；见过于师，方堪传授”予以激励——这已传为教坛佳话；而面对自己的传法弟子，他有更高、更具体的要求：“不佞法外，别有开发，能自建树”，成为继承中更有“开发”“建树”的“马祖”式的传人。叶嘉莹没有辜负老师的期望，她的学术成就、她的精诚品质早已雄辩地证明：青出于蓝而胜于蓝，在老师法外，她“别有开发，能自建树”，达到了从师、尊师的最高境界。弟子是“马祖”式的传人，已有弟子卓异的贡献为证；而老师何以具有“伯乐”般的眼光，父亲生前并没有明确地表达过。不过，我们今天却可以从老师当年给弟子的信札，从弟子当年诗词习作中显露出的才华与功底，从老师给弟子习作所下的精到评语，从弟子的习作而能引发老师“和作”的灵感等诸多细节之中，窥见其精神实质，大略触摸到其中的真谛。

嘉莹女士自 1948 年随其先生的工作调动转赴台湾后不久，师生间就失掉了联系，但我们从她 1994 年所写的《怀旧忆往——悼念台大的几位师友》[1] 中间接得知，她在将赴台湾时，老师“在信中殷勤向我介绍了在台湾任教的他的几位友人，那就是当日在台湾大学任教的台静农先生、郑骞先生，还有一位李霁野先生。顾先生在信中还附下了几张介绍的名片，嘱我抵台后拜望他们”。这可以看作是老师对弟子所做的最后一次“护持”。我们在嘉莹教授所撰写的其他不少文章中，都可以看到弟子对老师的怀念，尤为感人且使人伤怀的是 1992 年她为《京华胜地什刹海》一书所写的《什刹海的怀思》中的一段：

> 抵台不久就接连遭遇了许多意外的忧思，那时我对古都的师友有着无限的怀念。所以经常做梦，总梦见我与同学一起要去拜望老师顾随先生。可是经过什刹海附近时，就看见到处都长满了极高的芦苇，而我则总是迷失在芦苇中，怎样也无法走出去。然后就蓦然惊醒，留下满怀的悲哀和怅惘。

当我第一次读到这段文字时，触景伤怀，也禁不住流下感伤的泪水。

1 见叶嘉莹著《迦陵文集》，台湾桂冠图书公司2000年版。

弟子南下赴台之后，老师对弟子的牵挂与系念是不言而自明的。但我们今天所能看到的材料，却只有两则。其一是1948年12月24日日记，“得叶嘉莹君自台湾左营来信，报告近况”，对弟子无奈的生活情况“不禁为之发造物忌才之叹”。“造物忌才之叹”，寥寥数字，饱含了多少怅惋与浩叹！其二是1949年7月25日致弟子刘在昭（叶嘉莹挚友）的信：“嘉莹与之英遂不得消息，彼两人其亦长相见耶？”将同在台湾的爱徒与爱女并提，含蓄地传达了一位父辈对子弟的无尽牵念。此后，由于时势的变迁，一切都不便于言述了。

弟子对老师的追思怀念，我们得以见诸叶氏后来的许多文章，而此后老师对弟子的怀念牵挂，真成了一块无法填补的空缺。这给众多学人留下了无尽的怅憾，而怅憾最深的当然是顾随老师的传法弟子叶氏嘉莹。

谁能料想得到，苍天有灵，就在2009年的夏日，《顾随与叶嘉莹》一书已经编订完成，我草此跋文之前的一个多月，奇迹般地从周汝昌先生提供的顾随老师当年的信件中，发现了一首我父亲的佚词——作于1957年2月的小令《踏莎行》。我们在本书（注：即《顾随与叶嘉莹》一书）第26页已经读到嘉莹女士1943年的一首词序为“用羡季师句试勉学其作风苦未能似”的《踏莎行》：

烛短宵长，月明人悄。梦回何事萦怀抱。撇开烦恼即欢娱，世人偏道欢娱少。　　软语叮咛，阶前细草。落梅花信今年早。耐他风雪耐他寒，纵寒已是春寒了。

其词序所言“用羡季师句”是有其“本事”的，这见于叶嘉莹教授在1995年为《顾随：诗文丛论》所写的序言：

我当日习作的风格，也曾受有先生之影响。记得先生有一次在课堂上曾举引雪莱（Shelley）之《西风颂》（*Ode to the West Wind*）中的“假如冬天来了，春天还会远吗”（If winter comes, can spring be far behind）的诗意，以中文写了“耐他风雪耐他寒，纵寒已是春寒了”两句词。于是我就用这两句凑成了一阕《踏莎行》……

父亲当年在课堂上讲授唐诗，举引雪莱诗句，以中文写出的两句词，用以传达对抗日胜利的信念，并没有足成全词，却被弟子引用来“学其作风”，成为一首完整的词作。而今，品读新发现的父亲这一首填于1957年，已亡佚五十余年的小词，我立即发现，词前之“序文”遥遥照应着叶嘉莹所述当年的那段“本事”；师生二人相隔十余年的两首词，用的是同一个词牌《踏莎行》；师生二人同样把当年课堂上的“断句”置于词作之“歇拍”；师生二人词作上片之结拍用的是同一个韵字，词的上片同是抒悲欢情怀（尽管时代不同，悲欢有异），尤其下片前三句师生二人所用意象、所表现的意态何其相似！——这竟是一首老师对弟子十四年前“用羡季师句”的足成之作，所填的一阕无法来明言“和作”的跨越时空的唱和！此中所深蕴的不尽的情意，难以言传却品之弥深、味之弥永。而我现在草成此拙文时，远在加拿大的嘉莹教授尚不知老师曾有这么一首意味深长的唱和之作，呼应着自己那首学苦水词的习作。就以父亲这首《踏莎行》作为本文的结尾，以老师这首新发现的遗作，远慰大洋彼岸的传法弟子叶嘉莹。词曰：

今春沽上风雪间作，寒甚。今冬忆得十余年前困居北京时曾有断句，兹足成之，歇拍两句是也。

昔日填词，时常叹老。如今看去真堪笑。江山别换主人公，自然白发成年少。　　柳柳梅梅，花花草草。眼前几日风光好。耐他风雪耐他寒，纵寒也是春寒了。

已丑（2009）年大暑后二日心绪翻涌中草成

（作者为顾随先生小女儿，河北大学教授）

贰

我与姑母叶嘉莹

叶言材

2013 年三联书店出版的《红蕖留梦——叶嘉莹谈诗忆往》(叶嘉莹口述、张候萍撰写)，对叶先生自己和家族的事，已经记述得相当细致。但是作为叶先生的侄子，我也想从我的角度做一些回忆和补充，除少部分内容来自资料，其余均为我的亲身经历，并经过叶先生亲自审阅。

一　家世与寻根之旅

关于叶家先世的历史，《红蕖留梦——叶嘉莹谈诗忆往》中虽已有记述，但近两年我与姑母又找到一些资料，并得到北京市海淀区纳兰文化研究中心刘子菲主任的帮助，重新进行了梳理。

家世

我家族姓“叶赫那拉”，又写作那喇、那拉、纳喇、纳兰。

明代，生息在今天吉林省的有四个“那拉”部族——叶赫那拉、乌拉那拉、哈达那拉、辉发那拉，原都是以前金国女真族的后裔，被称为“海西女真”，通称扈伦四部。但叶赫那拉的王族却与其他三个“那拉”不同，不是女真人，而是蒙古族土默特人的后裔。

土默特人原为鲜卑之后（呼和浩特城即为土默特人所建），曾随忽必烈入主中原，建立元朝，历九十余载，最终被汉人逐回漠北。元朝灭亡后，其中一支遂由星根达尔汗（叶赫那拉氏之“初祖”）率领东征，至今吉林省长白山麓松江平原一带，将当时那里的一个“那拉”部族占据并取其族姓。明正德年间，首领祝孔革又率领部族子民继续南下到达叶赫河畔定居，从此该部族便以河水命名为叶赫那拉。叶赫是“巨大”的意思，那拉是“太阳”的意思，加在一起就是“大太阳”之义。16世纪中叶，祝孔革之孙杨吉砮和清加砮兄弟二人在叶赫河畔分建东、西二城，杨吉砮称“东城贝勒”，清加砮称“西城贝勒”。因叶赫那拉的“蒙古骑兵”骁勇善战，努尔哈赤为统一女真各部而与之联姻，待成功后又灭掉了叶赫那拉。努尔哈赤灭叶赫国后，除将东城贝勒金台石一脉的王族编入正黄旗，将西城贝勒布扬古一脉的王族编入正红旗以外，还将部族人分别编入其他各旗。慈禧虽姓叶赫那拉，但出身于镶蓝旗，垂帘听政后将其家一族抬旗至镶黄旗（因清太宗皇太极时将镶黄旗改为了满洲八旗的头旗）。

民国时期，镶黄旗的叶赫那拉族人普遍改姓为“那”。东城贝勒王族一脉则始终属于满洲正黄旗，后人中有纳兰明珠、纳兰性德，民国时期改姓为“叶”。

我家一族属满洲正黄旗，《清代翻译进士列表》“光绪十八年（1892年）壬辰科翻译进士”条中有载：“中兴（家曾祖父之名讳），满洲正黄旗人。”

我在此想说明的是：叶先生一直以来都强调自己不是女真人，

而是“蒙古裔的满洲人”，这就是其原因。

纳兰文化研究中心刘子菲主任谈及“叶赫纳兰旗籍问题”时也说：“叶赫纳兰属于海西女真扈伦四部之一，并非蒙古。海西女真叶赫部的王族先祖星根达尔汗原是喜峰口蒙古族土默特氏人，明初时，曾带兵灭女真扈伦国所居‘张’地之纳兰姓部，遂据其地，冒姓纳兰。此后叶赫纳兰王族后裔便拥有了蒙古血统。而其部落大多数人却仍是原样，没有这个血统。而且，在满洲八旗中，只有叶赫国东城贝勒金台石一脉为正黄旗。因此纳兰明珠、纳兰性德的旗籍皆为满洲正黄旗。叶嘉莹先生祖上的旗籍也为满洲正黄旗。叶先生的民族为满族，与纳兰性德同宗。”

满族的各个家庭原本没有姓氏，而只有族姓，至民国才改学汉族，开始有了各家姓氏。据我父亲叶嘉谋先生（叶嘉莹先生的大弟弟）留下的笔记所述：“先伯父叶廷乂（音 yì，通‘义’）在世时曾给我家规定了辈分排字，共八个字，即‘嘉言警世，懿性淑身’，可传八代。”因此叶先生和我父亲、叔叔为“嘉”字辈，我这一代为“言”字辈。我大爷爷还规定：为孩子取名时，名字中最后一字必须取自其母姓氏之字的一半。所以，我哥哥名言枢，我姐姐名言权，我名言材，因为我母亲姓杭，有“木”字旁。

叶先生的两个女儿本可不按此排字，但是她那时在中国台湾，不知道北京家里人的情况，也依此给我的两个表姐取了“言”字，大表姐叫赵言言，二表姐叫赵言慧。

及至 1982 年 6 月，我哥哥的女儿出生，叶先生给她取学名为“叶警昕”，出自《礼记》“大昕钟鼓，所以警世也”；小名为“师诗”，即学诗之义。因我嫂子姓名为赵欣，“赵”字难以分割，便从其名中取了半边的“斤”字。待到她上幼儿园时，家里人担心名字笔画过多，不便于小孩子书写，遂将她的小名叶师诗作为学名，将小名改为诗诗；后来因班主任老师和小朋友们常把她写成诗诗，于是家人商量后，兄嫂又去派出所，将户口本上女儿的姓名改为叶诗诗。不过，当年无论她是师诗还是诗诗，还真的从一岁牙牙学语时起，就开始背诵唐诗。叶先生在《为内侄孙女诗诗作》一诗中写道：

内侄孙女小字诗诗，天性聪慧，甫周岁，余弟嘉谋授以唐人绝句，辄能成咏。因为小诗以美之。

劫后家风喜未更，共夸雏凤有清声。
周龄诵得唐人句，无愧诗诗是小名。

后来，叶先生将我大爷爷所定“嘉言警世，懿性淑身”之辈分排字，修改为“嘉言警世，毅行淑身”，其中“行”字须读作去声（xìng），乃品行之义。

初闻纳兰容若

说到叶赫纳兰（叶赫那拉），就会想到纳兰性德。纳兰性德，字容若。王国维先生在《人间词话》中这样评价他：“纳兰容若以自然之眼观物，以自然之舌言情，此初入中原未染汉人风气，故能真切如此，北宋以来，一人而已。”

纳兰性德虽出身于满洲贵胄之家，本人又文武全能，常伴君侧，且一表人才，相貌“姣好”，但为人谦虚，喜好汉文化，结交汉族文人，为清初时的民族团结做出过重要贡献。只可惜天妒英才，纳兰性德过早去世。然而他的作品至今都为人喜爱，所以目前中国“兰学”界对于他的共识是“宋后第一词人”“清初第一学人”，而且他所主持编纂的《通志堂经解》，乃是后来《四库全书》的底本。

说来惭愧，叶赫那拉家族中曾经出过这样一位了不起的人物，我竟然长到十八岁时还不知道。那时对家族祖上的事情知晓不多，只是知道叶赫那拉氏的名人就是西太后慈禧。后来，姑母第一次回国时告诉我：以后不要说慈禧，我们跟纳兰性德才是本家。这是我平生第一次听说这个名字。叶先生在《论纳兰性德词》一文中曾有“我与纳兰同里籍”之句。

1996 年 2 月，我陪姑母去北京什刹海宋庆龄故居会见溥任先生，才知道醇亲王府原本就是纳兰家的府邸，对纳兰家的事才又有了些了解。2016 年秋，我到天津看望姑母时，她告诉我：“最近北京市海淀区纳兰文化研究中心的刘子菲主任和吉林省四平市四平诗词学会的人来看我，听说四平那里还盖起了一座纳兰楼。”并吩咐道，“我的毛笔字写得不好，你找一位书法家，把我当年写的三首有关纳兰词的绝句，书写以后送给他们吧！”她给了我一个电话号码，说：“你回北京后，先跟这位刘子菲主任联系。”又说了一句，“她很年轻。”我心想：姑母已经九十二岁的人了，她说“很年轻”，恐怕也得是五十岁左右的人了吧！

回到北京打电话时一听，对方的声音真的是格外年轻。她告诉我，她十二岁那年偶然在书店看到一本《纳兰词》，从此就发誓要弘扬纳兰文化。

我第二天中午的航班要回日本，约好在去机场的途中交接一下东西。见面时，我真的是大吃一惊，她看上去还是一个相貌姣好的“小姑娘”！后来我们通过微信联系，刘子菲把我加进一个“纳兰群”，我才知道，她手里有好几个“纳兰群”，每晚带领各群诵读《纳兰词》，一年三百六十五天，无论多晚多忙，从不间断。

我拜托岭南画派领军人物陈天老师，将姑母的三首诗书写托裱后，一幅由叶先生亲自送到刘子菲手中，另一幅则由我专程送到四平。

叶嘉莹先生将《题纳兰〈饮水词〉绝句三首》赠予北京市海淀区纳兰文化研究中心（郭三步摄）

叶先生《题纳兰〈饮水词〉绝句三首》是这样写的：

应陈子彬先生之嘱。

其一

喜同族裔仰先贤，束发曾耽绝妙篇。
一种情怀年少日，吹花嚼蕊弄冰弦。

其二

混同江水旧知名，独对斜阳感覆枰。
莫向平生问哀乐，从来心事总难明。

其三

经解曾传通志堂，英年早折讵堪伤。
词心独具无人及，一卷长留万古芳。

寻根之旅

2002年9月，我与姑母通电话时得知她将要赴吉林寻根，考虑到姑母毕竟已年近八十，便约好陪同前往。因数年前时任吉林大学校长的刘中树教授曾对我说过“很希望叶嘉莹教授能光临吉大讲学”，于是我便通过吉林大学文学院的郝长海教授与刘校长取得了联系。9月24日傍晚，我和姑母在长春机场下飞机走向机场大楼时，正好看到一个红红圆圆巨大的太阳，似乎冥冥之中应对了“叶赫那拉”之义。

同行的有著名诗人席慕蓉老师和她的两位朋友，因为是席老师通过这两位朋友帮助我家找到祖籍地的，遂有此次寻根叶赫之旅。叶先生和席老师在吉林大学各进行了一场演讲，听众挤满了演讲会场，甚至有的坐在讲坛的地上，有的站到窗台上。在刘校长的热心安排下，我们去了当时属于吉林省梨树县的叶赫镇（今属四平市铁东区）寻根，还到伊通满族自治县参观了满族民俗博物馆，因为叶赫那拉部族在定居叶赫河畔之前也曾在伊通居住过。

前往叶赫镇那天，时任吉林省委统战部副部长的张鸿梅女士、梨树县委书记和县长、叶赫镇的书记和镇长一路陪同。首先众人把我们带到一座看上去有些气派的城池，城门上方镶嵌着一行白底黑字“叶赫那拉城”。可想而知，姑母与我的心情有多么兴奋，于是就在城门处拍照留念。进到城里，我觉得不对，因为我大学毕业后曾在电影界工作过一段时日，所以一看就知道这应是拍摄影视剧时搭的一个景。询问后得知，这里确实是前不久在拍摄电视剧《叶赫那拉的公主们》（后改名《叶赫那拉公主》）时搭建的，后保留下来成为吸引观光游客的景点。

我们一行来到一间陈列室，迎面的隔扇上有前言和叶赫那拉谱系说明。当时叶赫镇宫书记对于叶赫那拉的历史非常熟悉，如数家珍，给我留下了深刻的印象。姑母与他交谈时，问他这些知识都是怎么学来的，他说是以前听书听来的。尽管如此，我还是觉得他很了不起，从他那里知道了许多家族先世的事情。他还介绍说，在当地有一个传说，大意是：叶赫那拉是一个出凤凰的地方，自努尔哈赤1616年建立后金以后的二百九十六年里，共出过三个皇后、十七个妃子，被称为“凤起之地”。宫书记还说：未来还会出现女名人的。

这里虽说并非历史上真正的古城，但它毕竟也为我们展现了一个历史上的轮廓。登上城墙，我陪姑母环行一周，看到转山湖一侧的风景，山青水碧，湖水在微风中荡漾，在阳光下闪烁着粼粼波光。城墙上隔不远就插有一面满洲八旗军的旗帜，在风中猎猎作响，当真令我和姑母的心里泛起一种冲动。我和姑母兴致大

2002年9月26日，叶嘉莹先生与叶言材在叶赫那拉城景点

发——我们租借了旅游景点常见的那种拍摄纪念照用的戏服，姑母扮成“格格”，我扮成“金甲武士”，合影留念。

午饭后，我们在宫书记的引导下来到叶赫古城的东城遗址，即我家先世曾经生息和战斗过的地方。西城的建筑早已为历史湮灭，无迹可寻。

临走时，我跑下河岸，装了一瓶叶赫河水，带回北京洒在察院胡同老宅的院子里。

顺便说一句，今北京香山南路北端有一座自乾隆年间开始为检阅八旗兵修建的团城，俗称固若金汤城。其城西面不远处，至今还保留有正黄旗的地名。我家的祖坟原本就在此城东北角墙外，20 世纪 50 年代后期被政府征用，在那里建设了北京植物园。我家祖坟被迁至北京立水桥，“文革”期间又因扩展马路被平掉。所以姑母回国时，未能找到母亲的坟，甚是难过。

2002年9月寻找原乡及参观途中。左起：郝长海、席慕蓉、叶嘉莹先生、叶言材、沈文凡

二 “察院胡同”老宅

叶先生的老家是北京市西城区察院胡同十三号（20世纪60年代初变更为二十三号），位于西长安街西单路口向西六百米路南，北京民族饭店的对面。直到2004年被拆除前，我一直在那里成长和生活，现在那里已变成凯晨大厦最东边的部分——渤海银行。

察院老宅的布局

1994年2月14日，《光明日报》“东风”版上曾刊登邓云乡先生一篇大作，题为《女词家及其故居》，里面写道：“这是一所标准的大四合院，虽然没有后院，只是一进院，但格局很好，十分规模。”其实不然，我家是一座三进的四合院，并带有一个东跨院。院子里一色方砖，幼儿园时的我，经常在院子里开心地骑着儿童用的三轮小车；小学三年级以后直到初中时期，我还可以在院子里骑自行车，有时还双手扶车把，一只脚踩在脚蹬上，另一只脚向后平伸，任凭自行车在院中穿来穿去地滑行，由此足见院子够大。

到 20 世纪 60 年代末，院子里一进大门的影壁和里外院之间垂花门的墙被街道居委会拆毁。他们在院子中间修了防空洞，地面上鼓起一个大土包，我就再也不能骑车了。

我家这所宅院可以追溯到我太祖父（讳联魁，字慎斋，叶先生的曾祖父）的年代——道光年间。因他是二品武官（清朝的一品武官很少），所以我家的院门是那种广亮大门，坐北朝南，门旁

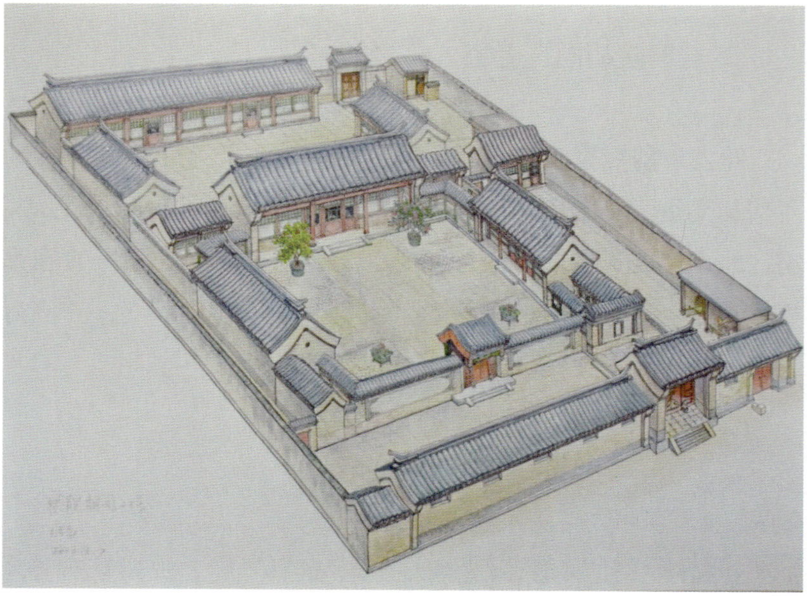

此叶宅示意图系张维志先生根据叶嘉莹先生和叶言材的回忆口述绘制

幼年叶言材在察院胡同老宅内院一角

有上马石，门洞将近六尺深（王府为八尺深）；门的左右各有一个石鼓型的门墩儿，鼓上趴卧着石狮子，鼓身正面和侧面还雕有数头狮子；门的上方有四个突出的门当（也叫“门楣”），下方是足有一尺来高并可以拆卸的门槛。朱红色的大门，高约两米，厚约十五厘米。两扇大门上各有一个金属门钹，上边有金属门环，叫门时用门环敲击门钹发出声响。据熟悉北京四合院的人称，按照清代的规制，这是一座仅次于王府专用的典型的二品武官院门。门口的石鼓石狮在“文革”初期，被我和姐姐用铁锤捣坏了。

后因我的曾祖父考取了进士，门上就多挂了一块“进士第”匾额。

门洞内侧也有近六尺深，迎面是一座高大的磨砖影壁。据我父亲的笔记描述：

影壁上嵌有病者赠送的“立起沉疴”等匾额，壁的中间竖有题写着“水心堂叶”的木刻，“叶”字为红色。先伯父说：“‘水心堂’即为我家之堂号，‘水心’原为宋代学者叶适的别号。”先伯父敬仰其人，故题“水心堂叶”。

壁前匾下放一大荷花缸，粉色荷花、绿色荷叶互相衬托，夏季还养几尾红色小鱼，它可以吃孑孓，避免滋生蚊子，给人一种雅致脱俗之感。

向左下三级台阶才能进入外院——一进院。外院是一溜五间南房和一间厕所。我父亲说：南房原为书房，可在内读书，亦可接待男宾，所以这间厕所是“男厕”。

里外院之间有一堵两米多高的院墙，上白下黑，白墙上有用小瓦片组成的轱辘钱儿形的饰样。院墙正中是一座“垂花门”，坐落在将近三平方米见方的石台上。石台向内院延伸，四边由一尺宽的条石组成，中间由大方砖铺成，各有两级条石台阶，通向东西南北四个方向。听父亲说，石台是可作为艺人表演曲艺之用的一个小戏台，台上北面为一木制屏门，绿色门扇上写有红色“福”“寿”二字，此屏门只是家中有红白大事时才开启。

姑母曾在《我与我家的大四合院》（1994 年 3 月 7 日《光明日报》）一文中，对“垂花门”有过这样的描写：

进入大门后，从迎面是影壁墙、右边是门房和男仆房的那方小院向左拐，下了三层台阶，是一个长条形的外院。左边一排是五间南房，三间是客房，两间是书房。右边则是内院的院墙，中间有个垂花门。要上两层台阶，才能进入垂花门，门内是一片方形的石台，迎面是一个木制的影壁，由四扇木门组成，漆着绿色的油漆，每扇门上方的四分之一处各有一个圆形的图案，是个红底黑色的篆体寿字，从石台两侧走下就是内院。

垂花门内是二进院，即中院，或称“正院”。二进院北边是三间正房加左右两侧耳房和一间存储物品的库房，西厢房和东厢房各三间。无论是里院的北房、东西厢房，还是外院的南房，房基都比较高，进屋都必须上三级石台阶，而且台阶两侧都有条石坡道。为便于流水与防潮，西厢房的背后、东厢房的南山墙与影壁之间都修建有相当于一个成年人体宽的夹道。

我父亲在笔记中写道：

> 东西厢房各三间，先祖原规定先伯及先父东西房各住两年，两年后轮换。1924 年先母在东厢房生了莹姐后，1926 年转住西厢，当时因先祖母过世，先父又去外埠工作，搬来搬去非常不便，故规定改为长兄（即先伯）住东厢，弟（即先父）住西厢了。

我父亲还写道：

> 1926 年，我出生了，我比莹姐小了两岁。我从降生一直到 1948 年莹姐赴南京结婚历时二十余年，我俩学习、生活、游玩都在一起，就是姐姐和姐夫、我和我爱人的订婚，也是在同一年（1947 年）、同一地点——中山公园内的来今雨轩办的。故此我们姐弟间建立了深厚的感情。

北房中间堂屋后墙的上半截有扇窗能够支撑起来，可以看到三进院的后花园。后院也有一个比较小的院门，直通长安街。整座院落的东北角除有一片空地可以种植一些作物外，还有一间厕所。也就是说，在整座院落的东北角和西南角各有一间厕所，这在北京的四合院里也是不多见的。

东跨院是车房、马厩和厨房，所以大门东侧的门是车马进出用的。1958 年“大跃进”时，东跨院被居委会改造成“街道食堂”。

老宅的变迁

1958 年秋，我的大爷爷叶廷乂公去世后，这样一座占地面积约两千平方米的察院胡同老宅，陆续搬进来一些家族以外的人。家父叶嘉谋当时是北京市第三十五中学的语文老师。这所学校原名“志成中学”，是 1923 年由李大钊等人创建的，姑母辅仁大学毕业后也曾在此校执教。因校领导对家父说“现在有不少教职员工没有地方住，你家有房，先帮学校解决一下困难吧”，于是，家父就将后院的房子腾空，借给同事们居住。因为上百年的老房经常被居住的人要求维护修缮，会需要不小的费用，领导就让他们给我家一些钱。不知怎的，到了 1966 年 6 月，房管部门来人到我家，当时只有我这么一个小学三年级的孩子在家。他们让我帮着一起丈量了所有房屋以后，对我说：你告诉家长，留下你们现在所住的房子是自住房，其他的都由国家按出租房代管了……就这样，院子被国家收了。

据我所知，20 世纪 60 年代初家父曾与家叔叶嘉炽商议，打算将家中房产交与国家。但是当时政府来人到我家说：“据我们了解，你们俩不是真正的产权人，你们家房产的产权人是叶廷乂和叶廷元兄弟二人；叶廷乂虽然去世了，但是他的儿子叶嘉穀作为他的继承人还在台湾；你们的父亲叶廷元和姐姐也都在台湾。由于这些海外关系，国家有统战政策，不能接收你们的房产，还是由你们代管吧。”

要知道，当时就连我的父母都不知道我祖父和我姑母在哪里，从政府来人的嘴里才第一次听说他们还都健在，而且是在台湾。

也是此时我们才明白，有家人在港、澳、台被叫作海外关系，在外国被叫作国外关系。

另外，1958年秋冬之际，国家要在人民大会堂西侧建造国家大剧院，我外祖父家的土地和房产被征用了，可是搬迁的住房还没有建好，外祖父一家人只好先搬到我家院子借住，先是住在东跨院原来的车库。但此时正值“三面红旗”运动时期，街道居委会要办公共食堂，并且三天之内就要开张。作为人民教师的家父和家叔，为积极响应党的号召，仓促腾空院子里的书房——现在的东厢房，不得已将房中的书籍家具等物品处理掉，让我外祖父一家搬了进去。就这样，我父亲他们打开了多年前就已锁定的车库大门，街道居委会的公共食堂进驻了我家车库。当时我还很小，不太记得什么，后来才听说荣宝斋、北京图书馆、首都图书馆来家中分别挑选书籍，拉走了几车。前些年又听说，当年还有不少书籍被清华大学拉走。总之，这说明以前我们家里所藏的图书物品应该都是很有价值的。

记得我小时候家里有四根铁铸的旗枪。所谓旗枪，就是八旗军军旗的旗杆。后来为了锻炼身体，家父和我哥哥把它们用铁丝固定在相近的两棵树上，作为单杠使用。家里还曾有过一把宝剑，护手处是一个狮形兽头，剑锋似从狮口中吐出的舌头，约三尺长。当时我还小，觉得宝剑很重，需要双手才能相当吃力地举起它。曾听老人们说清代佩剑的护手分为：一等龙头纹，二等狮头纹，三等虎头纹，四等狗头纹，等外为蝴蝶纹、无纹……我至今也不知真假，因为那把剑在“文革”初期被红卫兵抄家时抄走了。

我上小学一二年级的时候，曾经想学毛笔字（描红模字）和画徐悲鸿那样的马，所以毛笔用得很费，经常跑到西小院库房里去拿新的毛笔。库房里有很多东西，据说都是以前没被挑走的。

其中印象最深的就是几盒宫墨，它们在木盒中一字排开，中间的那块最大，上有金色的龙纹图案，两侧的墨依次越来越小，再靠外的两块是红色的，据说是“朱砂墨”，而且这几盒墨和木盒的气味都很香。当年父母不让我用这些墨，我只好到外面去买，可是市场上卖的墨汁的气味很臭，令人作呕，所以我就不学写字画画了。不过说实话，那时我真的浪费了不少好毛笔！

“文革”开始后，我家院子的南房被街道居委会占据，成为他们的办公室，直到1996年左右方才退还。原来住在北房的家叔一家被赶出，去住西小院的耳房和库房，北房被办成“红卫兵接待站”，住满了来京串联的红卫兵。红卫兵们走了以后，北房立刻就被两户“红五类”的工人家庭抢搬进来……从此，察院胡同老宅的影壁和内外院墙从有到无，院中地下的防空洞从无到有，再加之20世纪八九十年代各家各户搭建自己的厨房和卫生间，察院胡同老宅逐渐变成了大杂院！

姑母在《我与我家的大四合院》的最后一段是这样写的：

> 事实上我家的院子如今早已面目全非。1974年我第一次从海外回国时，我家已经成了一个大杂院。大门上的匾额不见了，门旁的石狮子被打毁了，内院的墙被拆掉了，垂花门也不在了，方砖铺的地也已因挖防空洞而变得砖土相杂而高低不平了。我对我家庭院仍有极深的感情，只因那是我生命成长的地方，只因我曾见过它美好的日子。即使有一天它被全部拆除，它也将常留在我的记忆里，常留在我那幼稚的诗词里。

可见从1974年到2003年，姑母在这三十年中经常回到北京老宅，每次当是一种什么样的感受啊！

老宅被拆

“文革”结束后，北京市从1978年开始落实政策，腾退“文革产”，可是我家的房产却迟迟得不到落实。西城区房管局有一位张姓副科长，当年就是他来我家丈量房产面积的。他先是对我父亲说：“我对你们叶家的房产非常了解，数量多，而且产权人又不同，所以建议你们不如把房产汇总为‘叶氏祖产’一起办理比较容易。”我父亲跟姑母和我叔叔商量以后，决定“听从政府意见”，便“申请叶氏祖产落实政策”，可是泥牛入海没了消息。直至20世纪80年代初，在我和家叔不停的追问下，那位张副科长才告诉我们“叶家在北京的房产加在一起太多，超过了20世纪五六十年代的‘社会主义改造’标准，所以只能先补办‘改造手续’，才能谈落实政策之事”。如果依照他们新的说法办理，我家就只能剩下几间“文革”初期的“自住房”了，而当时我们这一代人还都很小，况且他们说“将来等你们这一代长大了，需要房的时候，国家会把代管的房子退还给你家”，所以那时我家没有留下几间房。随后我和家叔才打听到：在20世纪80年代初期，西城房管局已将我家一处房产中的二分之一卖给中国革命博物馆，也就是现在的中国国家博物馆，那是我祖母在去世前为子女们购置的四个小院，共二十八间半（半间是厕所）。

1983年8月，我大学毕业返回北京，房子的事情还没有办完。要知道，天安门广场东侧的建筑，原是由中国革命博物馆和中国历史博物馆两家组成，“文革”后改组为一家中国历史博物馆。我跑到中国历史博物馆去询问当年的事情，可是博物馆的人员告诉我说：这是“革博”时代的事情，与“历博”无关。几经周折，我们终于在姑母的大学同学史树青伯伯的协助下，找到了当时购买我家房产的办事人员。他给我讲了整个过程，并说问过西城房管局“此房是否有房主”，西城房管局很确定地回答：“这是‘无主房’！”我听后就去西城房管局交涉，此时那位张副科长已经退休，换了一位王科长，说自己不了解情况。听我介绍经过以后，王科长说：“中国历史博物馆是中央级单位，我们西城房管局才是一个区级单位，我们管不了人家，无法让人家退还产权。”1983 年 12 月，在于蓝老师的感召下，我进入组建不久的北京儿童电影制片厂工作。1984 年 8 月，北京举办“英国电影回顾展”；1985 年 3 月，又举办“法国电影回顾展”。这样的影展虽然都不对外售票，只限电影界和文化界内部购票观摩，但是社会上想观看的人有很多。由于工作关系的便利，我多买了两套票，送给王科长。1985 年 5 月，那四个小院的产权终于一起得到退还。那时我每个月的工资只有五十五元，而一套电影票就要三十多元。

我对叶家房产比较熟悉，是因为我自小就跟着母亲到处去收“房租”，给住户办理修缮房屋事宜。“文革”后的那段时间，哥哥和姐姐都还在东北兵团，家里这一代人中只剩下我这个“劳动力”。

上述事情，只是有关我家房产中的一件。其他房产也都是经姑母多年努力，获得多位国家领导人的关注与批示及许多崇敬姑母的人士帮忙，才得以收回。产权是收回来了，但是却无法让住户搬迁，比如察院胡同老宅直到 2003 年被拆毁前，还留有不少住户。

据我所知，姑母自 1979 年第一次回国讲学时，就一直想重修老宅。姑母在《我与我家的大四合院》中有过这种想法的表露：

> 正如邓先生大作中之所叙写，我家故居中的一种古典诗词的气氛与意境，则确曾对我有过极深的影响，这所庭院不仅培

养了我终生热爱中国古典诗词的兴趣，也引领我走上了终生从事古典诗词之教学的途径。面对这一所庭院即将从地面上消失的命运，我当然免不了一种沉重的惋惜之情。其实我所惋惜的，还不仅只是这一所庭院而已，我所惋惜的乃是这一所庭院当年所曾培育出的一种中国诗词中的美好的意境。我曾梦想着要以我的余年余力，把我家故居改建成一所书院式的中国古典诗词研究所，不过事实上困难极大，问题甚多，这绝非我个人之人力、财力之所能为。我对此也只好徒呼负负了。不过，我个人愿以古典诗词之教学来报效祖国的心意，则始终未改。

无奈，先是没有产权，后来好不容易收回产权，却又收不回房屋，而且还被告知这一片地区已被规划云云，直至2003年被以“迎接奥运会”的名义拆毁了。在这个过程中，我们也听说察院胡同二十三号已被北京市政府指定为新一批“文物保护单位”，但市、区两级政府始终都没有人来给挂上那块“文物保护单位”的铜牌。

三 叶先生第一次回国时的片段

我的“文革”遭遇

姑母在不列颠哥伦比亚大学的工作稳定后，终于将我的祖父从中国台湾接到了加拿大。1970年10月，中国和加拿大建立了外交关系，姑母便萌动了寻找北京家人的念头，但是由于种种原因，她担心给家人添麻烦，一直不敢给家人寄信。1971年姑母才下决心邮寄出第一封信，地址书写的还是我家在北京的老门牌——察院胡同十三号。尽管那时老宅早已变更成了新门牌“二十三号”，但因我们从未搬过家，那封信便顺利寄到了。当年，凡收到“国外或海外来信”的人必须向上级汇报，否则就是“欺瞒组织”“对组织不忠”。我父母也不例外，立即向各自所在学校进行了汇报，却没有告诉我，担心我得知后会产生负面影响。

果然，他们担心的事情发生了。1971 年春天，北京市决定恢复高中招生，并从一九七一届开始改为春季毕业，所以我的初中生活多了几个月，同年 12 月底才毕业。但是当时能够上高中的名额有限，要求“自愿报名，领导批准”。我小学和初中时的学习成绩还不错，喜欢看书，所以也报了名。可是，班主任老师面对全班同学说：申请上高中的报名工作已经结束，有的同学虽然报名了，但是家里有姑姑、叔叔什么的在美国、加拿大也不写出来，这就是对组织不诚实，还想上高中！那天回到家，我很兴奋地跟父母讲了这件“新闻”。父母听了以后什么都没说，一脸严肃地一遍一遍让我重复老师说的话，好像生怕我说漏些什么……第二天一早，我出门上学前，父母两个人一起跟我谈话，这是从未有过的事情，我很诧异。这时父母才告诉我：“你姑姑从加拿大来信了！”由于我和母亲同在一个学校，母亲在接到我姑姑的信后就立即向学校进行了汇报，但一直没让我知道。当天上午母亲就去学校找领导说明这一切……结果是，我没能上成高中。而且从此以后就连迎宾活动、国庆“广场组字”也都没有资格参加了，只能参加“国庆晚会”跳集体舞。说来也巧，那年的所有国庆活动都被取消了。

1971 年 12 月下旬，我接到通知，被分配到西城区摩托车场。这是一家区属集体所有制的运输场，也就是三轮蹦蹦车场，分为客运和货运，客运蹦蹦车相当于出租车。家庭出身好的同学都被分配到全民所有制的国营大工厂，像我这样家庭背景有问题的人只能被分配到集体单位。不过我心想，能去开车也不错，毕竟当时是工人阶级领导一切的时代。我自小学三年级开始学骑自行车，从来都不喜欢按车铃，但自从做起了“开车梦”，想着自己将来如果开上了车，势必需要按喇叭，必须从现在开始养成按喇叭的习惯，于是再骑自行车时就不停地按车铃。1972 年 1 月 3 日，我兴致勃勃地到西城区摩托车场报到，不想我既不能去车队开车，又不能进维修车间修车，因为这也讲究个“家庭出身和家庭背景”。他们“防备”我，万一心怀怨恨，在路上把车撞向首长的车呢？或者修车时故意从事一些破坏活动呢？所以我被分配到了加工车间，跟钳工和车工学习制作零件，从三年学徒到出师成为一级工，再升为二级工带徒弟，一干就是整整八年。

1975 年夏秋的一天，当时我所在的西城货运摩托车场召开全场青年大会，领导宣布新的“工农兵大学生”招生规定，内容大体是：自愿报名，不论出身，只看表现，再由单位领导审批推荐……听得我全身为之兴奋。我第一个冲进负责人事的政工组房间，对着政工组长说要报名，但是却被对方冷冷的表情和一句话给噎了回来：“像你这样家庭背景又有海外关系的人，这辈子都甭想！”说实在的，他的这句话对我的打击很大。直到 1977 年秋传来恢复高考的消息时，我仍心存疑虑，不敢相信真的可以不用经过所在单位领导的审批，就能自由地去报考。

姑母归来

1974 年夏，姑母第一次回国时，提前写信向家里告知了行程，应该是下午飞抵北京。那天，我父母和正好回京探亲的姐姐，还有我叔叔四人一起去北京华侨大厦迎接姑母，留我在家等候。

可是我一直等到天黑，也不见他们的踪影，也没有办法联系。听说中华人民共和国成立前我家有电话，1958 年秋我大爷爷去世以后，因为电话的费用相对于当时的工资收入来说很贵，就取消了。等到晚上七点左右，发现我家居住的地区停电，我就出门去了朋友家。等我九点左右回到家里时，才知道姑母已经回来过了，所以姑母在《祖国行长歌》中所记述“家人乍见啼还笑，相对苍颜忆年少，登车牵拥邀还家，指点都城夸新貌。……西单西去吾家在，门巷依稀犹未改，……入门坐我旧时床，骨肉重聚灯烛光，莫疑此景还如梦，今夕真知返故乡”的情形，我没有在场。

姑母那次回国，必须先从加拿大飞抵中国香港，然后从深圳罗湖过关入境，乘火车至广州，再从广州飞北京……尽管如此劳顿，姑母还是给我家带来一台十四英寸的松下彩电，而且带有自动搜索频道功能。姑母知道我会滑冰，专门给我带来一双加拿大产的打冰球用的冰鞋。这双冰鞋很漂亮，黑色的鞋面和鞋帮，白色的鞋底，冰刀的前后各包有一个白色的塑料包头，它成为整个北京的唯一，很多年间都是什刹海的一道风景线。姑母还给我买了一件当时既时髦却又稀有的蓝色尼龙绸面的腈纶棉上装，我再戴上一顶当时最为高大上的羊剪绒皮帽，看上去很是潇洒。可惜我那时没有机会穿着那双冰鞋照张相！

在接下来的日子里，我陪同姑母游览了北京许多名胜古迹，还去了动物园、陶然亭、美术馆……因为姑母原是“大家闺秀”，1948 年离开北京南下结婚前，也没有去过什么地方，况且与三十多年前相比，北京的变化确实相当大。后来她又去了大庆、大寨、延安、西安、上海、杭州、桂林、广州等地。尽管当时正处于“文革”中，但她是一个经历过中华人民共和国成立前羸弱旧中国的腐败没落和台湾“白色恐怖”的人，当她亲眼看到中华人民共和国发生翻天覆地的变化时，她心里进行比较后所产生的那份感慨，或许是今天的人们所难以理解的。所以回到加拿大之后，姑母发自肺腑地写下了那首《祖国行长歌》。

记得姑母从大寨乘火车返回北京时，我和姐姐到北京站去接她。那时的北京站不许接站的人进入站台，我们只能在出站口等候。姑母走到出站口时，穿着一身入境前在中国香港裕华国货商店买的藏蓝色“人民装”，还背了一顶大草帽，她自以为已经很像内地人了，但是被车站的民警一眼就看穿她的与众不同。民警把她拦了下来，盘问她是从哪里来的？我和姐姐也跟检票人员好说歹说进到里面帮她解释，说明她早已入境，刚刚从大寨参观回京……出站后我们分析被拦下的原因：第一是她的肤色白润，与当时的国人不同；第二是她在香港买的“人民装”与祖国内地的不同。虽然大体与当时身穿的制服相似，但那时内地女性制服没有腰身，是上下直筒的，可是她的“人民装”不但稍有掐腰，而且裤脚还有些微喇。她回到家中就让我母亲帮忙，用缝纫机把服装的这两处做了修改。

1974年姑母第一次回国时，先是住在华侨大厦，后来就搬回家里住。当时，在家居住要先到派出所报临时户口，得到批准后才可以。那段时间，我家大门外面几乎日夜都有“便衣人员”监视，有时还会进到院门里面探头探脑。

姑母那次原本是悄悄回国的，因为知道自己在海外的“名气”比较大，又因为那时她所持的还是中国台湾发的所谓“中华民国护照”，所以十分低调，不想让任何人知道。她还住在华侨大厦的时候，有一天我去陪她吃早饭，在餐厅里偶然遇到了写过《又见棕榈，又见棕榈》的旅美华裔女作家於梨华女士。她当年在中国也很有名，经常可以在《参考消息》上看到她的连载文章。那时她正巧也住在华侨大厦，突然看到姑母，就凑了过来跟我们同桌吃早餐。她似乎已经回国一段时间了，就把一些见闻讲给姑母

1974年，叶嘉莹先生与叶言材在北京动物园

听。因为她说话声音比较大，结果引起坐在另外一张桌子的几个中青年海外游客的注意。没想到的是，他们认出了姑母，都跑过来，惊呼：“这不是叶先生吗？”“叶先生，您也回来啦？”原来他们都是姑母在北美和在中国台湾教过的学生……如此一来，叶先生回到祖国的消息，想瞒也瞒不住了。这事后来在中国台湾也掀起了轩然大波，岛内的一些报纸指责她“投共”，致使叶先生许多年都无法回中国台湾讲学。

此后，为方便起见，叶先生加入了加拿大国籍。待到两岸“三通”以后，叶先生再到中国台湾讲学时，报纸上又出现了“叶嘉莹回来了！”的大字标题。

据姑母说，这次回国时，因完全没有经验，而且持有的所谓“护照”是中国台湾当局所发，在香港机场遇到了麻烦。先是不许她走出机场，经过很长时间的交涉，香港机场才允许她暂时出来，但扣留了她的证件，并限她二十四小时之内必须回来。她来到接机大厅，见到前来接机的黄尊生老先生。黄老先生是我表姐夫李坚如（叶先生小女儿赵言慧的夫婿）的外祖父，也是一位爱好诗词的学者。叶先生向黄老先生说明情况后，黄老先生第二天就带她去找了中国旅行社的驻港机构，中旅的工作人员听完她的讲述以后，对她说：“不要紧，超过二十四小时，只要交些罚款，就会放行。”她还是心怀忐忑，请求中旅的人翌日陪她一起去……果然交了超过时限的罚款就被放行了。因此，返回加拿大后，为了方便起见，姑母加入了加拿大国籍。那次姑母给家里带来很多东西，包括前面提到的彩电，在罗湖过关时非常辛苦。

叶先生返回加拿大后不久，就寄来了长诗《祖国行长歌》，诗的长度前所未见。也许是因为诗中所书内容与自家和这些时日的生活经历有关，所以感觉这首诗容易记。于是我跟姐姐竞相背诵，看谁能抢先完整地背下来。很长一段时间里，察院胡同老宅里每日都会传出一阵背诗声。

对于这首《祖国行长歌》，北京大学的程郁缀教授曾做过一个统计：“(叶先生) 1974 年返国探亲旅游时，所作七言古风《祖国行长歌》，长达二百六十六句 (其中有四句是长句)，共一千八百七十八字，洋洋洒洒，一气呵成，文脉畅通，一泻而下。我们知道，在《全唐诗》中，七言歌行的名篇，如白居易的《琵琶行》，只有八十八句，六百一十六个字；《长恨歌》也只有一百二十句，八百四十个字。《全唐诗》中最长的诗，可能就数韦庄的《秦妇吟》，长达二百三十八句，一千六百六十六个字；而叶先生的《祖国行长歌》比韦庄的《秦妇吟》还长二十八句、多二百一十二个字，真可谓古今诗坛罕见，令人击节称奇——诚非大手笔、大才华不能为也！”(见《大才、大师、大家——在叶嘉莹先生从教七十周年庆祝大会上的致辞》)

2020 年五六月间，叶先生找到当年中国台湾东海大学孙克宽教授写给她的一封信，并立即与我通话，嘱我将其中部分录于文内。孙教授专授诗学课程，1975 年 6 月 6 日在信中写道：“嘉莹先生：今天在《七十年代》读到您的《祖国行长歌》，真是一篇大作，意无不达（按：通‘达’)，用赋体，而感情却迸烈异常，佩服佩服！”

在这里我要说明的一点是：迄今，世人只是评论《祖国行长

1974年，叶嘉莹先生与叶言材游览北京十三陵水库

1974年初秋，叶嘉莹先生在延安与工作人员合影

歌》的长度乃前所未见，殊不知该作品是叶先生时隔三十年终于回到祖国，亲眼看到贫瘠羸弱、任人宰割的祖国发生了翻天覆地的巨大变化……返回加拿大后，叶先生仍然激动不已，终日对祖国魂牵梦绕，于是不由自主、不分地点地吟出诗句，有时是在睡梦中，有时是在开车，有时是在看牙医……叶先生谈到《祖国行长歌》时说诗句是“顺着我的感情一句一句跑出来的”。应该说，这实在是一首记录真实且发自内心“兴发感动”的诗作。

为周总理撰写挽联

1976 年 1 月，周恩来总理逝世。中国常驻联合国代表团要为周总理举行追悼会，筹备组半夜给叶先生打来电话，请她撰写挽联。记得她曾给家里寄来过北美中文报纸中关于此次追悼会的复印件。看完以后，我就到处对人说：联合国为周总理举办追悼会的挽联，是我姑姑写的！

由于年代久远，我记不太清了。就在 2020 年 4 月，我向叶先生求证了此事。九十六岁高龄的叶先生用电脑邮件回复我说“周总理的挽联是总理逝世时联合国周总理追悼会筹备组半夜打电话，让我撰写的”，又让秘书可延涛老师将《周恩来总理追悼会专刊》拍照发给我。

专刊是 1976 年 1 月 18 日美东各界联合筹备会印发的，正中是周总理遗照，上方是套黑的“周恩来总理典范长存”九个大字，左右是叶先生撰写的挽联。上联为“革命为人民求解放，尽瘁忘身，不恤忧劳终一世”；下联为“运筹为举世拓新机，折冲樽俎，长留功业在人间”。

在周总理逝世一周年时，叶先生填写了一首《金缕曲 · 周总理冥诞作》加以悼念：

万众悲难抑。记当年、大星陨落，漫天风雪。伫立街头相送处，忍共斯人长诀。况遗恨、跳梁未灭。多少忧劳匡国意，想临终、滴尽心头血。有江海，为呜咽。　而今喜见春风发。扫阴霾、冰澌荡尽，百花红缀。待向忠魂齐献寿，怅望云天寥阔。算只有、姮娥比洁。一世衷怀无私处，仰重霄、万古悬明月。看此际，清光澈。

姑母给我的第一封信

姑母自 1974 年第一次回国后，差不多都是每个月必有一封来信，信封上一直写的都是“叶嘉谋先生收”。但是，从 1976 年春天开始有两三个月未曾来信，家里人甚是不放心。初夏的一天，邮递员在老宅院门外喊“叶言材，拿图章，国际信件”。那时候收国外信件必须盖图章，可是我当时还没有图章，就拿了父亲的图章跑出去盖上。一看信封知道是姑母的来信，而信封上的收件人却写的是我的名字，我心里觉得很奇怪，没有拿进院子就拆开看了。读信后我才知道，我的大表姐言言和表姐夫在去滑雪的途中同时罹难。姑母在信中还嘱咐我：你父亲心脏和血压都不好，可以告诉你母亲，但是先不要告诉你父亲，待适当的时候再告诉他。我跟母亲商量后还是立即告诉了父亲。最后父亲决定由我来给姑母回信，理由是“以免你姑姑再担心我”，就说按照她的意思现在还没有告诉父亲……

1977 年夏季，叶先生和我姑父赵钟荪先生携他们的小女儿（我的表姐赵言慧）一起回国。为了将我祖父的骨灰安葬在北京，我们到处去寻找墓地，最后决定寄存在北京万安公墓的骨灰堂。

四　南开记忆

结缘南开

1979 年春，叶先生经国务院外国专家局和教育部的安排，登上了北京大学的讲堂；4 月又去了南开大学，从此便与南开结下了数十载的缘分。

1979 年 9 月，我考入了南开大学中文系。参加高考前夕，我曾遇到过北京大学和南开大学的老师，他们分别对我说：“考我们学校吧。”

我因没上过高中数学不好，1977 年高考时四门科目总分二百四十六分，数学零分。1978 年数学六分。1979 年教育部又设立了一大堆不利于在职人员参加高考的规定，不仅在年龄和婚姻方面设卡，而且重新要求“自愿报名，领导批准”，致使许多有志青年无法报名参加高考，我也险些“遇害”。因为单位不批准我报名，我只好四处“上访告状”，直到报名期限已过，也未能成功，就连西城招生办的负责人也非常同情我，许诺说：“只要你上访成功，一旦单位批准你了，不管什么时候我们都会给你报名！”那段时间我筋疲力尽，无心复习。眼看高考临近，绝望之时，峰回路转，上告成功，上级领导部门批准了我参加高考。我的总分超过了那年北京市的“重点大学录取分数线”，所以在填写志愿期间，应该报北京大学还是报南开大学，我征求姑母的意见。姑母对我说“报南开吧”，因为她认为南开大学的老师和学风都很不错。其实，我从出生就没离开过北京和家，一直都想离开父母身边到外地去，这下正中我的下怀，托词于“姑姑的指示”。后来，南开大学校园里还流传起一个谣言，“叶言材没有参加高考，是中央某位首长特批走后门进入南开的”，云云。

1982年春节，叶嘉莹先生与家人在北京过年。左起：叶言权、叶嘉莹先生、叶嘉谋、叶言枢、赵欣、杭若侠、叶言材、郝伟光

我是1983年8月从南开大学毕业的。在校期间，叶先生曾于1981年9月至1982年1月到南开大学讲学。每当她晚上讲学的时候，主楼111阶梯教室不仅座无虚席，而且无立锥之地，除了我们中文系的学生，还有其他系的，甚至外校的。叶先生讲课时，喜欢旁征博引，她常说这是“跑野马”，经常会讲到南开大学响起“熄灯号”才结束。

那时姑母的身体不是太好，但一旦加拿大那边放假，她就会自费乘飞机跑回国来，不辞旅途劳顿，大江南北到处讲学。1983年五六月间，叶先生回国讲学之前，腿肿得很厉害，在加拿大的时候看医生，他们给她用了脱水药，用药后立刻消肿，可是不久就又肿了起来。尽管如此，她还是忍着病痛，乘十几个小时的飞机回到北京。为了她的身体健康，我母亲动员她学习一种鹤翔庄气功。鹤翔庄分为五节动功（类似体操）和一节静功。静功即人们常说的自发功，也就是令自己身心完全放松，不加任何意念，顺其自然，任由内气游走全身脉络，带动身体呈现出种种不可思议的动作，从而起到自己治疗自身病患的作用。姑母在北京只能停留一个星期，练习到最后一天，在我母亲的一位窦姓老同学（鹤翔庄的辅导员）的指导下，出现了自发功。就在当天晚上，姑母须坐火车去外地讲学，上车时腿还是肿的，原本以为坐夜车腿会肿得更厉害，可是不料半夜腿肿竟然消了……从那以后，姑母几十年来每天晚上睡觉之前，只要有时间就会练练鹤翔庄。我猜想姑母至今身体还比较健康，很可能跟练气功有些关系。我也曾因病从1982年暑假开始练过鹤翔庄，所以直到2019年，姑母有时仍会问我现在还练不练，并说："看来只有我是一直坚持练的！"

李霁野先生

叶先生是由于李霁野先生的鼎力推荐和邀请，才与南开大学有了近半生的缘分。

李先生年轻时曾与好友许寿裳先生、台静农先生跟随鲁迅先生创办过未名社。叶先生还在辅仁大学国文系读书的时候，李先生就已在辅大外文系执教，而且与北京大学外文系毕业的顾随先生是好友。1946年，许寿裳先生去了台湾，主持编译工作，李先生便与台静农先生也一起到了台湾大学教书。1948年，叶先生到达台湾，老师顾随先生得知后，就写信嘱咐她，要她去拜望在台大执教的几位老师，其中就有李先生，信中还加附了自己的名片。于是，叶先生于1949年春去台大探望，匆匆一晤，不久因台湾开始了"白色恐怖"，李先生便离开台湾，返回大陆。

2017年9月18日，天津的《今晚报》刊登了一篇文章，题为《〈李霁野文集〉中的叶嘉莹》。文中有以下记述：

上世纪70年代初，中国与加拿大建交，已定居加拿大的叶先生立即申请回国探亲。1978年，叶先生又提出回国教书的申请。次年，国家教育部安排叶先生到北京大学教书。当时，叶先生获悉李霁野先生已经出任南开大学外文系主任的消息后，极为兴奋，当即致信李先生，叙述自台北晤别三十年间的种种变化，并告知其已被批准回国教书。很快，李先生复信，诚挚邀请叶先生到南开大学讲学。叶先生接受了邀请。

《李霁野文集》第九卷收录了其写给叶先生的多封信札。其中写道："十分希望你能来长期任教……你系统讲讲文学史可以，选些代表诗文讲讲也可以，做几个专题讲座也可以。""你在国内讲学的成绩有口皆碑，是应得的荣誉。你不仅没有按劳取酬，还自己花了旅费，并向南开大学赠送了不少书籍。""南大既然请你来任教，我希望你能答应下来。"

叶先生在南开大学讲学期间，李先生对其在生活起居及课业、交通等方面之种种垂顾及安排，使叶先生深为感动，油然产生了一种极为亲切的恍如游子归家般的感觉，使其最终选择留在南开执教。

为此，叶先生写了两首七言绝句赠予李先生，现录于下：

其三

欲把风标拟古松，几经冰雪与霜风。
平生不改坚贞意，步履犹强未是翁。

其四

话到当年语有神，未名结社忆前尘。
白头不尽沧桑感，台海云天想故人。

（《天津纪事绝句二十四首》）

李先生虽说是研究外国文学的学者、翻译家，翻译过世界名著《简·爱》，但旧体诗也写得很好，只是因为年轻时参加过许多革命活动，倡导新文学，所以一般不以旧诗示人。但此次李先生也回赠叶先生两首诗：

其一

一渡同舟三世修，卅年一面意悠悠。
南开园里重相见，促膝长谈疑梦游。

其二

诗人风度词人心，传播风骚海外钦。
桃李满园齐赞颂，终生难忘绕梁音。

《赠叶嘉莹教授二首》）

由此可见李先生写作旧体诗之功力，以及他对叶先生的知赏。

1979 年 4 月，叶先生抵达天津。那时的天津因 1976 年 7 月 28 日的唐山大地震，房屋倒毁很多，满目疮痍，街道上和海河边到处都是抗震棚。

5 月，我因报名参加高考遭到单位领导阻挠，到天津向姑母求助，希望她能给教育部写信反映情况，帮我解决报名问题，因为她当时是由教育部和国务院外专局负责接待的。记得当时姑母被安排住在解放北路的天津大饭店（1985 年恢复为利顺德大酒店），

1979年5月，叶嘉莹先生看望李霁野先生夫妇

我是傍晚到达的，第二天上午陪她去了云南路李先生的家探望，下午返回的北京。上面这张照片，就是当时我用姑母的相机拍摄的。

宁宗一老师

宁宗一老师是我见到的南开大学的第二位老师。应该是在1979年7月下旬或者8月初，叶先生已经结束了在南开大学的第一次讲学回到北京，宁老师利用回北京探亲的机会，来到察院胡同老宅看望叶先生，当时相谈甚欢。后来姑母让我去给宁老师送书，我就去了宁老师在北京的老家——位于北京西单附近的皮库胡同，是在接近胡同东口的一个院子里。当时宁老师的父母还都健在，只是宁老师的母亲患有腿疾，行动不便。那时我才知道宁老师也是满族，依稀记得他家祖籍是在宁古塔。因担心记忆有误，为此又直接向宁老师进行了确认。据宁老师说，他的父亲家好像也出身于叶赫那拉，所以在所写书法的落款处总有“长白”二字；而母亲姓金，出身于爱新觉罗，祖上曾官至成都将军。

1979 年，宁老师时任南开大学中文系学术委员会主任，在邀请叶先生到南开大学讲学一事上，受当时的外文系主任李霁野先生和中文系主任朱维之先生的嘱托，四处奔走，协调诸事，其中就包括为向叶先生赠送纪念品，亲自持郑天挺先生等人所写信件前往北京，去面见范曾先生，求其画一幅《屈子行吟图》。因为，叶先生结束了在北京大学的讲学时，前来迎接她去南开大学的任家智先生（时任中文系党总支书记，后任南开大学党委副书记，再调任天津民航学院党委书记）陪她游历了香山碧云寺。二人在“中山堂”画展看到一幅极其传神的《屈子行吟图》，定睛一看，价格实在不菲，正欲以相机拍照时，店员却将那图摘下捆包，一问才知道已被旁边一位日本游客买下。姑母遗憾不已，还曾多次跟家里人说过此事，姑母说：“那幅画实在是太传神了！”任先生看在眼里，一边宽慰叶先生，一边告诉她“这位画家是南开的校友，以后还有机会”。后来发生的事情，叶先生曾多有记述，不用我再多说了。那一年，叶先生在南开大学讲学的时间并不太长，而能够在结束时接到这一纪念品，真可说是宁老师的功劳！况且宁老师那时刚经历中年丧子之痛（宁老师长子病逝于 1978 年 9 月）。

宁老师比叶先生年小七岁。据宁老师回忆，他曾陪叶先生去看过一场电影——王文娟主演的越剧戏曲片《红楼梦》。影片放映到中间的时候，宁老师流泪了，叶先生也流泪了。因为叶先生在 1976 年也经历了一场中年丧女之痛，借用宁老师的原话形容“当时两人都以泪洗面”。虽然已过三个寒暑，但是可见叶先生那时还

2003年7月，叶言材与宁宗一老师在日本京都金阁寺

没有从阴影中完全走出来。可是叶先生讲课时却丝毫没有显露出内心的悲痛，站在讲坛上潇洒依然。宁老师说自己因做助教时受到恩师的严格训练，养成了认真写讲稿，拿着讲稿上课的习惯，并且成为一个必须拿着讲稿才能讲课的人，而叶先生是一个不拿讲稿上课的人，“完全脱稿，大开大合，挥洒自如”。

宁老师专攻元明清戏曲小说，因性格爽朗，直率健谈，而且善与年轻人交友，所以家中常有文艺沙龙。

郝世峰老师

郝世峰老师于我而言，可说是亦师亦友。我上大学时就经常晚上去郝老师家喝茶聊天儿。毕业后，每次到天津时，我和郝老师也总会聊到夜深人静，聊时事、聊电影、聊奇闻怪事……

我在南开大学上学的那几年，叶先生也曾来讲学。1981 年暑假后，叶先生讲了整整一个学期。叶先生讲课时，其他老师有的偶尔来听一下，可郝老师基本上每节课都来。

1993 年 5 月，我请郝老师来过一次日本，参加九州中国学会。我知道郝老师是最不喜欢出席会议的，所以在学会上宣读论文以后，我陪他游览了九州的阿苏山、熊本城，还乘夜行高速大巴去了一趟东京、横滨等地。我太太曾是郝老师的硕士研究生，论文写的是《李商隐的爱情诗》。

据汪新老师（郝世峰夫人）介绍，郝老师是河北省永清县人，赴北平就读虎坊桥小学和辅仁中学（初中），因家道中落而无钱上高中，遂去黄村上了一所免费的农业学校。北平解放后，郝老师曾经在中央团校（现在的中国青年政治学院）学习，后南下到重庆西南团委，参加了剿匪和土改工作；调回北京的团中央后，于 1956 年进入南开大学中文系学习并留校。

因郝老师有过做青年和学生思想工作的经验，在南开大学便成为不少学生的“主心骨”。郝老师秉性刚直、思想独立，对中晚唐诗人的研究颇有心得，特别是在李商隐及其作品的研究方面成就斐然。20 世纪 80 年代后期，郝老师曾任南开大学中文系主任。

1990 年年底，南开大学外事处处长逄诵丰先生力主邀请在加拿大已经退休的叶先生在组建中的汉语言文化学院内成立研究所。为了创立研究所，叶先生亲自登门拜访郝老师。郝老师随即请来张菊香老师、鲁德才老师、逄处长到家中商议，讨论并决定了研究所的名称——中国文学比较研究所，即现在的中华古典文化研究所前身。

郝老师的影响力带动了几位退休老师加盟进来。

1992 年晚些时候，研究所正式成立。1993 年 5 月下旬，逄处

1988年春，叶言材与郝世峰老师（中）和鲁德才老师（右）

长退休，研究所经费紧张，为了维持下去，在郝老师的带领下，几位老教授不惜放低身段，给我带来的日本大学生讲授初级的汉语会话和作文，得到些报酬，研究所才得以坚持下来。

20世纪90年代后几年里，根据我的提议，郝老师、张菊香老师与我联合主编了一本中日双语的中国文学史，书名是我起的，叫作《中国文学的昨天与今天》。郝老师、张菊香老师任主编，我任副主编，参加编写的人员也是中日双方的多位学者。全书分为两个部分，上编为“中国文学的昨天”，包括先秦文学、两汉文学、魏晋南北朝文学、唐代文学、宋代文学、元明清文学；下编为“中国文学的今天”，包括中国现代文学的萌芽期和草创期、中国现代文学的成熟发展期、关于民族解放战争中中国现代文学的复杂过程、中华人民共和国成立至“文革”前的中国文学、“文革”时期的中国文学、社会主义新时期的中国文学、20世纪90年代的中国文学。里面还介绍了第一个获得诺贝尔文学奖的华人作家高行健的作品。《中国文学的昨天与今天》是一部比较适合日本学生学习的中国文学简史。

再后来，郝老师患上了帕金森综合征……郝老师去世后，我每次到南开，都觉得少了一个去处！

鲁德才老师

在南开大学的师长中，鲁德才老师是我见到的第一位。1979年，叶先生第一次到南开大学讲学时，鲁老师是中文系古典文学教研室负责人，因此跟叶先生接触得比较多。我到天津与姑母商量报考大学之事的时候，第一次见到鲁老师的。鲁老师 1949 年参军，后以调干生身份进入南开大学中文系学习；1960 年毕业留校，专攻中国古代小说。鲁老师为人正直，待人热情真诚，常以助人为乐，喜欢打抱不平。鲁老师的夫人是天津某部队医院的医生——尚大夫。在此后的很多年月，只要叶先生来到南开，鲁老师和尚大夫经常会到外面的宾馆或校内的专家楼看望，嘘寒问暖，无微不至。鲁老师不做古典文学教研室负责人后，依然会主动询问叶先生在教学和生活方面是否有不便或需要帮忙的地方。那时叶先生在天津已成为“名人”，社会各界的一些人士以结识叶先生为荣，鲁老师一方面担心这样会影响叶先生的研究与休息，另一方面担心社会人际关系的复杂，常会劝阻叶先生不要什么人都见。

大学四年级时，我要写毕业论文，而且被要求必须在几月几日前自己寻找一位指导教师。我是南开大学一九七九级的，1979年 9 月入学，1983 年 8 月毕业，在这四年里，鲁老师没有给我们年级上过课，所以我一开始没敢去麻烦鲁老师。但可能是因为我想写的题目在当时比较“前卫”，或者因为有一些老师对我有看法，抑或因为我是叶先生的侄子……总之已经快到期限了，我还没能找到一位愿意指导我的老师。不得已，我只好去鲁老师那里诉苦，想请他出面帮我介绍一位指导教师。听我诉说了情况以后，鲁老师问我打算写什么内容。我说是有关小说比较文学方面的。其实，当时连“比较文学”这个名词在国内都还很少听说，只知道国外兴起了这样一种研究，但是具体如何比较也还不甚清楚。鲁老师不假思索地说：“我来指导你！”后来，在鲁老师的指导下，我完成了 15 世纪中国冯梦龙笔下的杜十娘与 19 世纪法国小仲马笔下的玛格丽特（《茶花女》的女主人公）的比较，题目是《同一命运的两个女性》。论文完成，我总算能够顺利毕业，没有给姑母叶先生丢脸。

记得 1990 年鲁老师被公派到日本东京大学教学时，我去东京看望他，在东京为他安排的宿舍里住了两天。我发现与南开大学为叶先生安排的住处相比，东京为外国老师所准备的宿舍条件实在太差，房间不仅破旧，而且蟑螂满地跑，看得我心里十分难过。所以，从那时起我就认为，日本的大学不具备国际交流的条件，特别是不具备跟中国大学进行交流的条件，太西化、太傲慢。那时中国被公派到日本的老师收入并不低，但是返回国内后，还需将大部分的收入上交学校，因此外派期间生活都十分节俭。我当时已经在北九州大学任教，就请鲁老师去了一趟迪士尼乐园。尽管我也是第一次去迪士尼，到处都不熟悉，但还是陪鲁老师将迪士尼几乎转遍。我至今都清楚地记得，傍晚我们即将离园返回东京前，正好观看了花车游行。听着园中循环播放的主题曲 *It's a Small World*（《小小世界》），鲁老师的双眼流出了两行热泪。我问为什么？他说：“这音乐多么美好，多么祥和呀！”我们都不懂歌词内容，但鲁老师心中所怀是美好的。

1991 年，南开大学邀请在加拿大已经退休的叶先生组建研究所，名为中国文学比较研究所（现中华古典文化研究所），鲁老师为了支持叶先生定教南开，让叶老师坚定信心，便挺身而出，答应担任副所长。从那以后，通过鲁老师多方奔走，研究所才在东方艺术系借到办公室和家具，安装上了电话。鲁老师做完这些开拓工作以后，1995 年年初因赴韩国讲学而离开。鲁老师是该研究所第一任副所长。

在上述三位老师中，郝老师已于 2013 年 1 月病故，鲁老师现也极少露面，只有宁老师还常常出现在与姑母叶先生有关的活动场合，而且依然精神矍铄、英姿勃勃。

逄诵丰先生

其实在南开园里，我还有一位可说是“忘年交”的好友——南开大学外事处原处长逄诵丰先生。逄处长是中文系张菊香老师的夫婿，也是鲁德才、郝世峰、宁宗一等诸位师长的挚友。他对南开大学国际交流之贡献，当真是奇大无比，特别是在“引进”叶先生的事情上，功不可没。可以说，没有他，南开大学就不会有叶先生和今天的中华古典文化研究所！

我依然喜欢称呼他为“逄处长”。他是一名老党员，忠于党的事业，热爱南开；思想相当活跃，并且很是超前；做事不拘一格，但原则性极强；对于外事政策把握得十分有度和到位……他酒量好，而且善美食，在他的领导与严格要求下，当时南开大学专家楼餐厅的佳肴，物美价廉，享誉天津。他做事非常有魄力，大胆地以专家楼作为抵押，从银行贷款建设了南开大学第二座接待用楼——谊园。谊园一半是留学生宿舍，一半是国内研究生宿舍，而且房间内都设置装有浴缸、淋浴的卫生间。当时这些在全国高校属于首创，引来不少大学的外事部门前来参观、取经。据说后来北京师范大学借鉴此经验，建起了京师大厦。

逄处长除了出差以外，多数时间在办公室里度过。我每次回南开的时候，一定会与他共进早餐，晚上常会在他办公室聆听他对南开的畅想……他为南开大学，真可谓鞠躬尽瘁。至今，每当我走到南开大学的接待区，都仿佛看到他那仍在忘我工作的身影。

1979 年的南开大学还没有外事处，只有留学生办公室。那时逄诵丰先生任校长办公室副主任，负责对外交流工作。随着外事工作逐渐增多，1980 年 4 月，南开大学组建外事处，他先被任命为副处长（处长由校办主任石玉敏兼任），负责具体日常工作；后又在 1983 年 5 月被任命为处长。自叶先生第一次到南开以来，他就参与接待，一直到他退休，甚至可以说直到去世，他对叶先生都敬重有加。

1990 年，叶先生已从加拿大的大学退休，受邀在中国台湾讲学。10 月下旬，我从日本飞往上海，与叶先生和台湾淡江大学的林玫仪老师会合。我们先去拜访了施蛰存先生，然后同乘火车前往江西上饶，出席在上饶师专（现上饶师范学院）召开的“纪念辛弃疾诞辰八百五十周年学术研讨会”。

此次研讨会的学术气氛和中青年研究者们的好学热情，引发了姑母对未来长期回国执教的有关思考。11 月初，我来到南开大学，在跟逄处长见面时谈及了此事。

南开大学原本有一个对外汉语教学中心，是专门为各系外国留学生教授汉语的地方，没有自己的学生。1989 年年初，我到南开时向逄处长介绍：现在的外国学生到中国留学，是想既学汉语又学中国文化，这个中国文化里包含了中国文学、中国历史、中国哲学、中国民俗等，而这些都是要以“学汉语”为轴心来展开的，不需要太专太深，而是一种综合性的……没想到我这随口说出的一番话，令逄处长往心里去了。他立刻找来中文系主任郝世峰老师和历史系主任刘泽华老师商量，因为当年这两个系比较难搞“创收”，在南开大学各系中是“最穷”的两个系，而外事处的汉教中心经济效益不错，比较富裕。逄处长甚至想以汉教中心兼并这两个系，这样可以给这两个系的老师们增加一些收入。又因为当时招收留学生是以美元计算收费，所以他还想：多招就能为学校多创汇；创汇多了，学校的领导和老师们才能有外汇经费出国交流。他的这些想法，我是后来才知道的。据说当时这两个系的主任都表示理解与赞同，但此事还是因故搁浅，无法继续。逄处长于是心生将汉教中心扩展为学院，从而具备独立招收留学生的想法，并得到了校领导的同意。学校积极向国家教委（1985 年至 1998 年由教育部改称国家教委）提出申请，计划办一个对外汉语学院。1990 年 2 月，我带领四十余名日本大学生到南开大学短期学习时，听说了此事，遂向逄处长建议，应该在名称内增加“文化”二字，改为汉语言文化学院，否则将来难以扩展并前行，就像一个瘸腿之人；再者，这个院长应该请在海内外有知名度和影响力的人来担任。他觉得我说的有道理，便向校领导说明，最后到国家教委变更了申办名称。

眼见到了同年 10 月底，汉语言文化学院将获得审批，“汉语”部分可依托于原有的汉教中心，可是“文化”部分还没有着落。正当此时，我向他谈及了叶先生有意回国长期执教的想法，他听后立刻说：“太好了！其实，现在东方艺术系的主任空出来后，还没有人选。原本想向领导推荐叶先生来当东艺系系主任，我还希望叶先生能到‘汉院’来当院长，这样‘汉院’就不瘸腿了。”他让我先将其邀请之意转告叶先生，听听叶先生的意思。我跟姑母说明后，姑母说：“不行，我做不了。我只是一个教书的人。”她拒绝了。逄处长在向校方汇报以后再次提出新的建议：请叶先生在“汉院”里成立一个中国文化研究所并任所长。几经周折，而且是在鲁德才老师同意出任副所长的情况下，姑母终于同意了；但是仍然强调自己只是一名教师，而且只是研究诗词的，所以研究所应该是中国诗词方面的……因当时叶先生在中国台湾的讲学还未结束，这期间，逄处长通过我与叶先生反复沟通了一年多时间。据张菊香老师回忆，和叶先生、郝先生商量筹建比较文化研究所事宜，是在1992 年 3 月。记得我陪姑母去拜会已经退休的郝世峰老师和张菊香老师，表明邀请诚意，鲁老师又邀来李剑国老师、张红老师。经过大家商量，最后根据叶先生的想法，将研究所命名为“中国文学比较研究所”。就这样，在 1992 年晚些时候，研究所挂牌了。据张菊香老师了解，1993 年 1 月 14 日的《南开大学校长办公室会议纪要》刊出了中国文学比较研究所成立的消息。

研究所如何办下去呢？当时，研究所连一间办公室都没有。幸亏时任常务副校长王文俊先生积极协调，把东方艺术系大楼里的一个房间借给研究所使用。数年间，我每年春天都从日本带一些学生来，由南开大学旅游公司陈安捷老师安排食宿行，请研究所成员郝世峰老师、张菊香老师、崔宝衡老师、安易老师等给他们开一些基础的汉语会话和作文课，得到一些讲课经费补贴给研究所，研究所才得以维持。

1997 年 1 月，研究所挂靠中文系，当时的系主任是陈洪先生，研究所才有了新的转机。1999 年 10 月，由旅居加拿大的蔡章阁先生为叶先生捐款二百万元与南开大学合建的文科大楼——范孙楼落成，研究所终于有了一隅之地，并更名为中华古典文化研究所。作为外籍专家，叶先生在福利待遇等方面的问题，其后在校领导关怀下逐渐得到解决。

2014 年年初，加拿大的刘和人女士与澳门的沈秉和先生各捐人民币一百万元，会同南开大学一起出资，为叶先生在南开园里建造了一座二层灰墙灰瓦的中式院落——迦陵学舍。因考虑到叶先生年高体迈，还在建筑内设计并安装了一部电梯；内部装修是由叶先生的崇拜者——横山书院的学员们集资完成。客厅内有徐州企业家魏垂谷先生个人赠送的巨型灵璧石，院内有 2014 年 11 月 26 日北京恭王府管理中心移植和赠送的两棵西府海棠。2015 年 10 月 17 日，迦陵学舍正式启用。

研究所所长至今都由叶先生担任，副所长则陆续由鲁德才老师、崔宝衡老师、赵季老师、张红老师、张静老师担任，所长秘书陆续是安易老师和可延涛老师。

这么多年过去，我心里总是对逄处长和张菊香老师心存感激。如果有机会让我说一声感谢，我真诚地感谢逄处长对母校外事工作的贡献，感谢他对我姑母工作上的关照、生活上的精心安排。

逄先生往生多年，我祝他在天国安好，好人永远活在人们心里。

陈省身先生

说到陈省身先生，大家都知道他是一位世界著名的数学大师，国际数学界最高荣誉“沃尔夫数学奖”得主；是美国科学院院士，法国、意大利、俄罗斯等国家科学院外籍院士。资料显示，他对整体微分几何有深远贡献，被公认为 20 世纪最伟大的几何学家之一。

陈先生的夫人郑士宁女士出身于吴江盛泽镇（今属江苏省苏州市）郑氏家族。郑氏家族是当地著名的书香门第。郑士宁女士比陈先生小四岁，曾就读于燕京大学生物系，相貌秀美，性格温柔，有“淑女”之称。其父郑桐荪先生早年就读于上海震旦大学，1907 年（清光绪三十三年）公费留学美国，毕业于康奈尔大学数学系；1911 年（清宣统三年）回国，先后任教于马尾海军学校、上海南洋公学等校；1920 年至 1924 年清华学校任教，曾任教务长；1928 年开始在上海震旦女子文理学院讲授中国诗词，直至

1935 年；抗战胜利后，又任教清华大学，直到 1952 年退休。郑桐荪先生不仅是清华大学原算学系创办人之一，担任过多门基础数学课程的讲授，而且对于中国古代传统文化、历史、地理、古迹等也颇有研究，著有数学史专著《墨经中的数理思想》和《禹贡地理新释》，曾创作诗词数百篇（可惜多已散佚）。中华人民共和国成立以后，他曾为国家治理黄河而作七言百句诗《河清歌》；作为数学家，除著有《四元开方释要》《微分方程初步》外，还著有文学专著《吴梅村诗笺释》《宋词简评》等。

1930 年，陈先生南开大学毕业后，考入清华研究院，受到郑桐荪先生的赏识。杨振宁先生之父杨武之教授，看出郑桐荪先生有意将女儿许配给陈先生，也认为他俩甚是般配，于是便为他俩牵线搭桥。自始，陈省身先生与郑士宁女士相识相恋。

1934 年获得清华大学理学硕士之后，陈先生赴德国留学。后来受清华大学之邀于 1937 年回国任数学系教授。同年 12 月，在清华、北大、南开三所大学南迁途中，陈先生与郑士宁女士在长沙订婚，直至 1939 年才于昆明的西南联大正式结婚。陈先生于 1948 年年底应普林斯顿高级研究院的邀请，便偕同夫人一起赴美。陈先生自 20 世纪 70 年代中回国，1984 年至 1992 年任南开大学数学研究所所长，1992 年开始任名誉所长。

叶先生在《我所珍藏的数学家陈省身先生的一首绝笔诗》一文中写道：“陈省身先生是举世闻名的数学大师，而我则只是一个诗歌教学的工作者。如果以专业而言，我对陈先生的成就实在愧无深知，但陈先生与我却有着一段长达二十年以上的交谊。”叶先生与陈先生相识于 20 世纪 80 年代中期，那时他们都住在南开大学专家楼。叶先生经常可以在一楼的餐厅里偶遇陈先生夫妇，并有一些礼貌性的寒暄。叶先生认为基于专业不同的关系，大名鼎鼎的陈先生对于自己肯定一无所知，但是没想到某日陈先生夫妇来到教室旁听叶先生上课，而且极有兴趣。自此以后，陈先生夫妇就常前来听课，谈论诗词也就成为文理两位大家之间的话题了。

有一天，陈先生拿来了一首他写于1974年的绝句——《回国》，内容如下：

飘零纸笔过一生，世誉犹如春梦痕。
喜看家国成乐土，廿一世纪国无伦。

叶先生认为“这首诗极为朴挚地表现了一位久居国外的老人对于祖国的一份真诚的怀思和祝愿”。叶先生这才知晓陈先生原来不仅喜爱诗词，并且极富诗情，偶尔自己也会写作一些七言绝句的小诗。

2004年10月21日，南开大学为叶先生庆贺八十寿辰，陈先生也坐轮椅来到会场，并且亲手用毛笔为叶先生写了一首祝寿诗，镶嵌在一个精美的镜框里，内容是这样的：

锦瑟无端八十弦，一弦一柱思华年。
归去来兮陶亮赋，西风帘卷清照词。
千年锦绣萃一身，月旦传承识无伦。
世事扰攘无宁日，人际关系汉学深。

叶先生说：“先生送我的这首诗，如果就一般诗家的谨严之格律而言，自然是有些不尽合格律之处；但若撇开外表的格律而论诗歌之本质，则先生这首诗所表现的情意之真诚、事典之贴切，却决然是一首好诗。首先说，此诗开端两句用的是李商隐《锦瑟》开端的诗句，只不过做了一点小小的改变。李商隐原句是‘锦瑟无端五十弦，一弦一柱思华年’，先生这首诗因为是

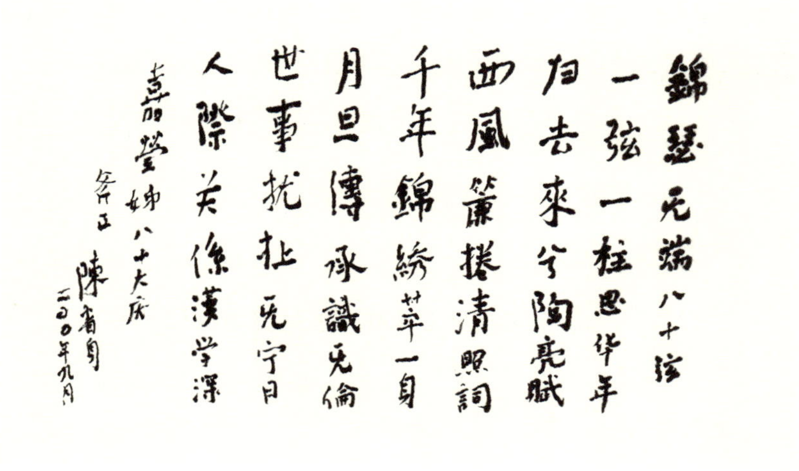

陈省身先生手书祝寿诗

为祝贺我的八十寿辰而写的，所以就把原诗的‘五十弦’改成了‘八十弦’。先生认为李商隐《锦瑟》诗是自序之作，则‘一弦一柱’当然就都象喻了诗人对于华年往事的点点滴滴的回忆。先生虽是引用了古人的诗句，但我以为先生的引用和改写，实在十分恰当。如果把年华喻作丝弦，则八十岁的年龄自应是‘八十弦’。我在自己八十岁的生日回想起过去八十年的往事，自然也有着‘一弦一柱’的追忆。先生的诗，可以说正是道出了我当日的心情……而除去这首诗本身是可宝贵的，另外还有两点增加了其可珍贵之处。第一点是在这一幅诗稿中，先生偶然留下了一个小小的笔误，那就是先生在署名后把 2004 年的日期写成了 200 年。而上款所题写的则是‘嘉莹姊八十大庆斧正’。如果在 200 年我就已经是八十岁了，那么到 2004 年我岂不是就已经将近两千岁了吗？这自然是一个偶然的笔误，但正因为有此笔误，我才觉得这幅字之弥足珍贵。这也正像爱好集邮的人之特别珍视错体邮票一样，因为这是在世间独一无二的仅有。第二点则是就陈先生写作这首诗的时间而言，这幅字应该是陈先生的绝笔了。因为在先生参加了我的祝寿研讨会后，不过一个多月就去世了，而这幅字遂成了最值得珍视的先生的一幅绝笔之作。”

那日以后，叶先生因为其他事情离开了天津一段时间，不料陈先生竟于一个多月以后的12月3日逝世。叶先生闻讯甚是难过，写下两首诗以为悼念：

其一

噩耗惊传痛我心，津门忽报巨星沉。
犹记月前蒙厚贶，华堂锦瑟动高吟。

10月21日，南开大学文学院为我举办八十寿庆暨词与词学会议，陈先生曾亲临祝贺，并亲笔书写赠诗一首，有“锦瑟无端八十弦”之句。

其二

先生长我十三龄，曾许论诗获眼青。
此去精魂通宇宙，一星遥认耀苍冥。

先生虽为数学家，而雅好诗文。20世纪80年代中，曾与夫人共临中文系教室听我讲授诗词。近日，天文界曾以先生之名为一小行星命名。

叶先生认为，自从20世纪80年代与陈先生夫妇相识以来，他们夫妇二人都对她十分关爱，他们夫妇对她的赞赏和偏爱，使她“最为感愧难忘”。陈先生那短短的几句诗，可以说包括了他对叶先生平生所致力的诗词创作、论著与教学三方面的高度评价。

叶嘉莹先生与陈省身夫妇

我随姑母拜会过陈先生一次，他是一位非常和蔼可亲的长者。那时陈先生住在南开大学内的居所宁园，也就是现在迦陵学舍的旁边。这次姑母得知我正在写这篇有关她的长文后，亲自发来电子邮件，嘱咐我说：

言材：

现在再提供给你一个重要资料，在我的《杂文集》中，有一篇写陈省身教授夫妇的文稿。

他们都喜欢诗词。陈夫人的父亲，既是一位数学家，也是一位词学家。

陈先生夫妇经常来我班上听课。对我极为关爱。

你一定要把他们夫妇写进去，至要！至要！

姑姑（2020 年 7 月 10 日）

杨振宁先生

姑母与杨振宁先生相识，而且不止一次地说过“杨先生的文科旧学功底很好”。我想杨先生作为一位世界著名的物理学家，能够如此，实在是当代自然科学研究者的榜样，心中钦佩不已，一直盼望有机会拜见。

2004 年 10 月 21 日，南开大学为叶先生庆贺八十寿辰，陈省身先生、冯其庸先生、文怀沙先生等各界大家到场贺寿，当然杨先生也来了。但是杨先生是在前一天下午到达的，并与叶先生一起接受了北京电视台主持人武玲的采访，文理两位大家进行了一场极具历史意义的对谈，内容是：理工科的人是否也应该学习中国古典诗词。对谈中，杨先生还讲自己正在研究《周易》，认为

2008年12月，叶嘉莹先生姑侄二人与杨振宁先生夫妇在杨先生清华园居所

《周易》影响了中国人的思维，将一切复杂的事物归纳为简单，与西方将看似简单的事物细化为复杂的演绎化思维完全不同……当时杨先生讲的原话我已记不清了，应以电视台播出的内容为准。在场旁听的不只有我，还有我的同学傅秋爽、张力，以及张力的太太丁伶青。

2008 年 12 月底，杨先生邀请叶先生去他家做客，然后一起到清华园甲所餐厅吃午饭。那日冬雪初霁，清华园里白茫茫一片，显得极为优雅干净，这是我第一次走进清华园。

在杨先生家中的时候，杨先生的夫人翁帆女士一直在旁边作陪，并推荐了一本她朋友刚刚出版的作品——《她们谋生亦谋爱》，内容述说的是有关“秦淮八艳”的故事。后来我从网上购买了一本，读后感受颇深。

五　我对姑母的评价：大师需要有识见

叶先生最近对我说：现在许多人都把“有学问”当作最高境界的评价，其实“学问”并非最高境界，“有识见”才是最高境界。因为识见是由“识”与“见”组成的，因为“识”只是通过学习积累起来的“学问”，而“见”则是需要在多读书的同时，多走多看，博学多闻，开阔视野，多经历，善体悟……所以“有识见”实在是由学问加上生活的经历和体悟而养成的。

我认为，叶先生之所以能成为“大师”，是因为她的兴趣广泛、涉猎广泛，除了喜欢诗词和古典文学以外，还关心着许多其他方面的东西。比如，她到欧洲时去听歌剧、看话剧；在北美时去看电影和各种展览；回到国内时，只要我们同时在北京，还一定会让我陪她去电影院看中国电影，但必须是好作品，或者正在被关注、热议的作品。记得2001年年底，张艺谋导演的《英雄》正在热映，那时叶先生已年近八十，我们一起去看了《英雄》，这也是我陪她看的最后一场电影。2008年，李安导演的《色·戒》在天津公映，叶先生已经八十四岁，听说她还跟南开大学几位老师一起去看了电影。只要回到国内，她都要问我最近有什么新的值得看的影视作品，然后就会让我给她找来光盘。据我所知，叶先生在天津的时候，还受邀专程到北京看北京人民艺术剧院郭启宏先生创作的话剧《李白》，看白先勇先生创作的青春版昆曲《牡丹亭》……2019年8月下旬，我在网上看到北京人民艺术剧院的冯远征导演了话剧《杜甫》（郭启宏编剧）的消息，而且介绍说导演在剧尾安排了杜甫与李白等人再会场面。那时，叶先生正在病痛之中，听我说了以后，便说："我现在生病不能出门，你替我去看看这部戏。"我查询了票务情况以后发现，此剧只演到8月28日，早已无票可购。叶先生又指示我寻找剧本给她看，遗憾的是，一直未能找到。要知道叶先生在中国历代诗人中最为钟爱的就是杜甫，多年前她为了回国教书，曾写过"构厦多材岂待论，谁知散木有乡根。书生报国成何计，难忘诗骚李杜魂"（《赠故都师友绝句十二首》之十二）；"天涯常感少陵诗，北斗京华有梦思。今日我来真自喜，还乡值此中兴时"（《西安纪游绝句十二首》之二）；还有"咫尺荣枯悲杜老"（《祖国行长歌》）。尽管我动员了不少关系，却一直未能满足她的愿望。转眼已近两年，本以为已经无望，不想2021年5月15日这天，我在"抖音"上偶然看到多年的小友桐瑶（歌手）曾与冯远征导演同上一台节目，便冒昧相求。仅过两天，桐瑶便打来电话，告知冯导欣然同意，且愿意为叶先生寄赠剧本和DVD光盘。其实，桐瑶与冯导也只有一面之缘，何况还是工作关系……足见二人都是乐于助人之人，当真令我感激不已！我立即给叶先生打去电话汇报此事。叶先生听后，兴奋地说："杜甫跟李白是见过面的，而且还一起游历了许多地方，关系非常好，他给李白写过一首《与李十二白同寻范十隐居》，里面有'醉眠秋共被，携手日同行'。由此可见，他们之间的关系有多好……"并且，叶先生在电话里再三让我代替她向冯导和桐瑶致谢！

迦陵学舍很快就收到了冯远征导演快递来的剧本、DVD光盘。冯导还通过桐瑶将剧照和他写的"导演絮语"发给了我。

2016年4月30日，叶先生为了拓宽青年学子的视野，邀请了《人民中国》杂志总编辑王众一先生来研究所演讲，题目是《日本电影在中国的传播及其折射的中日关系》。《人民中国》是国内唯一一本日文杂志，王先生现为全国政协委员，在国内有着"日本电影研究第一人"之称。他在一段记述中谈道："令我备感荣幸的是，叶先生也出席了这场交流活动，她从自己七八岁时所看的阮玲玉主演的电影《恋爱与义务》谈起，简单勾勒了自己人生不同阶段所接触到的电影，还分析了黑泽明的《罗生门》讲述的围绕某个事实各自的记忆却因人而异这一现象所具有的普遍意义，引领大家在光影与现实的交织中穿梭时空。"

演讲会结束后，叶先生还为王众一总编辑题赠了自己的诗句："柔蚕老去丝难尽，要见天孙织锦成。"

我想说的是：文学艺术，触类旁通。叶先生具有各种各样的艺术积淀，而且非常丰厚，就连病重时，她仍很关心时事，每天吃完晚饭，还一定要看《新闻联播》，如果吃饭时间稍微晚了一点儿，就边吃边看。当年初到南开大学讲学时住在宾馆里，她会蜷腿坐在椅子上，一边看电视，一边手工缝改自己的衣服；近几年是一边看电视，一边做着自己编的一套健身体操——坐在床头时而双手各拿一个装满水的瓶子，上下举动锻炼臂力；时而仰卧起坐，锻炼腰背和腹部；时而将垂地的小腿反复抬平再放下，锻炼腿部肌肉……总之，是在关心时事和娱乐中强身健体。

所以直至数年前，每年的12月24日，无论我在日本，还是国内的其他城市，都会赶到天津，与叶先生和她的弟子们一起聚餐，餐后大家再到叶先生的住处聚会，背诗词、行飞花令、唱戏、讲笑话，为叶先生弹奏琵琶或古筝……那时我经常提醒大家：不要只注意叶先生对于古典诗词的钻研，而忽略了她的博学多识。

六　叶先生的成就

开创兴发感动说

叶先生自1945年大学毕业后，教书育人已历七十六载，而且每次讲课时，一定是站立于讲坛之上。她的著述之多，用“著作等身”一词已然不足以形容。

我曾听过这样一种说法：一个人最好的状态就是眼睛里充满了故事，但脸上却不见风霜；一个人在这个社会上让人尊重，一定是经历了很多事，还能够堂堂正正地站在人们面前；当他（她）呈现出这种状态的时候，对别人又不羡不嘲，才能够获得别人的尊重。我认为叶先生就是这样的人。

我以为，叶先生对于中国诗词理论学说的贡献和晚年倾其所有致力于中国诗教的传承，是她人生的最大成就。

回顾中国诗词理论的各种学说与传统，自孔子的“兴、观、群、怨”和《尚书·舜典》的“诗言志，歌咏言”伊始，经过《毛诗序》的“诗者，志之所之也，在心为志，发言为诗”，以及陆机《文赋》的“诗缘情而绮靡”，历两千五百余年至今，产生过众多学说，其中以严羽的兴趣说、王士祯的神韵说、袁枚的性灵说、张惠言的比兴寄托说为历代文人学者所瞩目。此后，王国维在《人间词话》中提出三种境界，随着时代的变迁和文化教育的逐渐普及，其境界说深入世间人心，致使一百多年来再无什么学者进行新的思考和提出新的理论。

我觉得王国维在《人间词话》中只是提出了一个模糊的“境界”概念，利用三段词句，令人读之而由语意产生出联想，从而对人生得出某种似是而非的感悟；但是很模糊，未能讲清为何会引发且升华出这种境界，也就未能讲清楚何为“境界”，以及达到这种“境界”之过程。叶先生则结合了中国诗歌比兴寄托的传统和西方接受美学理论，在授课过程中，反复针对作者在作品中所用典故进行诠释，旁征博引，启发和调动听众（即读者）对于作品的认知潜能——读者自身对于事物的认知积累，在理解了作者创作意图和接近了作者创作时的心境后，将单纯的作者的主观思想，无缝衔接般地转换成“作品的客观思想”。这一过程，扩展了读者的理解范围与联想空间，使读者与作者之间形成了某种“隔空互动”；而且这种互动穿越了千百年，化单向为双向——原本作者的单向讲述，化为受众方反作用于作品的逆向联想，乃至赋予作品新的哲学思考与意义，从而获得某种人生感悟，达到某种境界。我认为这个实现的过程，就是叶先生所提倡的兴发感动说，只有这样才能阐述清楚王国维先生所说的实现“境界”的过程。

为便于大家理解，我在这里附上叶先生讲授《离骚》时的一段话，以供参考。

在中国的诗歌中，还有一种“比兴寄托”的传统。我们在这里所说的“比兴”，与前一课所讲“诗六义”中的“比”和“兴”有一定的区别。“诗六义”的“比”和“兴”，包括朱熹所说的“比而兴”或“兴而比”，乃是就诗歌开端感发作用的由来和性质而言；而“比兴寄托”所强调的则是诗歌中有“意在言外”的寄托。李商隐有一首《无题》诗：“八岁偷照镜，长眉已能画。十岁去踏青，芙蓉作裙衩。十二学弹筝，银甲不曾卸。十四藏六亲，悬知犹未嫁。十五泣春风，背面秋千下。”这首诗里，作者是在写一个女子吗？不是的。作者真正所要写的乃是一个男子，这个男子虽然有美好的才能和品德，却找不到一个能够赏识他并任用他的对象。诗中“长眉已能画”是从《离骚》“众女嫉余之蛾眉兮，谣诼谓余以善淫”中的“蛾眉”引申而来；而“芙蓉作裙衩”则直接脱胎于《离骚》的“制芰荷以为衣兮，集芙蓉以为裳”。这就是人们常说的“美人香草以喻君子”，是中国传统文化中一种独特的比兴方法，它的源头来自《离骚》。

在屈原笔下，美人与香草的形象比比皆是：“余既滋兰之九畹兮，又树蕙之百亩”——用香草比喻人才；“众女嫉余之蛾眉兮，谣诼谓余以善淫”——以美女自比；“朝饮木兰之坠露兮，夕餐秋菊之落英”——以美好的花草比喻高洁的品质；“思九州之博大兮，岂惟是其有女”——以美女比喻贤君。后世诗人继承和发展了《离骚》这种独特的比兴方法，有的以香草为喻：“兰若生春夏，芊蔚何青青”（陈子昂《感遇》），“兰叶春葳蕤，桂华秋皎洁”（张九龄《感遇》），“菡萏香销翠叶残，西风愁起绿波间”（李璟《山花子》）；有的以美人为喻：“绝代有佳人，幽居在空谷”（杜甫《佳人》），“敢将十指夸针巧，不把双眉斗画长”（秦韬玉《贫女》），“早被婵娟误，欲妆临镜慵”（杜荀鹤《春宫怨》）……尽管由于时代的不同，诗人们在感情与志意上和屈原不一定完全相同，但不可否认的是，这些诗中对美好芬芳事物的那种爱惜和向往之情与《离骚》是一脉相承的。在《离骚》中还有一个习惯，就是经常以服饰容颜之美来象征品德之美，如我们前面提到过的“制芰荷以为衣兮，集芙蓉以为裳”，还有“佩缤纷其繁饰兮，芳菲菲其弥章”等，这种表现方法，在以后的《古诗十九首》和曹植《杂诗》等作品中都有所体现，这里就不一一列举了。

叶先生就是这样使作者与读者互动起来的。

叶先生通过这样一种方法来阐释和分析作者与作品，使得读者和学者在看待与理解中国古典诗词的时候，产生了一个极大的飞跃——标准与评判的飞跃。这样可以形成一种既清晰又容易把握，而且非常具有审美理想的标准，并以之对古人的诗词作品进行分析、把握和判断，从而也使我们就千百年来古人对中国古典诗词的评价标准，有了一个非常清晰的把握。同时，通过这样一种标准，又可以令人对诗词产生某种追求。

可以说，叶先生的兴发感动说，把千百年来只可意会却难以言传的中国诗词的美感特质，阐释得明明白白、清清楚楚，她开创了中国古典诗词研究、欣赏、解析的一种新境界，填补了中国文学鉴赏史上、中国古典文论史上及文学理论方面的一大空白。

可以说，叶先生之所以能够开创兴发感动说，既是偶然，又是必然。她自小熟记《论语》；她有师从大家的幸运、蓬飘海外的体验，有执教北美、外语讲诗及多舛人生的经历……基于个人的天赋和种种巧合的机缘，叶先生终于将所继承的中国诗词理论传统与西方的文艺理论和心理学理论完美地结合在一起，开创了兴发感动说。她集大成于一身，正应了“天将降大任于斯人也”这句古话，而且是应在一个“弱德”女子身上。

将当代西方理论与中国传统文论相结合

叶先生对中国诗词的另一大贡献，是她将当代西方文学理论和心理学理论与中国传统文论相结合，使得中国自古以来只可意会而难以言说的学说，变得令国人容易领悟与理解；更使得中国诗词走向世界，也容易为外国人所接受。

中国的词这一文学体裁，相较于诗来说，更令西方人难以理解。比如，中国的近邻日本自古就是一个汉学大国，对于中国诗的学习和研究可谓有成，甚至有些人创作汉诗、撰写诗话……但时至今日，对于中国词之研究却仍然是少之又少。日本尚且如此，更何况西方呢？所以冯其庸先生对叶先生之于中国词学方面的贡献，曾当面给予过很高的评价，记忆中他说过：让中国词学走向世界，这是叶先生对中国词学的最大贡献，这是过去那些老先生——俞平伯先生、夏承焘先生所没有做到的。

曾听姑母说起，当年她初到北美时，因为突击记背《英语九百句》，口语才得以应付日常生活，而受到哈佛大学海陶玮教授推荐到加拿大不列颠哥伦比亚大学后，系主任对她提出条件说："如果你只教几个研究生的话，我无法给你终身聘书，你必须上大课才行。"要知道这份聘书对于经历过台湾当局"白色恐怖"的叶先生来说，是多么重要呀！有了这份聘书，她就可以带全家人脱离不堪，走向新的生活……于是她接受了这一条件——上大课。为了养活全家和能够讲好课，叶先生每天晚上一边查英文词典，一边备课，还要查着词典给学生批改论文到深夜。叶先生接手这门课以后，吸引了很多学生，从前任老师时的十六七个学生，一下变成了六七十个学生，所以叶先生很快就拿到了终身教授聘书。

叶先生后来补充说，当年香港大学宋淇教授给她写过书信，宋教授与她本无来往，但因读过她的文章著作，很是钦佩。宋教授担心她的英文不好拿不到加拿大的终身聘书，所以想请她到香港大学去，没料到她居然闯过了英文教学的难关。叶先生表示："只可惜我没有见他一面，他就去世了。现在还保留着那些书信，作为当年的记录。"2015 年 10 月，宋教授的书信在香港《明报月刊》发表，上有叶先生撰写的一篇序言——《〈一组四十六年前的书信〉序言——纪念一位未曾谋面的友人宋淇先生》(收录于《迦陵杂文集二辑》)。

叶先生抵达温哥华之前，南怀瑾先生曾介绍她去见了一位占卜能人，卦辞中有"时地未明时，佳人水边哭"二句。叶先生对卦辞的含义不甚了然，直到申请美国签证被怀疑有"移民倾向"而受到百般刁难，为了撑起全家人的生活历尽艰难，在温哥华面水而泣时，叶先生方才恍然大悟。她曾数夜不眠，写下了这首诗以记此事：

异国

一九六九年秋

异国霜红又满枝，
飘零今更甚年时。
初心已负原难白，
独木危倾强自支。
忍吏为家甘受辱，
寄人非故剩堪悲。
行前一卜言真验，
留向天涯哭水湄。

后来，叶先生待英文水平提高以后，便去旁听其他老师的课程。她在讲授“西方文论与传统词学”时，以及在《西方文论与中国词学》（收录于《我的老师顾随先生》一书，河北大学出版社出版）一文中，都详细讲述了这段过往和心得感受。

其实，在近代以来的中国，有过一些关于中国古代文论的专著，但绝大部分没有脱离以古证古的传统，依然令学习者或彷徨于意会，或纠结于言传，或似懂非懂，或一头雾水。中华人民共和国成立后，苏联的文学理论进入中国的社会与大学课堂，也曾有学者尝试以苏联的文学理论来诠释中国古代文论，例如敏泽先生的《中国文学理论批评史》（人民文学出版社，1982年），但未能获得学界的多数认同，招致不少非议，当时被指“‘文革’气息太重”“生搬苏联理论”“没能讲清中国的古代学说”。其实我认为，这虽然不能算是成功，但也不失为一种积极的探索。

在叶先生旁征博引的各种西方理论里面，不仅有北美学者的，也有英、法、德等欧洲学者的。也是由于叶先生对于中国传统诗词的精通，才使这些西方的理论与中国词学达到了完美的融会贯通，丝毫没有生搬硬套的违和感，并且获得学界的广泛认同。这无疑是对中西文化交流的一个极大贡献。

教书育人，致力于中国诗教传承

叶先生从大学毕业就开始教书，她不仅是教书，而且是育人；不仅是教师，而且是学者，是一位出色的学者兼诗词的创作者，一直都在以自己的人格和品格，为后辈学者和世人做出榜样。她从中年就开始关注和实践幼儿诗教，晚年更是“莲实有心应不死，千春犹待发华滋”，倾自己之所有，为推广中华传统文化和诗教，呕心沥血……这也是一种不忘初心吧！

叶先生于1988年就给当时的国家领导人上书谏言，呼吁“中华诗教”要及早从小学生抓起。她的谏言为当时的领导人采纳，领导人指示立即组织人力编写教材，但是教材编写时并没有请她进入编委。她，没有任何怨言，依旧做着自己认定的事。

文学理论中有着“作品的客观思想往往大于作者的主观思想”的说法，也就是说，读者（包括批评者）是受众方，可以超出作者的创作意图去理解，因为文字留给了读者充分的想象与发挥的空间。特别是中国传统诗词这样的文学体式，这种特点就更加突出——字数有限，跳跃性大，而且因用典所能引发的联想空间更大、更广阔。我认为，叶先生对于这些了如指掌。叶先生本身就是一位出色的教育者、研究者和诗词创作者。她迄今教授、研究和鉴赏诗词七十余年，博览群书；但她清楚，许多时候的诗词分析都只不过是后来人对前人创作意图的推测。叶先生因早年曾与以弗洛伊德“性心理学”解释古诗的台湾新生代学者有过论争，看到一些后来人，有可能因为年代相隔久远，或因新的理论出现，就对前人的作品产生误解，妄加推测，甚至歪曲和妄说。叶先生谨言慎行，重声誉而轻名利，重节操而轻虚浮，是一个不愿被别人妄议的人。我想，她是不想自己的作品被后人误会和曲解，抑或不想给后人留下诸多疑团，增添麻烦，所以在一次次讲座时，清楚地讲明自己创作时的背景、心境、意图，引用的典故，甚至梦境或某一个灵感，为的是永远保持和对得起“妙音迦陵”的美誉！

所以，我以有这样的姑母为傲。

结束语

2020 年 7 月，由陈传兴先生执导的文学纪录电影《掬水月在手》入围 2020 年上海国际电影节金爵奖，而且又于 2020 年 11 月 29 日荣获第三十三届中国电影金鸡奖最佳纪录片、科教片奖。叶先生仔细阅读了几乎所有的相关报道，希望我能在此对制作方的答记者问做一些补充说明。

姑母常常煮冷冻饺子吃，而且吃得很快，都是为了节省时间，因为她是一个以工作为主的人。她的确是一个热爱生活的女人，但并非如答问时所假想的那样是一个讲求享受的普通妇女。

我曾听姑母讲，她当年在台湾的大学教书和搞研究时，每天买两个盒饭，中午吃一个，晚上吃一个；在哈佛大学时，每天只吃三个三明治。她的研究室在三楼，热水间却在一楼，夜晚楼道里全熄了灯，她担心上下楼不安全，就自备了一个可以放在水杯里的电烧水器……她每次回到天津，住在南开大学西南村，都会让秘书可延涛老师给她买来许多速冻饺子放入冰箱，每天中午自己煮来食用。那时请来的只是小时工，每天傍晚来为她做一顿晚饭和打扫一下房间，然后离开，她自己一个人工作到深夜。有一次，她夜里两点多钟摔倒在地，跌断了骨头。她不愿半夜麻烦其他人，就忍痛支撑到天亮才去医院。这些都是我耳闻目睹的实情。有几次我中午到天津看望姑母，她一边吃冷冻饺子，一边对我说："其实我对于生活的要求很简单。我不是一个讲求享受的人，并不觉得这种简单的生活有多苦，因为我是一个以工作为第一的人……我真的是太忙了。我要做的事情还很多，做都做不完，留给我的时间不够用……"这令在一旁看着、听着的我甚是心疼。哪怕已是鲐背之年，她仍然是晚饭后稍做休息，然后起来又继续工作到深夜。

《掬水月在手》公映引起了不小的反响，网上出现了"叶先生为什么是加拿大国籍”之疑问。对此，我在这里特做一点说明。除了我在本文“姑母归来”篇中讲述的原因之外，还有一个原因是：1991 年 4 月，已是加拿大籍的叶先生，以其有关中国古典诗词的中英文论著丰硕、成就卓越，荣获了“加拿大皇家学会院士”称号，是该学会自创立以来以中国古典文学研究当选为院士的唯一之人。2012 年 6 月，叶先生又被中国政府聘任为中央文史馆馆员，等同国务院参事。中央文史馆原本只能聘任中国国籍的馆员，但是，考虑到如果叶先生放弃加拿大国籍，那么“以中国古典文学成为院士的唯一之人”也就不存在了……所以国务院破例聘请叶先生为中央文史馆唯一的外籍馆员。这就是叶先生至今还保留加拿大国籍的缘由。

另外，一直以来，人们都知道叶先生常以老师顾随先生说的两句格言作为自己人生的座右铭，即“一个人要以无生之觉悟为有生之事业，以悲观之心情过乐观之生活”。但是，我后来收到叶先生发来的邮件，内容如下：

诸位朋友：

以前因为我年轻，我说过两句格言式的话，曾经托名我的老师顾先生所说。但是我的老师实在没有说过这两句话，他的女儿顾之京也说她父亲没有说过这两句话，因为那实在是我说的。所以现在我要向大家说明这件事：这两句话不是我老师说的，是我自己说的。特此更正。

迦陵

同时，叶先生在新版《红蕖留梦——叶嘉莹谈诗忆往》中也做了更正，她是这样说明的：“我以前曾经假托我的老师顾随先生说过：‘一个人要以无生之觉悟为有生之事业，以悲观之心情过乐观之生活。’这两句其实是我自己的话。正是当我经历了一生的忧苦不幸之后，我自己想出了这两句话，它使我真的超越了自己的小我，不再只想自己的得失、祸福这些事情，才能使自己的目光投向更广大、更恒久的向往和追求。”

其实，以这两句话来概括叶先生迄今为止的人生，是再合适不过的了。

2020 年 7 月 21 日（庚子六月初一），值姑母九十六岁生日记于日本福冈

2021 年 5 月再修订

（作者为南开大学中文系一九七九级学子，叶嘉莹先生侄子）

叁

叶嘉莹先生来南开前后的点滴回忆

受访人：鲁德才

访谈人：余晓勇　刘学玲

鲁德才先生是南开大学资深教授，今年八十九岁。他曾任南开大学中文系古典文学教研室主任、中国文学比较研究所（后更名为中华古典文化研究所）首任副所长。叶先生在南开大学第一讲，由鲁先生介绍并致辞。后在研究所初创阶段，鲁先生做了大量工作，也因此和叶先生结下深厚情谊。叶先生曾为鲁先生赠诗一首，从中可见真挚的心意与知赏：

襟怀伉爽本无俦，为我安排百事周。
还向稗官寻治乱，雄风台上话曹刘。

本文根据访谈整理并经鲁先生本人审阅。题目为编者所加。

一　中华古典文化研究所创建过程

访谈人：鲁先生您好！南开大学中华古典文化研究所的前身

中国文学比较研究所成立之后，叶嘉莹先生担任所长，您担任第一任副所长。请您谈谈是怎样认识叶嘉莹先生的和研究所初建前后的情况。

鲁德才： 关于研究所创建的过程，我所知有以下情况。

1979 年，叶嘉莹先生寄给南开大学外文系李霁野先生一封信，告诉李先生，回国教书的申请已经得到教育部批准，教育部安排她到北京大学去教书。原来 20 世纪 40 年代李先生曾在北京辅仁大学（今北京师范大学前身）外文系执教。叶先生虽然没有聆听过李先生的课，但因为李先生是叶先生老师顾随先生的好友，而且李先生曾经在 20 世纪 40 年代末被台静农先生邀请去台湾大学任教，当时与叶先生在台湾大学相识。其后，李先生返回大陆，而叶先生则在台湾遭遇了“白色恐怖”。很快，叶先生接到李霁野先生回信，他说北京大学有不少资深老教授，而南开大学经过“文革”后很多老教授都不在了，邀叶先生到南开大学讲课。南开大学外文系不设古代诗文专业课，李先生将信转给时任中文系主任的朱维之先生。朱先生如同老主任李何林先生的风范，极重视著名学者的来访，当即表示邀请叶先生。我时任古典文学教研室主任，兼小说戏曲研究室主任，朱先生遂将接待及课程组织工作交给了我。由于涉及外籍人员来校讲学，必须报备学校，由校办一位分管外事工作的同志配合，并指导我们如何协调外事问题。

1979 年 3 月，我和中文系党总支书记任家智代表系主任朱维之先生去北京见叶先生，表示欢迎她来南开大学讲学，并商谈来校日期。几天后任家智与负责外事工作的干部耿书豪赴北京接叶先生来津。

4 月 24 日，叶先生即在主楼第一层阶梯教室开讲。原来我还担心，偌大教室能坐满吗？倘若听课者无多，岂不冷落了叶先生？岂知还未开讲，能坐几百人的教室竟已座无虚席，连教室内

1982年1月，叶嘉莹先生结束在南开的第二次讲学，中文系诸教师与外事处同仁到天津火车站送行。左起：耿书豪、孙昌武、郝世峰、马光琅、张红、逄诵丰、鲁德才、叶嘉莹先生、王双启、郝志达

的过道均坐满了人。叶先生在南开讲诗词的信息不胫而走，连我们的邻居天津师范学院（现天津师范大学）中文系的学生也来听讲，这就是后来人们所称的“叶粉”。

也许是同学们的热烈参与感染了叶先生，叶先生在简短自我介绍时说，她讲课好“天马行空”，于是便“天马行空”起来。只见她没有讲稿，看似万里行云、天花散落，时而拈来一首诗或词证明她讲授的诗人心境，时而又引一大段史料证明诗人如此兴发的原因。先生不只是在解剖一首诗词，更是让听众鉴赏或体验诗词的美。加之其本身博闻强记，授课时旁征博引、挥洒自如，征服了听者！如此热烈的场面，在我系请来讲演的学者中很少见到。

叶嘉莹先生受聘南开大学兼职教授与中文系老师合影，前排右三为鲁德才先生

有多位年轻教师听了叶先生讲的课，连我们的老主任朱维之先生也亲自到场，端坐第一排，认真地听了叶先生所有的讲课。

此后，叶先生又多次来南开大学讲学。1992 年 4 月，我从日本东京大学讲学归来，外事处逄诵丰处长邀郝世峰和我诚恳地相谈，他已向校长母国光和叶先生提出建议，在南开大学成立中国文学比较研究所，希望我们二人中出一位担任副所长，协助叶先生主持日常工作。世峰兄力辞，说他刚卸任中文系主任，要休整一段后，完成李商隐诗和《全唐诗》的注解。我本人专攻中国古代小说，对诗词为门外人，也无意就任，可逄、郝不断劝说，终被推向前台。1993 年 12 月，我代表南开大学人事部门去《开发报》报社商调安易来所任秘书，报社全力支持。是叶先生提议让天津师范学院中文系毕业的安易来研究所任秘书，协助叶先生整理书稿，处理所内日常事务。当初我们想以教学人员编制调安易到南开大学，但是调入手续复杂，影响调入时间，如按行政人员编制则快得多。我们征得安易同意，遂按行政人员调入。

1993 年 1 月，经校长联席会议下发文件批准，决定成立中国文学比较研究所，下拨启动费用五千元。当我去财务处找王某科长提款时，王某说原批件找不到了，我们留下的影印件不能作为提款凭据。领不出钱来，只好自力更生。我们找逄处长商量，希望他批准我们给外国留学生教授汉语。外事处特批研究所办汉语学习班，教授外国留学生汉语，聘请了几位老师，有郝世峰、张菊香、李剑国、崔宝衡和我给留学生讲课。三年内，除去各项开支花费，余三千多元，用于买办公桌、书柜、安装电话等。向东方艺术系借一间办公室，向对外汉语教学中心借一间教室，研究所有了自己的立足之地，开张办公。

1995 年年初，我的老朋友韩国首尔女子大学中文系主任专程来津请我去任教，盛情难却，副所长之职请崔宝衡先生接任，为第二任副所长。在这期间，加拿大的蔡章阁先生为支持叶先生任

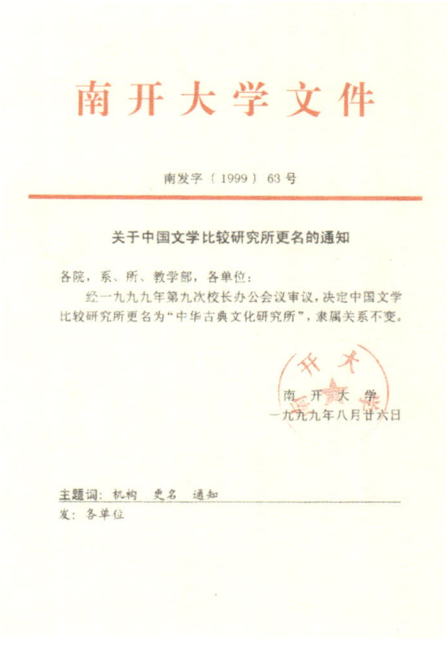

南开大学文件

南发字〔1999〕63 号

关于中国文学比较研究所更名的通知

各院，系、所、教学部，各单位：

经一九九九年第九次校长办公会议审议，决定中国文学比较研究所更名为“中华古典文化研究所”，隶属关系不变。

南开大学

一九九九年八月廿六日

主题词：机构　更名　通知

发：各单位

1999年8月26日，南开大学《关于中国文学比较研究所更名的通知》

所长的研究所发展，捐赠二百万元人民币建研究所大楼。1997 年 1 月，研究所挂靠中文系。1999 年 10 月，范孙楼建成后，研究所搬到范孙楼办公。同时，应蔡先生的要求，原中国文学比较研究所更名为中华古典文化研究所。

二　根在大陆，情系南开

访谈人：您当年为研究所做了大量工作，和叶先生也有四十多年的友情交往，作为亲历者和见证人，您认为哪些因素促使叶先生选择了南开大学，并最终在南开大学“落叶归根”？

鲁德才：我觉得这个问题可以概括为“根在大陆，情系南开”。

叶先生一生经历坎坷，但是她有一颗“中国心”。她于 1948 年迁居台湾，不幸其先生因所谓思想激进被国民党逮捕下狱。那时叶先生独自抚养孩子，在一所中学任教，居住在狭小的房间，生活极为艰难。1954 年叶先生被聘至台湾大学，后又兼任台湾淡江文理学院（后改为淡江大学）、复校后的辅仁大学教授。先生凭着学养打出了一片天地，许多海外知名人物如现代小说家白先勇、学者郑培凯、法国学者侯思孟（Donald Holzman）教授等在学生时代都听过先生的课。也因此，1966 年至 1967 年美国密歇根大学、哈佛大学聘请先生讲学。1969 年 9 月，先生赴加拿大温哥华，执教不列颠哥伦比亚大学亚洲学系，1970 年年初即获聘终身教授，直至 1989 年退休。鉴于叶先生在中国古典文学研究上的贡献，1991 年被加拿大皇家学会授予“院士”称号，成为加拿大皇家学会有史以来唯一的中国古典文学院士。

叶先生何以在改革开放之初，西方各种思潮涌入，社会尚不稳定时期而勇敢回到祖国大陆呢？落叶归根固然是中华子孙的夙愿，可归根的目的有种种，枯骨埋葬原籍、和亲人相聚、回中国养老等，都是选项。但是叶先生却有自己一贯超远而不休止的目标，即回到老根的土地上继续传播中华文化、讲授诗词、培养自己的学生。

先生曾明确地对我说："我不能只教外国人，应该培养我们的学生。"也因此，只要一些高校如北京师范大学、南京大学、四川大学等邀请，她就无私地奉献、传授自己的心得，及至由南开大学提议为先生建立研究所而决定定居南开。

据我的猜测，叶先生七十多岁之后有定居何处的选择，可最终何以留在南开大学？一个重要原因是南开人正直、诚恳、认真的作风让先生心仪。著名数学家陈省身不是也选择了落户在南开大学？

坦率地说，南开的居住条件和环境不能与南方某些高校比肩，更不会有北京高校身居政治文化中心的优越，但南开人朴实、务实、真诚待人，年轻教师视叶先生为前辈，并不把先生划为外来人敬而远之，这就是多数教师同先生相处融洽的原因。

正因为如此，先生先是把加拿大退休金的一半十万美元捐赠出来，设立"叶氏驼庵奖学金"和"永言学术基金"，奖励优秀学生；到了晚年，叶先生又将出售北京和天津的房产收入及历年稿酬全部捐献给南开大学设立迦陵基金。叶先生这一切义举，出于她对祖国的热爱，出于她对天津和南开大学教育事业的支持。

三 集老师、诗人、学者于一身

访谈人：同为中国古典文学传承人、南开大学教授，和叶先生是老同事、老朋友，您可否对叶嘉莹先生的学术特点、讲授风格做些描述？

鲁德才：叶先生可谓当代中国古典诗词教育领域的“大家”，为中华古典文化的传承做出了独特的贡献。

叶先生心无旁骛，几乎将全部精力、全部心思都用在研究古诗词。哪怕是长女和女婿因车祸不幸罹难，遭遇白发人送黑发人，也只在诗词中表露她内心的伤痛，仍坚挺地沿着诗词之路行走着。至于大小的波澜，一笑置之，不入心室。因为在先生的生活中，可以说只有诗词。

叶先生讲诗词，跟当时国内的讲法是不一样的，对人的心态挖掘很深，讲得很人性化。我是搞古代戏曲小说教学的，我觉得叶先生讲课，像俄罗斯大导演斯坦尼斯拉夫斯基，像明末清初的金圣叹评《水浒传》提出的“因缘法”，都是强调挖掘人物的内在心理，很细致，但是又赋予了很多材料加以说明，对人物所在的时代讲得很透彻，这样就让人理解更深了。老一辈大家都是这样，讲古代的东西，没脱离时代；把西方的东西加进去了，但是没有滥用。

值得注意的是，早在二十多年前，叶先生就倡导在中小学校特别是在小学阶段普及诗词教育，为此与友人合作编写了《与古诗交朋友》一书并录制读诗音带，发行全国。叶先生在 1998 年曾上书国家领导人，提出在中小学校开展诗词教育势在必行，并获得批示。随后由教育部组织专家编选《古诗词诵读精华》一套丛书，在中小学校推行。数年前，先生有感于市场上现行古诗词读本质量良莠不齐，遂亲自编选古诗词读本《给孩子的古诗词》，至今已发行数十万册之多，可谓影响力深远，如今已波及三四线城市。我的小孙女在江苏常州市某小学读书，某日，其语文老师用一个课时介绍叶嘉莹编选的《给孩子的古诗词》，当说到叶嘉莹奶奶是南开大学文学院教授，创办了中华古典文化研究所时，小孙女脱口而出：“我爷爷也是南开大学中文系教授，叶嘉莹奶奶跟爷爷是同事。”次日又拿出叶先生签名的选集，以证明她不是虚言。

2016年教师节，叶嘉莹先生与南开大学幼儿园小朋友（李靖摄）

据说她们班级每个人都写了《给孩子的古诗词》读后感，编成集子，全校展览。

叶先生集老师、诗人、学者于一身，学识功底很深厚，眼界很宽广，这一点也是他人不能比的。她来南开大学教书四十余年，为成千上万的本科生讲授诗词，并亲自培养硕士生、博士生数十名，直到 2015 年九十一岁因为年事已高不能亲自指导，所以不再招硕士、博士研究生，但是依然从事讲学和研究工作。诗人未必能做教授，做教授的未必是诗人，学者则是教授的升华，偏重于理性的思维。毫不夸张地说，作为诗人，叶先生是可以列入名人堂的。在教学上，诗人讲说诗词，似乎不同于一般人的感悟。先生时而以诗人的眼光看诗词，和诗人的视点、情感迅疾契合，敏锐地捕捉到作家内在意识流淌、天人合一的意境；时而又以教授的渊博知识，引证若干史料，反证在诗词内意识流淌的缘由。

2021年1月，鲁德才先生（中）在家中接受余晓勇（右）、刘学玲（左）采访（谷玲摄）

总之，叶先生研究古代诗词，贯通中西，著作等身，成就一家之言。而对中华文化之传播，不舍不弃之坚持，成为感动中国的学者大家。

写于 2021 年 4 月

（访谈人余晓勇、刘学玲分别为南开大学中文系一九七八级、一九八二级学子）

肆

四十年师恩永不忘

赵　季

2019 年是叶嘉莹先生归国执教四十周年，也是我步入南开大学的第四十年。四十年来，有幸在叶先生身边学习和工作，耳濡目染地受到了先生的培养教育，自己在教学科研方面也不断成长，同时为先生的诗歌教育事业做了一些工作。回忆与先生一起经历的点点滴滴，虽不足以全面反映先生的光辉形象，聊补记载之阙。

1981 年，叶先生第二次来南开讲学，讲授古典诗词。她的讲法别具一格，使人如沐春风，如饮醇醪，使我更加坚定了学习研究古典诗歌的决心。当时，先生想找人整理《论柳永词》的讲座录音，先生的贤侄叶言材是我的大学同学，便向先生推荐了我。先生给我一台袖珍录音机和几盒录音磁带，我就开始了整理工作。她的讲座旁征博引，文采焕然，整理起来煞是费力。当时，我是个大三的学生，虽然读过一些诗文，但与先生的水平不啻霄壤。记得录音中有“硁硁琐琐”一词，我百听不得其解。那时也无百度之类的检索工具，还是先父在一旁指点方才了然。其后，该文在《南开学报》上发表，是叶先生在中国大陆学术期刊发表的第一篇学术论文。文章末尾，她特意署明“整理者：赵季（南开大学中文系学生)”，并让言材兄给我一百多元的整理费。我认为这是学习的机会，坚决不收。为此，先生把我叫到天津第一饭店(她当时的住所)，和我吃了一顿便饭，并郑重地把整理费给我，说道：“这是你业余时间的劳动，你必须收下。”这个场面像照片一样一直印在我脑海中。直到现在，我主持国家社会科学基金重大项目“中朝三千年诗歌交流系年”，只要是学生业余时间帮我录入或校对，我都按字数或时间付给学生费用；而且在著作出版时，一定在后记中说明哪些学生从事了哪些相关工作。1986 年，我研究生毕业后留校工作，先后担任过中华古典文化研究所所长助理、副所长等职务，亲历了先生对诗歌教育的重大贡献。20 世纪 90 年代末期，叶先生争取到加拿大实业家蔡章阁先生的二百万元人民币资助。当时，正值范孙楼建造，她将这二百万元全部投入到建设当中，从此中文系有了自己独立的办公场所。当时的设计图纸副本一直保存在我手里。大楼建成后，极大改善了教师们的工作条件，教授每人有一间独立的研究室，副教授两人一间研究室，有力地促进了教学工作的开展。2000 年，叶先生从澳门沈秉和先生处接收到一百万元捐款后，她立即拿出巨资，召开全国青年教师诗歌教育会议。当时在蓟县（现天津市蓟州区）的盘山宾馆开会，全国各地来了八十多名青年教师，大会食宿全包。由叶先生和罗宗强、郝世峰、孙昌武、陶文鹏等人给青年教师讲课五天，“百家讲坛”摄制组全程跟踪拍摄。我当时是大会的秘书长，目睹了青年教师们欢欣鼓舞的场面。令人高兴的是，他们回去后就会成为传播古典诗词教育的种子，播撒在华夏大地上。

为了激励南开大学的学生学习古典诗词，叶先生早在 1997 年就用自己在加拿大不列颠哥伦比亚大学退休金的一半设立了“叶氏驼庵奖学金”，一年一度，延续至今。考试内容是《论语》《孟子》《汉魏六朝诗选》《唐诗三百首》《唐宋名家词选》《近三百年名家词选》，由中华古典文化研究所的老师命题和阅卷。最初一等奖奖金为两千元，近年增至一万元。奖学金开始只面向中文系学生，我向叶先生提议，很多文理兼优的学生，在高考时被动选择了理工科，其实他们的古典诗词水平很高，热情也很高。叶先生欣然同意，并说："我高中时文理都好，老师就鼓励我学医，是我自己坚持才学文的。'叶氏驼庵奖学金'应该向理科学生开放。"现在，"叶氏驼庵奖学金"已在全校铺开，许多化学学院、物理学院等理工科的学生获奖。叶先生对我们的教育和鼓励，一直持续到今天。

我和言材兄合作辑校《日本汉诗话集成》(中华书局2019年版)，叶先生十分支持。本书辑录、点校了日本自9世纪遍照金刚直至当代的诗话文献共一百五十五种，附每位作者传记及师承关系注释，总字数达二百三十余万字。约百年前，池田胤出版的《日本诗话丛书》，收诗话六十种。我们这本《日本汉诗话集成》收录诗话是池田胤书的两倍半，是百年来日本诗话文献整理的一种突破。书稿完成后，叶先生细心披览并欣然作序。序文以纯文言写成，骈散相间，是一篇美文。

四十年来，先生对我们的培养教育从未间断。今天，我们把此书作为礼物献给叶先生，以表达对她培育之恩的深挚感谢。我们也决心学习和保持先生的学术精神，倾尽全力把中国诗歌教育继续发扬光大。

写于2019年10月

（作者为南开大学中文系一九七九级学子）

伍

花开莲现，花落莲成

——迦陵学舍巡礼

陈　焰

结缘卅载在南开，为有荷花唤我来。

修到马蹄湖畔住，托身从此永无乖。

叶嘉莹先生与南开大学和荷花的因缘，以一座中式书院——迦陵学舍的落成，而得到永久见证。这一道人文风景，来自南开大学的人文底蕴，来自一座高等学府对古典文化的礼敬。

2015年10月17日，南开大学九十六周年校庆日当天，这座书院正式启用，以叶先生的“迦陵”号命名，建筑面积约为五百五十平方米，位于南开大学八里台校区，东邻南开现存最古老的建筑思源堂，西邻国际数学大师陈省身先生的故居宁园。这是继陈省身先生后，南开大学第二次为学术大家修建学舍，打造属于南开学府的文化IP（知识产权），点亮南开大学的古典文化之光。

“一世飘零感不禁”“未减归来老骥心”。早在2013年，叶嘉莹先生近九十岁时，仍乘飞机来往于大洋两岸，关心她的两位友人——温哥华的刘和人女士与澳门的沈秉和先生，担心她精力日

南开大学迦陵学舍

减，提出了要向南开大学捐献一笔启动资金，为她晚年安排一个可以集科研、教学与生活居住为一体的住所，此提议立即得到了南开大学校方的热情回应。而且因为叶先生喜爱荷花，校方便为她选择了一处与马蹄湖相近的所在，作为修建学舍的基地。后来，修建资金由刘和人女士、沈秉和先生与南开大学三方共同出资，刘、沈两位各捐款一百万元。

天津市建筑设计院设计三院承担了学舍项目的设计，出具了数套方案，在征询了叶先生的意见后，遂确定了现在的中式四合院方案。主设计师卓强阐述了学舍的“四字方针”设计理念：

借：建筑通过围绕基地内原有的两棵老树展开，既保留了记忆，也借用了基地原有的逻辑。

遮：在入口东侧设置一组矮墙，外面种植绿竹，限定了入口空间的同时，也遮挡了东侧不良的景象。

透：建筑西侧为通向张伯苓纪念亭的一条甬路，建筑西北角采用了通高的花砖处理，待傍晚时分建筑透射出的朦胧光影可以照亮甬路。

框：建筑与西侧纪念亭相邻的房间为师生研讨室，通过在人的视线高度设置带型长窗，期望以此框景实现名人间的致敬。

最终落成的迦陵学舍，通过不同策略应对基地周边有利和不利条件，形成了古朴方正的清雅风格。

迦陵学舍·主体周边：竹影婆娑，木兰婀娜

迦陵学舍东侧外墙旁边种满了绿竹，光照下一地清影，也象征着叶先生高风亮节之品格。

西侧外墙植有一株木兰花树，是由叶先生早年在不列颠哥伦

迦陵学舍清雅的四合院建制风格

比亚大学培养的第一位博士生施吉瑞所赠送。现已年过七旬的施吉瑞是加拿大人，为不列颠哥伦比亚大学亚洲学系教授。施吉瑞是中文名，英文名为 Jerry D. Schmidt；中文名是叶先生为他取的。为了表达加拿大弟子们的感恩与思念之情，施吉瑞作为代表来到中国，与叶先生一起种下了这株紫木兰，希望它可以陪伴叶先生继续教书育人。石碑题记为：

杏坛植嘉树，花开似芙蓉。
化雨春常在，诗心一脉通。

东侧入口的迦陵学舍牌匾，字体儒雅秀逸、神气畅然，出自叶先生的加拿大友人——著名书法家谢琰先生之手，谢先生原在不列颠哥伦比亚大学亚洲图书馆中文部工作，叶先生常去找他替自己寻检和借阅书籍，因此结下深厚友谊；谢先生的夫人施淑仪女士，是叶先生的“入室弟子”。

穿过入口约两米宽、十几米长的甬道长廊，踏着竹影斑驳的清灰砖地，便行至一扇极其厚重的仿古木门。

上面装饰有上下四排共七十九颗门钉（寓意叶先生 1979 年来南开讲学），左右两扇门各有一只铺首衔环的门钹，木门上方有四颗葵花形浮雕门簪。大门两侧及上方砖墙，呈花格图案。地面左右各放置一个双鼓形石雕门墩儿，鼓身两侧镂刻着莲花和祥纹，上端的一只鼓身上雕刻着一把如意，如意的柄两端雕着灵芝寿桃祝颂图案。背面还有木质门闩，古色古香。该木门由建筑方无偿赠送。

2015年10月17日，叶嘉莹先生与时任南开大学党委书记薛进文为迦陵学舍落成揭幕（任永华摄）

迦陵学舍·内外庭院：海棠异色，菡萏奇香

推开木门，便进入学舍外院，迎面赭石色砖墙上锲着一方灰色石壁，石壁上雕刻着七百余字的《迦陵学舍题记》。碑刻内容因篇幅所限删除了原文部分内容，原文全文如下：

昔孟子有天时地利人和之论，而人和尤为可贵。然则天地人者果何谓也？盖亦与世推移，非可一概而论之。今者南开大学为叶嘉莹先生营筑学舍，自动议以迄落成，建功甚速，亦三才和谐之善果也。其所谓天时者，值此中华文化复兴之日也；地利者，先生卜居南开已三十余年，久有归根之念也；人和者，则谓先生以其学问人格之魅力，得道多助也。

先生常谓“以无生之觉悟为有生之事业”，每思尽瘁于讲堂，未肯终身于帏室，其卓行伟愿，固已广为人知。今先生以九秩之寿，犹矍铄似神仙中人，望之如南山独立之松，风骨岩岩；聆之若西土妙音之鸟，谈辞娓娓。见其人、听其讲、知其事者，莫不倾服敬慕。故闻先生有定居之意，自政府以至学校，皆极表支持，而南开大学领导诸公促成之力尤多。至若老友如刘和人女士、沈秉和先生等，更慷慨解囊以助；其他社会贤达，因一面之雅而奔走赞襄者不可胜计，如王蓓女士、任晓剑先生共任学舍内外装潢置办之劳，魏垂谷先生两携灵璧之石以献，尤为其显例也。故赖诸方之合力，事遂允谐。

乃于南开园东门左近辟地数弓，构厦数椽，植竹数丛，更深其院，曲其廊，而榜其门曰“迦陵学舍”。其名也，非关阳羡陈髯；其实也，略似扶风马帐。其地也，春则海棠异色，西府移栽；夏则菡萏奇香，北窗吹送。倚杖聆风，树掩二分明月；围炉赏雪，池凝一寸冰心。居近山阳之宅，向赋时岭；

门邻幼稚之园，童歌不辍。感逝者之难回，冀来人之可造。于是聚众谈天，思齐稷下；开坛说法，窃比祇园。书既藏之兹所，公器同观；学则传之其人，夙心切望。狂简诸生，自历修文游艺；灵光一老，相期志道依仁。青衿学子，欣从北海论经；白发词仙，乐共西园秉烛。更有鸿儒雅集，旧雨清谈；高轩之过，后辈之参。三径通人境之庐，十哲出杏坛之教。发潜德之幽光，莲开九品；继往圣之绝学，功望千秋。信斯文之在迩，愿他日之非遥。乃祝曰：

盛矣南开，猗欤东观。妙法西来，文昌北现。

诗本二周，经传两汉。古典重光，新知博贯。

以铸以陶，龙骧豹变。月异日新，止于至善。

贤主谦谦，嘉宾晏晏。君子万年，如天行健。

公元二〇一五年夏 汪梦川 敬撰 谢琰 敬书

迦陵学舍题记（陈焰摄）

汪梦川是叶嘉莹先生的博士生，得叶先生亲传，是先生最得意的弟子门生，现任教于南开大学文学院。叶先生称赞他写的题记：“其用典之贴切、文笔之渊雅，凡读其文者莫不称赏，以为此乃当今时代青年学者中之所仅见。而我于此耄耋之年，乃能得见门下之士有如此之成就，其欣喜感激，盖更有言语所不能尽者。”

题记左侧院墙尽头，是一圆弧形的月亮门。阳光明媚的午后，月亮门投射的影子拉得很长，会在地面、旁边的玻璃门映射，形成虚与实多个月亮门交相呼应的绝美风景。

外院东南角，生长着设计师卓强提到的一棵白蜡老树，老树浓荫蔽日，令木门更显古意。

穿过月亮门，步入内院，回首可见月亮门两侧悬挂的一副对联，联语为谢琰书写，匾额上“迦陵”二字则集字于叶先生恩师顾随的手笔：

上联：入世已拚愁似海

下联：逃禅不借隐为名

横批：迦陵

这副联语，是1944年正读辅仁大学大四的叶嘉莹先生写下的，是她与老师顾随先生的唱和之作，表达了她既要担当吃苦的责任、做一番入世的事，内心却要保有淡然出世的超凡与平静之人生观。

月亮门北侧，是另一棵白蜡老树，同样高耸，与外院的老树相互依偎，为书院平添了几许禅意。

内院正北东西两侧，各有一株海棠树，是2014年冬由北京恭王府赠送并移植的府内西府海棠。

月亮门内两侧对联

叶先生与恭王府有着源远流长的情谊。她于 1941 年考入辅仁大学女院，当时恭王府便是校舍所在地，女宿舍瞻霁楼前就种植着西府海棠，每到海棠花开，师友作诗题咏，往事令她格外怀念。

恭王府“海棠雅集”诗社活动，有一百余年的历史，曾一度中断。自 2011 年在恭王府重启，叶先生连年受邀参与雅集活动，于 2017 年更是应邀担任“恭王府海棠诗社”社长。第七届“海棠雅集”便走出恭王府，移步迦陵学舍，曾连续三年都在这里举办。

在 2014 年的雅集上，叶先生于七十多年后再次走上瞻霁楼头，百感交集，吟诵了《恭王府海棠雅集绝句四首》：

其一

春风又到海棠时，西府名花别样姿。
记得东坡诗句好，朱唇翠袖总相思。

移自北京恭王府的两株西府海棠

其二

青衿往事忆从前，黉舍曾夸府第连。
当日花开战尘满，今来真喜太平年。

其三

花前小立意如何，回首春风感慨多。
师友已伤零落尽，我来今亦鬓全皤。

其四

一世飘零感不禁，重来花底自沉吟。
纵教精力逐年减，未减归来老骥心。

在2016年的海棠雅集上，叶先生又带来了自己创作的一首词《水龙吟》，并向恭王府友人致感谢之意：

2017年4月，第七届海棠雅集在迦陵学舍举办，叶嘉莹先生致辞（聂际慈摄）

迦陵学舍初成，迎来王府双姝媚。长车远送，良辰共咏，桃夭归妹。沽水萦回，燕云绵渺，意牵情系。想古城旧邸，南开新寓，身总在，黉宫里。　　老我飘零一世。喜余年、此身得寄。乡根散木，只今仍是，当年心志。师弟承传，诗书相伴，归来活计。待海棠开后，月明清夜，瞻楼头霁。

这是一段叶先生喻之为“春天开花，秋天结果的友谊”的美好故事，令人感动不已。

院内还有两株亭亭的荷花，由保定莲池书院赠送。这里也有一段佳话。

2016 年，叶先生应邀造访古城保定莲池书院，当她见到莲池书院的荷叶和荷花时，不禁追忆往事，发出“常忆当年，青盖亭亭”的感慨，她还说：“荷花是花中之君子，先贤在这里修志也是延续君子之志，气蕴相通。古莲池的文脉很深，我感觉到了。”

由保定莲池书院赠送的古莲花（陈焰摄）

迦陵学舍会客厅

后来，保定莲池书院挑选了两棵壮硕的多年生荷花根茎，送至迦陵学舍，栽植在院内。莲池书院是中国十大书院之一，古莲花池的文脉与迦陵学舍的文脉，自此便相映相衬了。

内院紧挨着老树，还有一丛植物，是来自山东菏泽的牡丹，国色天香，雍容华贵。

正如汪梦川题记所描述，小院“春则海棠异色……夏则菡萏奇香……倚杖聆风，树掩二分明月；围炉赏雪，池凝一寸冰心”，真乃清幽静谧、花香与诗香同溢的绝世书院也！

迦陵学舍·内景巡礼：诗画满壁，书香四溢

从外院进入门厅，右侧墙上一幅荷花国画即映入眼帘；旁边是值班室和工作人员休息室。

门厅尽头陈列着一方灵璧奇石，其形状宛若一片叶柄朝上的倒立荷叶，被命名为“千秋大业”。该奇石由一位来自徐州的企业家魏垂谷先生捐献，他是叶先生的铁杆“粉丝”，曾拜叶先生为师，成为后学弟子。奇石左侧墙上，是一幅山水卷轴画。

整个学舍内部结构布局，由一条回行长廊贯穿，左边是长廊，右边是各房间。两条东西向和一条南北向长廊，都有大面积落地玻璃门窗，将室内与室外之间的障碍破除，令室内空间直接向室外延伸，实现了人与庭院风景、人与自然之间的互动。早春海棠、暮春牡丹、夏日菡萏、深秋黄叶、寒冬飘雪，人与自然的互动就在回廊静谧地展开，跨出玻璃门一步即可置身其中。而南边长廊靠近外院的玻璃门，亦可直达迦陵学堂。

沿门厅回廊左转前行，墙上可见多幅诗书画作品，均为叶先生友人赠送。

行五六步远，便来到大会客厅，南侧为落地玻璃门窗，内置沙发茶几，其他三面墙组成的木制开放式书架，上面陈列着叶先生收藏的各类诗词史学书籍文丛，间或摆放着亲友赠送的艺术品及叶先生的照片。

书架正中悬挂着一幅镶框的荷花水墨画，落款是刘波。刘波先生 2005 年毕业于南开大学，是范曾先生的博士生，现供职于中国艺术研究院，作品多次在国内外展出。他擅用没骨画法，写意荷花，这幅荷花图极其形象、逼真地传达了宋代大儒周敦颐“出淤泥而不染，濯清涟而不妖”的审美意境；画作中还题跋抄录叶先生创作于 1983 年的《木兰花慢 · 咏荷》，全词如下：

花前思乳字，更谁与，话平生。怅卅载天涯，梦中常忆，青盖亭亭。飘零自怀羁恨，总芳根、不向异乡生。却喜归来重见，嫣然旧识娉婷。　　月明一片露华凝。珠泪暗中倾。算净植无尘，化身有愿，枉负深情。星星鬓丝欲老，向西风、愁听佩环声。独倚池阑小立，几多心影难凭。

词中，叶先生借荷花意象，表达了自己千回百转的爱国情怀与诗教心愿。

叶嘉莹先生塑像（纪峰塑，李继武摄）

会客厅的落地玻璃门通向内院花园，伫立室内可观荷叶田田，花木葱茏。玻璃门窗的西南角，有一尊叶先生半身塑像，形神俱美。塑像底座上刻写着叶先生简要生平。

塑像出自著名雕塑家纪峰之手，他师从韩美林和冯其庸两位大师，曾为语言学家周有光，作家巴金，画家刘海粟、韩美林，文化大家饶宗颐、季羡林、冯其庸等众多名家造像。

叶先生这座塑像为铜制像，表达的是凝视。她微笑着平视前方，其神态平静豁达，散发着一位诗词大家的典雅气质，彰显着文雅博学与诲人不倦的长者之风。

叶先生十分喜爱这座塑像，特为之题诗两首：

其一

我是耄年老教师，谈诗论古久成痴。

纪君妙手传心事，塑出升堂欲语时。

其二

万幻凭谁问果因，余年老去付微尘。
欲将修短争天地，惠我人间不朽身。

看过叶先生塑像，沿长廊继续前行，对面尽头是上行楼梯，通往二楼叶先生的卧房、书斋。楼梯两侧壁挂满了大大小小的带框照片，这些与亲友的合照以及个人生活工作照，记录了叶先生人生的不同阶段，是她不同时期人生的影像缩影。

沿长廊左转，则来到厨房和茶厅。茶厅与长廊间有一扇中式木格屏风，形成较为私密的空间。透过屏风，可若隐若现望见对面玻璃门窗透进来的花园美景。

茶厅北墙挂着一幅荷花摄影作品，系澳门实业家沈秉和先生拍摄，于叶先生八十八岁生日时赠送，上书沈先生感喟："此株乃徙倚乎翠浪之间，若青衣水袖之飘……此荷花美之别一体。"

莲雅茗香

生于荷月的叶先生对荷花情有独钟，她对“花开莲现，花落莲成”这两句出自《妙法莲华经》的偈语有着自己的解说：“‘花落莲成’盖可以有两层意蕴，一者为自己之证果，另一者则为传继之延续……夫禅宗有传灯之喻，教学有传薪之说，则我虽老去，而来者无穷，人生之意义与价值岂不正在于是。”

茶厅西墙上方视线高度，有几乎贯穿整墙的玻璃窗户带，与西侧张伯苓纪念亭隔窗相望，互为致敬。茶厅布置清雅，是品茗聊天、谈诗论词的好去处。

继续前行，是办公室，里面放着多张书桌和电脑。此处，透过南墙大玻璃可见对面的庭院天井风光。看电脑或读书写字，偶抬倦眼，可与庭院一方天地精神往来。

离开办公室，沿长廊左转，是西南角的天井庭院。这里花砖通天，光影朦胧，夕阳时分可照亮张伯苓纪念亭的甬道，完美体现了建筑设计中“透”的理念。地面则种满了喜阴的地被植物玉簪花。玉簪花叶绿娇莹，花开时节，花苞似簪，色白如玉，冰清玉洁，清香怡人。

紧挨着庭院的，是迦陵学堂。推门而入，是一间约五十平方米的房间，可举办小型诗词讲座。西侧有一张讲桌，背靠庭院，由整面落地玻璃墙与天井相隔。这里体现了设计的巧思，令学堂主讲人立于“自然画卷”的背景下，赋予“通、灵、透”的优雅和“情、神、趣”的意境。

北墙悬挂着画家范曾先生的名画《屈子行吟图》。这是叶先生最喜欢的一幅画作。“书生报国成何计，难忘诗骚李杜魂。”叶先生这句诗中的“诗骚”，“诗”指的是诗经，“骚”指的正是屈原。

关于这幅画，有一段曲折经历。1979 年春，叶先生第一次回国讲学，准备从北京大学转往南开大学。赴天津前一日，先生和被派来接她的两位南开大学中文系的友人一起游历了北京香山碧云寺，该寺中山堂正在举办画展，叶先生被墙上悬挂的一幅屈原像吸引了，实在是太传神了！正欲拍照，那幅画已被一位日本游客买下带走。

其后，南开大学中文系得知叶先生对范曾所绘屈原图之激赏，就在朱维之主任的安排下，商请范先生重新绘了一幅屈原图，作为叶先生结束南开讲学的临别礼物赠予先生。后来，叶先生在加拿大的居室遭窃，这幅屈原图便落入窃贼之手，叶先生为此心痛不已。范曾听说后，便在叶先生九十寿辰时，又画了一幅屈原图敬贺。

图上书："驷玉虬以乘鷖，溘埃风余上征"。诗句取自《离骚》，意思是：驾凤凰骑白龙，我乘风飞天行。叶先生兴发感动于屈原图，还曾赋词一首：

水龙吟

半生想像灵均，今朝真向图中见。飘然素发，翛然独往，依稀泽畔。呵壁深悲，纫兰心事，昆仑途远。哀高丘无女，众芳芜秽，凭谁问，湘累怨。　　异代才人相感，写精魂、凛然当面。杖藜孤立，空回白首，愤怀无限。哀乐相关，希文心事，题诗堪念。待重滋九畹，再开百亩，植芳菲遍。

东墙北角挂有一幅黄花梨木书法楹联，集顾随先生字，是众弟子为庆贺叶先生九十华诞所敬献，上书：

师弟因缘逾骨肉

书生志意托讴吟

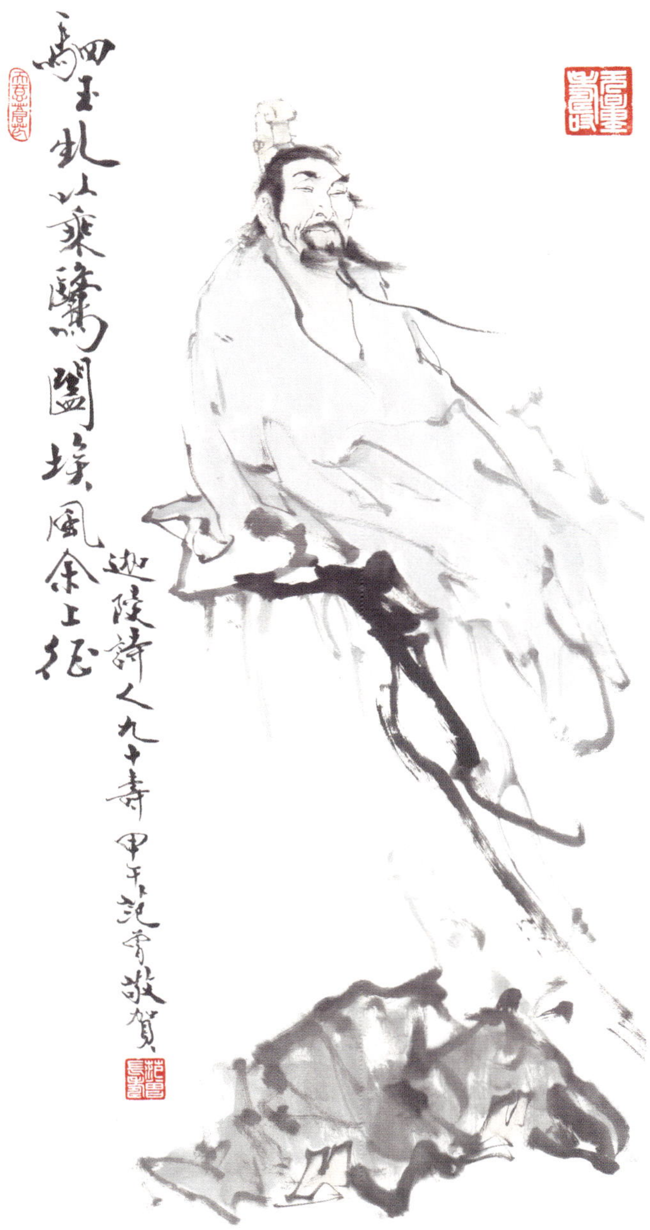

屈子行吟图（范曾绘）

此句化自龙榆生先生的诗句。叶先生曾解释说，老师和弟子之间的感情，可以超越骨肉之情，因为骨肉仅仅是血缘关系，而老师与弟子之间还有共同的文化传承。

走出学堂，继续前行即至陈列厅和资料室。南墙东侧镜框内展示的，是顾随先生致叶嘉莹书信及批改作业手稿；南墙西侧镜框内展览的，是叶先生学生时代的习作。

沿墙摆放的一排带有玻璃抽屉的展柜，里面陈列的是叶先生的著作手迹、海内外大学及相关研究机构的聘书、历年获奖证书、奖牌、奖杯等各项荣誉。

该厅南墙隔壁还辟有资料室，专门陈列叶先生收集的大量宝贵文史资料，供研究者使用。

迦陵学舍·二楼书斋：滋兰树蕙，满苑芳菲

叶先生的书斋位于二楼长廊尽头。推开木门，最令人震撼的是屋顶斜山式吊顶，也称木顶槅，由若干根贴梁拼成方框，固定于大梁之上，给人异常恢宏的视觉效果。

屋内坐东向西摆放着一张弧形的长书桌，带一个低柜。桌上的台式电脑和长臂台灯，被一束黄色的文心兰仿真花所“点亮”。这鲜亮的温暖的柠黄，与落地窗帘的帝王黄、书桌低柜上的明黄底龙纹梅瓶遥相呼应，共同构成了书斋高贵大气的底色。

房间内，东面整墙带南北两面半墙的一体式落地大书柜中，摆放着叶先生的藏书，有中文版的，也有英文版的。茶褐色的书架与明黄色彩结合在一起，散发着光芒四射的古典意韵。

桌上摆放着一张用水晶玻璃镶嵌的叶先生的旧照。照片中的先生，立于自己的塑像前，带着特有的“手之舞之”肢体语言在

叶嘉莹先生的书斋

讲演，先生的神情熠熠，与她面前的海棠插花的鲜活一样，充满了传承诗词生命的热忱。

书桌低柜上，一只黄底龙纹的梅瓶旁还立着一柄大团扇，格外引人注目。团扇上书有叶先生的一首诗：

一任流年似水东，莲华凋处孕莲蓬。
天池若有人相待，何惧扶摇九万风。

叶先生说，尽管年华消逝，一年比一年老去，但只有莲花凋落的时候，花中莲蓬才能成熟；天池相待之人，表现了她对学子们深切的期望。“只要我的理想和愿望能够完成，只要能够留下一些中华诗词的种子，那么纵有九万里狂风的艰难困苦，我也是不怕的。”

看落款，团扇的书者为书法家萧丽，她师从肖琼先生和沈鹏先生，作品多次参加全国、国际书法展览，被故宫博物院、外交部、中国国家画院等机构收藏。其师沈鹏评价她的书法：“有真，有草，有篆，有隶。有点刻意，有点随意。”“有点刻意”是初衷，“有点随意”是天趣。

萧丽的书法似书亦似画，其笔墨精神古朴，完美演绎了叶先生诗句的宏阔豪迈襟怀。

北墙上悬挂着的两幅书法作品，是叶先生的恩师顾随先生写给她的两封信。顾先生于1946年夏天所写的信中说：“假使苦水有法可传，则截至今日，凡所有法，足下已尽得之。”苦水是顾随先生的名号，他十分欣赏自己的弟子叶嘉莹，赞她已经传承了自己的全部教授之道。顾随先生还在信中写道：“不佞之望于足下者，在于不佞法外，别有开发，能自建树，成为南岳下之马祖，而不愿足下成为孔门之曾参也。然而‘欲达到此目的’，则除取径于蟹行文字外，无他途也。”

顾随先生希望叶嘉莹成为“南岳下之马祖”（建立起自己的学术体系），而不是“孔门之曾参”（墨守于老师的学说），并指出“欲达到此目的”，须“取径于蟹行文字”（旧称欧美各国横写的拉丁语系文字为蟹行文字），也就是说要取径于西方的学问。而冥冥之中，叶先生真的出国远赴加拿大讲学、治学，实现了老师的期待。

书斋西墙上悬挂着的书法作品，是叶先生写给亦师亦友的大家缪钺先生的诗，由其弟叶嘉谋手书，全诗如下：

赋呈缪彦威前辈教授

一九八一年四月成都作

早岁曾耽绝妙文，心仪自此慕斯人。

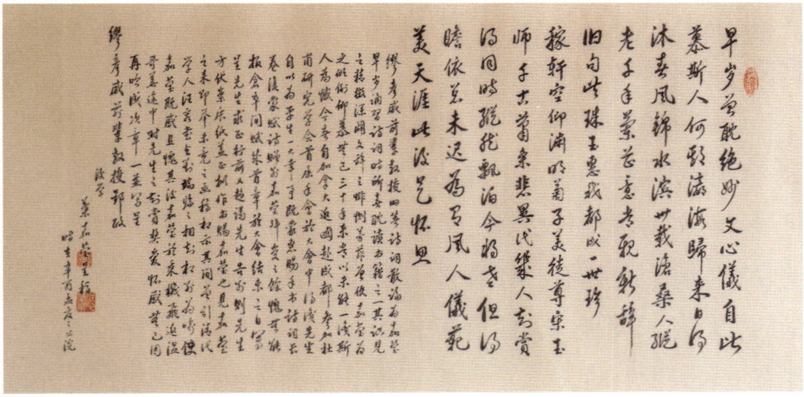

叶嘉莹先生致缪钺先生的诗

何期瀛海归来日，得沐春风锦水滨。
卅载沧桑人纵老，千年兰芷意常亲。
新辞旧句皆珠玉，惠我都成一世珍。

归加拿大后寄缪彦威教授

一九八一年五月温哥华作

稼轩空仰渊明菊，子美徒尊宋玉师。
千古萧条悲异代，几人知赏得同时。
纵然飘泊今将老，但得瞻依总未迟。
为有风人仪范美，天涯此后足怀思。

缪钺先生，字彦威，是已故著名历史学家、文学家、教育家，以文史兼通享誉学林。叶先生作品的后半部分，回忆了自己与缪先生相识相交的友谊过往。20 世纪八九十年代，叶先生与缪钺合作撰写了《灵谿词说》及其续编《词学古今谈》，成为两部兼具词史论述、词体研究与词作评赏的词学专著。他们长达十年的学术合作、诗文交谊，成为一段佳话。

迦陵学舍集教学、科研、藏书于一体，鸿儒雅集，文昌毕现。它不仅仅是一座书院，更像是一种中华文化意象，一个古典诗词符号，一处心灵精神栖息之所。因了叶嘉莹先生，它成为殿堂级的存在，像巨型磁石一样矗立在那里，吸引着全世界热爱中华诗词的人们前来朝拜，去体悟其中蕴含的千年智慧、深邃哲思、无尽意境和兴发感动。

写于 2020 年夏

（注：本文照片除署名外，均为纪睿泓拍摄）

（作者为南开大学中文系一九八二级学子）

陆

温哥华来客和穿裙子的“士”

——读听迦陵三十年，写于叶著六种出版之际

祝晓风

一　1986年，《光明日报》上初读迦陵随笔

1986年，对我是个特别的年份。那一年，我第一次来到大天津卫，天津从此成为我的第二故乡——这几乎决定了我也将是爱南开的；还有，不来南开，也许今生就不会认识迦陵先生。那一年，我开始在报纸上发表文艺评论和杂文，这几乎决定了我此后几十年的所谓专业兴趣和谋生方式，就是与文学相关，吃“文字饭”。还有很重要的一件事，那一年，我开始在报纸上读到叶嘉莹。——这之于我的意义，我现在还不能完全说清楚，但有一点已经知道，就是这对我后来到报社求职甚至也起了作用。那年发表叶嘉莹先生文章的这份报纸，正是我几年之后供职的《光明日报》，我是拿着一摞有叶先生文章的《光明日报》的剪报来永安路一〇六号的。——这一切仿佛都是命运的安排。

叶先生发表在《光明日报》上的系列专栏文章，就是《迦陵随笔》。第一篇前言写于1986年10月3日，第二篇《似是而非之说》写于10月6日，第三篇《从现象学到境界说》写于11月2

日，第四、第五篇也都写于 11 月。前五篇均发表于 1986 年，都是在当年《光明日报》的《文学遗产》版。《文学遗产》现在是中国社会科学院文学研究所主办的研究古典文学的学术期刊，但其实最初此《文学遗产》就是彼《文学遗产》，是一回事。它创刊于 1954 年 3 月，最初由中国作家协会古典文学部主办，以《光明日报》副刊的形式刊行。1956 年 9 月，中国作家协会古典文学部撤销，《文学遗产》改由当时还隶属于中国科学院的文学研究所（也就是现在的中国社会科学院文学研究所前身）主办，仍由《光明日报》开辟专栏发表文章，主编则是五四一代的著名作家、学者陈翔鹤。巧的是，叶先生若干年前还被聘为中国社会科学院文学研究所的名誉研究员。在聘任仪式上，叶先生还做了一次学术讲演，那次，她当年的辅仁老同学史树青先生也去听了，而且就坐在叶先生旁边的座位。叶先生讲完，史先生也讲了几句。他高兴地说，他是叶先生的崇拜者。

我小时候，家严多年自费订阅《光明日报》。他在大学教书，为了备课、写论文，经常做剪报。我就学着，看见自己喜欢的文章，也剪。当年还真剪了不少《光明日报》《人民日报》《文汇报》的文章，分类粘贴，再装订成册。其中有程千帆的文章，有陈子谦论钱锺书的，还有龚育之论“红学”的，陈振濂论书法的，等等吧，总之是以文史方面的为主。当然，其中《迦陵随笔》是剪贴保存相对完整的——多年以后，有一次叶先生临时查用《迦陵随笔》中的一篇，她手头没有，我那本剪报还派上了一次小用场。

可以说整个 20 世纪 80 年代，我们还处在一个逐步开化、与世界重新接通声气的时代，人们不论在物质上还是在精神上都还比较闭塞、贫乏、僵硬。此前我读文学评论，学习、崇拜的是秦牧、林默涵、李希凡，希望自己有朝一日也能写出像《四部古典小说评论》那样有气势的文章。总的来说，当时的文章宏大叙事比较多，意识形态色彩仍然较浓。可是读《迦陵随笔》，虽似懂非懂，但完全是另一个感觉，而且这感觉还是很新鲜强烈的。首先，它谈的是词学，是纯文学，也是我完全不懂的新内容。其次，它运用的方法概念也是新的。文章虽短，但涉及文学、宗教各方面，不仅有儒、释，还有西方宗教；谈《人间词话》，却引用佛语，还有现象学、接受美学的理论，真的是让人眼界大开。我就是读《迦陵随笔》才知道什么现象学、符号学这些新词的。第三，文章的语言也新鲜，是那种典雅、平和的语言和从容、温和的语气，中间自然流露的则是20世纪三四十年代的国语范儿。这完全不同于我们已经习惯的“大批判”文章，和一般作者的文章气质也大不一样。

因为叶先生来自温哥华，这又不禁让我想起另一件那个年代的事。20世纪80年代，学英语热潮席卷华夏大地。当时广播里有一个商业英语课程，叫“温哥华来客”，是贸大（北京孩子对北京对外经济贸易大学的简称）张冰姿教授主讲，很受欢迎。这个课后来还出了书，是淡绿色的封面。这门英语课吸引不少人的原因之一，大概和它的名称有很大关系。温哥华，多么美妙的一个名字！温，意味着温暖、温和、温馨，也意味着友好；华，就是光彩、光华、才华、韶华，就是日月的光环，甚至“浮华”也有吸引人的地方。这哪里是个城市名，分明是个美女子的名字嘛！而且那个年代里，我们对加拿大的所有印象，就是伟大的白求恩大夫（白求恩墓就在我出生的城市），如果用一两个抽象点儿的词来概括，就是伟大、友好，而且还有点儿心里羡慕嘴上又不好太明说的“洋气”。总之，许许多多美好的想象都可以与温哥华这个词联系在一起。虽然非常向往，但隔着万里重洋，只能徒唤遥不可及；但越是遥不可及，就越是让人向往。

现在，读到“温哥华来客”叶嘉莹先生的文章，仿佛可以与温哥华有一种特殊的交流；仿佛那个遥不可及的美丽，与自己近了那么一点点。同时，《迦陵随笔》本身也让我看到一种学问的境界，和温哥华那个美丽的城市一起，让我向往。

二 老师、诗人、学者

在老师、诗人与学者三个角色中，迦陵先生都有极高的成就，但哪个方面她最看重呢？那应该还是教书育人的老师。这一点，她显然受顾随先生影响较大，甚至可以说一脉相承。

顾随先生是被张中行评价为“集庚信与颜之推于一身”的人物，是有高尚品德的文人，也是20世纪很少几个真正懂佛学的人之一。叶先生则评价顾随先生说：顾随先生的才学和兴趣，方面甚广，无论是诗、词、曲、散文、小说、诗歌评论，甚至佛教禅学，他都留下了值得人们重视研读的著作。但叶先生认为，羡季先生平生最大的成就，还并不在他各方面的著述，而更在他对古典诗歌的教学讲授。“因为先生在其他方面的成就，往往尚有踪迹、规范的限制，而唯有先生的讲课则是纯以感发为主，全任神行，一空依傍。一般学者的著述和讲授，大多是知识性的、理论性的，而先生的著述和讲授，则大多是源于知识却又超越于知识以上的一种心灵之智慧与修养的升华。”叶先生说顾随先生的讲诗重在感发而不在拘狭死板的解释和说明，所以有时在一小时的教学中，往往竟然连一句诗也不讲，自表面看来也许有人会以为先生所讲者，都是闲话，然而事实上先生所讲的却原来正是最具启迪性的诗歌中之精论妙义。羡季先生曾经把自己之讲诗比作谈禅，写过两句诗说：“禅机说到无言处，空里游丝百尺长。”叶先生评价羡季先生的话，其实完全可用在叶先生自己身上。

2003年秋天，我应《文艺研究》之托，对叶嘉莹先生做过一次比较长的访谈。访谈内容不久后以压缩版在《中华读书报》也发表了。叶先生说："我的一生中，投注精力最多的就是教书。从1945年开始，我一直未曾间断地教了六十年书。这六十年，真的和人家比起来，我等于多教了一倍。人家教一个学校，我教三个学校，在北京是三个中学，在台湾是三个大学。……我的一生，在教书、研究，还有诗词创作这三者之中，是教书花去了我最多的时间。我常常说自己天生是教书的。我大学毕业以后，就先后在北京的几所中学教过书，佑贞女中、志成女中，还有华光女中，我都教过。从那时到如今，快六十年了。这些年，我在北京，还常常有我当年教过的学生来看我，她们现在也都有七十多岁了。"

如今又是十三年过去，叶先生教书已经超过七十年。真的是桃李满天下。而她讲课之精彩，已不知有多少人记述形容。有一位叶先生的老学生单正平，20世纪80年代初听叶先生讲课，他如此描绘听课的情景与感受：

> 她吟花，我们看见花在摇曳绽放；她咏水，我们眼前有水回环流荡；她说雾，我们觉得四周一片片岚霭迷茫；她唱风，我们能感到秋木枝叶在寒气中颤动飘扬；她念到黄莺，我们好像听到真有鸟儿在窗外鸣啭欢唱……

这得有多么爱听叶先生的课，才会有这样打动人心的复述！叶先生的课得有多么好，才能让一个粗犷的西北壮汉产生如此诗情细腻的感受！这是一种怎样的境界！六祖说法，差可近之！单正平可算先生的后学知音。其实，这样的知音何止万千！2008年秋天，叶先生又在中国人民大学做过一次演讲，那次规模很大，是在一个好几百人的大礼堂。我知道消息后，就让中国社会科学杂志社的几位年轻人一起去听。还记得那次叶先生讲张惠言词，“东风无一事，妆出万重花”，两句吟出，全场寂静。他们几位以前都未曾面对面听过叶先生的讲课，有的甚至对叶先生的名讳还比较陌生，但听完之后，个个都兴奋不已。后来有个机会，我才醒悟，叶先生七十多年一直站着讲课，是以身布施。我们能听叶先生的课，真是福报。

叶先生虽然在其诗词研究与讲授中引入了很多现代理论和观点，但其最基本的评赏标准还是诗歌中感发生命的质量和作用。诗歌中有兴发感动的生命，这是迦陵先生强调过无数次的，她不仅强调，而且把“兴发感动”作为她的诗词理论的一个核心概念，更是在她长达七十余年的课堂讲授和诗词讲说中，反复地、透彻地讲说这一点。她认为，对诗歌的评赏，不管是出于主观角度还是客观角度，都必须紧紧抓住评赏者本人的感受这一出发点，探求诗歌中兴发感动的生命，并将之传达出来，使读者得到生生不已的感动，从而完成诗歌兴发感动的创作生命。是否可以这么理解？古典诗词，是以文字形式留存而传承下来的古人的思想情感，读懂这些古诗词，就是重新体验那些已经化为文字的思想感情；而在这种审美体验中，升华读者自己的思想情感与道德精神。这样一个过程，就是兴发感动吧。因为古诗词中，虽然也包含了喜悦、得意、洒脱、欢愉等思想感情，但更多的诗词则是包含了忧伤、离别、悔恨、忍辱，还有孤独、迷茫、愁苦、煎熬等，所以，真的要读懂古诗词，往往需要人在经历了这些情感之后。

但是，叶先生以兴发感动为中心的长达七十年的讲学授课，其实还有更重要的一层意义在，那就是士的传统的传承与发扬。

三　穿裙子的“士”

近年有学者称汪曾祺为革命时代的“士大夫”。汪氏出生于1920年，撰著三大卷《中国散文史》的郭预衡先生也生于1920年，他和迦陵先生在辅仁大学同一级读书，这年出生的还有张爱玲。与叶先生同年入辅仁大学国文系的还有史树青先生。那时虽然已经是民国，但这代人幼时大多读过私塾，而且在20世纪40年代末之前完成了完整的中等教育和高等教育。当然，教育的内容已经是所谓新式的现代教育，但这只是一方面，并不是全部。中国传统的人文价值观，在这代学者个体身上并未受到彻底的摧毁和颠倒，这一代从小接受的为人处世的方式，还是老式的。这一点和他们下一代比较就相当明显。还有非常重要的一点，就是这一代受过教育的人，身上还有那么一种精神，其实就是士的精神。

说到士，我们最容易想到的一句话就是：“士不可以不弘毅，任重而道远。”这来自孔子的精神，但孔子说得更简明，叫“士志于道”。总之，士与道不可分，意味着士是某种基本价值的维护者。维护精神价值落实到社会文化层面，就是承担文化使命，是士之为士的一个重要标准。古人说士，“通古今，决然否”，按余英时的说法，就是见识超出一般人，行事的依据则是理性。按西方知识分子的含义，首先必须是以某种知识技能为业，第二是超越个人私利而关怀国家、社会。

即是从传道这个意义上说，迦陵先生可以说是一个了不起的士。当年，迦陵先生南下，顾随先生赠诗：“分明已见鹏起北，衰朽敢言吾道南。”而在给迦陵先生的信中，更是直接点明：“不佞却并不希望足下能为苦水传法弟子而已。假使苦水有法可传，则截至今日，凡所有法，足下已尽得之。”“不佞之望于足下者，在于不佞法外，别有开发，能自建树，成为南岳下之马祖，而不愿足下成为孔门之曾参也。”——这是多大的气魄、多大的期望啊！

显然，迦陵先生几十年，的确是苦水传法弟子。没有这种精神，很难想象，一个弱女子携家带口、颠沛流离几十年，能把自己青年时所记的老师的听课笔记一直带在身边，保存下来。

迦陵先生近年已在不同场合，包括我的采访中坦陈，她没有恋爱的经历。她的经历，在《红蕖留梦——叶嘉莹谈诗忆往》中谈得更为全面详尽。她去台湾之后，家庭生活的变故，使得她在家庭中的角色，实际上已经成为家庭的支柱，已经和中国老式家庭中的夫妻关系大不一样了。——我觉得这个事情，其实有着特别的意义。这使得她超越性别成为一种自觉或不自觉的现实。她当然是最贤的妻、最才的女，但她又不仅仅如此，她对大多数女性热衷的什么时装、化妆之类，其实毫不放在心上。她是一位“士”。

也因此，她忧道不忧贫。叶先生对物质方面的兴趣实在不大，甚至可以说没有。尽管当年南开大学的学生回忆她 20 世纪 80 年代在南开园出现时，风采照人、风度翩翩，但实际上她对这些外在的东西真是不放在心上。她的风度完全出自她的自然而然，她连头发都是自己打理，自己剪出发型；她衣着很朴素，但却大方得体，淡雅整洁；她吃得更是简单，常常就是一碗粥、一碗面条而已。她在哈佛大学做研究时，中午就是一个三明治、一杯咖啡。

四　命运感

在讲诗词中，叶先生还常提到“弱德之美”。我觉得，这四个字也可以描述她的性格与命运。她说，“弱德”之“弱”非“弱者”之“弱”，它不仅表现为一种自我约束和收敛的姿态，而且在约束和收敛中还有一种对理想的追求与操守的坚持，是为德。这实际上已经有宗教情操在里面了。她还曾讲过，她的一生都不是她的选择，她去加拿大不是她的选择，去台湾也不是她的选择，因为“谁让我结了婚呢？而我结婚的先生也不是我的选择”。

我觉得，一个人心智情感成熟的标志之一，就是要有命运感与沧桑感。命运是你我人生之戏的总导演，时间是永远不会出错的化妆师。人总是在主动与被动之间，完成自己的人生角色。凡成大事业者，似乎都有一种“自觉的命运感”，因此，那种在别人看来的执着，那种坚守，其实好像又是一种“被动的主动”。

周汝昌先生曾称叶先生是一位学者，但她同时是一位诗人；是一位史学家，同时也是一位艺术鉴赏家。“她的论文，既能考订，又能赏析；既能议论，又能启迪。我认为，这样的几个条件或因素，很难凑泊在一人身上。”因此，即使先生以欣赏为主的著作，也体现着她作为史学家和学者的品格。换句话，她作为士的理性，其实在她几十年的学术工作中得到了最好的训练和体现。除了《迦陵论词丛稿》《迦陵论诗丛稿》等专门讲说诗词的著作，我认为叶先生有几部书也有特别的意义。一是《杜甫秋兴八首集说》，展现的是她的考订疏证功夫；二是《王国维及其文学批评》，全面研究王国维的文学批评，是她的综合理论的大建树；第三就是《中国词学的现代观》。此书的主体就是当年的“迦陵随笔”，篇幅虽然不是很长，却是她整体学术研究的一个高峰，体现她对中国词学的一个整体的认识，是成功的批评实践与理论建设。迦陵先生写作此书的立意很高，是要在中西文论的比较研究中，为中国词学和王国维的词论，在世界文化的大坐标中找到一个适当的位置。这部书真正是打通诸家隔墙，跨越古今鸿沟，用缪钺先生的话说就是“体大思精，目光贯彻古今中西”。这些著作，都是叶先生“别有开发，能自建树”的成就。总之我想说的，就是关于叶先生，仅仅从学术本身的角度而言，也值得我们后学认真地研究，里边有许多值得研究的课题。

关于宗教信仰，叶先生说："我并不是一个完全的基督徒，我也听佛教高僧的说法，我是一个有宗教情操的人，但并不被任何宗教所拘限。"有这样情操的人，当然会有一种坚持的精神，一种超越的追求。当年，赵朴老（赵朴初）曾填词，称赞叶先生，"是悲心，参透词心，并世清芬无几"。叶先生自己在讲到稼轩词时说：真正伟大之作者是以自己生命个体之志意与理念来写作他们的诗篇，而且是以自己整个一生之生活来实践他们的诗篇的。迦陵先生正是如此来讲授诗词与研究学术的。

五　我从未去过温哥华

2015 年 8 月，《中华读书报》来电话，让我写一篇关于叶先生的文章，我虽然答应了，但多少也有一丝顾虑；虽然有顾虑，但心里也是想着要写，然而想得越多越写不出来，不知从何下笔。

这次终于有个机缘，就是三联书店最近集中推出叶先生的几种书。《迦陵谈诗》和《迦陵谈诗二集》是姊妹篇，都是叶先生研究中国诗歌多年的心得。前者是叶先生第一本谈诗的书，书中随处可见作者细密的诗情与诗心及对诗的独到见解和深刻体会；在后一本书中，可见作者从主观到客观，从感性到知性，从欣赏到理论，从为己到为人的赏诗历程。书后有"后叙"长文，总结"谈诗"的脉络之外，也总结了自己感性阶段之外知性的三方向：传记的、史观的、现代的——无论哪个面向，均服务于自己真诚的感受。《好诗共欣赏：陶渊明、杜甫、李商隐三家诗讲录》则撷取陶渊明、杜甫、李商隐三位诗人的诗作，从物象、心境、结构等角度切入，带领读者贴近作家的生命历程，体会诗作的美感特质。清词一直是先生研究的一个重点，她近年也在多个机会讲说清词，这次同时出版的《清词选讲》正是集中了她研究清词的精华，也是她词学研究体系中很重要的一部分。2015年年底再版的《迦陵谈词》则是作者第一本谈词的书。从王国维《人间词话》的三种境界谈起，继而赏析温庭筠、韦庄、冯延巳、李后主、晏殊和吴梦窗等各位词人的风格特色，其中当然包括《拆碎七宝楼台——谈梦窗词之现代观》那篇名文。因为此文，周汝昌当年专门在《读书》发表文章，称叶先生为“比较文学家”；还说：“不一定只是为了‘宋词’什么的，为文学艺术，为治学研经，都应该读一读她的这部著作。”（《读书》，1982年第十期）。而《红蕖留梦——叶嘉莹谈诗忆往》，作为迦陵先生第一本口述传记，在“谈诗忆往”之间，对自己一生的诗词创作、学术研究、人生经历和师友交游做了细致的梳理和深入的叙述，有很高的学术史价值。读此书，可以更全面地了解叶先生及其一代学人。

记得我第一次去北京首都机场，就是和叶先生的大侄叶言枢一起送叶先生。那是20世纪90年代早期，首都机场还没有机场高速，也没有二号航站楼，只有一号航站楼。北京那时虽然车不多，但开车从西单到首都机场却要将近两个小时。出了城，是很长一段公路，路两旁是高高的白杨树。

有一次我单独送叶先生去机场，车上闲聊，又说到温哥华，说到不列颠哥伦比亚大学建在海边，风景极美。那天她兴致很好，就说：“晓风你好好学英文，可以来不列颠哥伦比亚大学读书啊！”

怎奈我实在不争气，英文也太差，至今，我还从未去过温哥华。

写于2016年

（作者为南开大学中文系一九八七级学子）

柒

叶嘉莹与南开大学结缘的一段过往

陈　凯

“立德、立功、立言”三不朽是中国士人的崇高追求，叶嘉莹先生当是值得这样评价的。叶嘉莹先生著作等身、荣誉无数、桃李芬芳，是当代真正的穿裙子的“士”，先生之学术影响、人格魅力和荣誉嘉奖无须在此赘言。2005 年，我在南开大学求学时，对先生只是有所耳闻，然而当我离开南开园后，才深深地感受到了叶先生的独特光芒，当初错失了许多向先生请益的机会，甚为遗憾，真是身在高山而不知山之高。因此，我常常研读先生著作，并注意收集先生一些代表性的图书版本。近来，偶得先生 1991 年 12 月 16 日写给母国光校长的信札一封，言及南开大学建设中的几件事，颇值得纪念。

母校长尊鉴：

月前，蒙校方为我举行盛大之聚会。窃恐声闻过情，深为感愧。嘉莹既已从加拿大退休，极愿以有生余年报效祖国。不久前，逢诵丰处长曾与我两次同至北京办事，想逢处长已将有关情况向您报告。此事仍需加紧办理，应可早日有成。

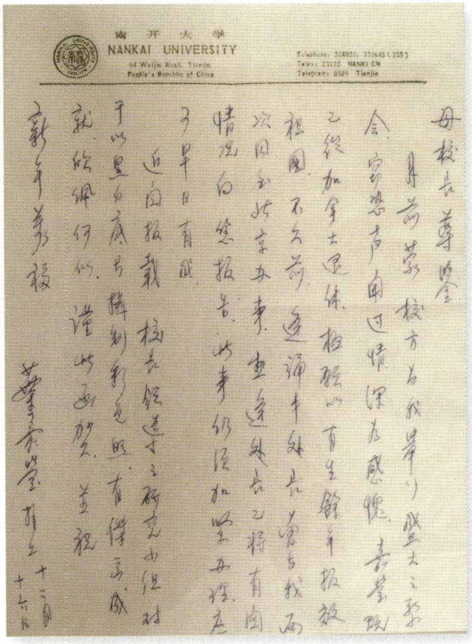

南开大学
NANKAI UNIVERSITY
94 Weijin Road, Tianjin
People's Republic of China
Telex: 23133 NANKI CN
Telegram: 0509 Tianjin

1991年12月16日，叶嘉莹先生写给时任南开大学校长母国光的信

近阅报载，校长领导下之研究小组对于以黑白底片摄制彩色照有杰出成就，欣佩何以，谨此函贺，并祝新年万福。

叶嘉莹拜上

12 月 16 日

1999 年，南开大学学报第五期刊载了叶先生的文章《诗歌谱写的情谊——伴随改革开放同步的我与南开二十年》，文中写道：

1989 年我自不列颠哥伦比亚大学退休，1991 年当选了加拿大皇家学会院士。那一年我正应邀在台湾“清华大学”客座一年，并在台大、淡江和辅仁三校兼课。寒假中南开大学邀我来天津，由前一任校长滕维藻和当时的在任校长母国光两位先生共同主持，为我获得了加拿大学术界的最高荣誉，在东艺系的演艺厅举行了一次庆祝会。

信中所说的“盛大之聚会”，就是指在南开大学东方艺术中心举办的庆祝会。加拿大皇家学会院士是加拿大学术界的最高荣誉，足见海外对叶先生学术地位的尊崇。滕、母两位校长同时参加，如此之规格可见校方对叶先生之厚爱深情。所以叶先生说“窃恐声闻过情”，也是先生感到十分荣幸，又有几分自谦之词了。

虽飘零在外，颠沛流离，但叶先生的一颗爱国之心始终赤诚。诗言志，文载道，“书生报国成何计，难忘诗骚李杜魂”。无论是诗中还是信中，都可见先生以文报国之一片丹心，矢志做中国古典文化的传薪者、点灯人。那么信中所谓“有关情况”究竟是指什么呢？我们也可以从《诗歌谱写的情谊——伴随改革开放同步的我与南开二十年》一文中找到端倪，接续前文引述：“也就是从那时开始，南开就经由当时外事处的逄诵丰处长，通过我侄子言材与我商议，希望我在南开成立一个研究所。”我们大概可以判断，那个时候，庆祝会后南开大学校方力邀叶先生留在南开，两位校长也一定出面做了很多工作。那两次赴京又是指什么呢？2012 年 4 月 24 日，《中国教育报》刊登了《母国光：一生与光同行》一文。文中讲到母校长加强人才建设时，写道：“为了能够聘任著名学者叶嘉莹，他们想方设法帮助解决了叶先生家在北京的一些产业问题。‘当时的外事处处长真的很厉害呀’，母国光生前提起来还十分感慨。”

叶先生 1924 年出生于北京，祖居西城区察院胡同十三号（20 世纪 60 年代变更为二十三号）。父母育有一女二子，叶嘉莹为长女。1948 年，叶先生离开北京后，多年未回。1974 年，叶先生在《迦陵杂文集》中记载，她从海外回国后，其居住的四合院已经成为大杂院。也许所谓叶先生产业问题应是指此四合院产权等问题。2003 年，该四合院拆迁。2016 年，叶先生将房产变卖，所得一千零八十万元全部纳入迦陵基金，这是后话。

这样结合起来，我们大致能梳理出信中所说事情的脉络，在两位校长为叶先生举办盛会之后，诚邀叶先生退休后能在南开大学设立新的研究机构，继续学术生命，校方责成当时的外事处处长逄诵丰同志负责对接此事。逄处长不仅沟通学术建设事宜，还多次陪同叶先生赴京解决先生在京的产业问题。同时，叶先生在南开大学建立研究所一事也推进顺利。1992 年，叶先生在南开大学创办中国文学比较研究所（1999 年更名为中华古典文化研究所）；1993 年，她受邀担任研究所所长。

信中所述黑白底片摄制彩色照这一项研究今天看来不足为奇，但当时在我国科技相对落后的国情下实在是一件大事。母校长访问研修回国后，于 1982 年在南开大学开始“用黑白胶片作彩色摄影”研究。1991 年项目攻关成功。借此重大成果，母校长当选为中国科学院院士。新华社以“我国彩色摄影技术首创奇迹，黑白胶片作彩色摄影获成功，这项研究已步入实用阶段”为题发布消息，国内外许多重要报刊进行了转载。该创举被评为 1991 年中国十大科技新闻之一。黑白感光片作彩色摄影技术及光学信息处理机成果后荣获 1992 年度国家技术发明二等奖。这是南开大学光学研究取得的又一次突破。叶先生对此的赞誉之情，溢于言表。

2013 年南开大学第一届荷花节，叶先生赋诗：“结缘卅载在南开，为有荷花唤我来。修到马蹄湖畔住，托身从此永无乖。”这封信也是叶先生与南开大学结缘的一份珍贵记录。“允公允能，日新月异”的南开精神始终闪耀着蓬勃的生命，也正是南开大学“知中国，服务中国”的宗旨成了叶先生书生报国的知音。南开大学百年华诞刚过，大学须有大师，而叶先生无疑是南开奋进新时代的重要基石。

1991年，原南开大学校长滕维藻（左）、时任校长母国光（右）为叶嘉莹先生当选加拿大皇家学会院士开庆祝会

祝愿叶先生健康长寿！

祝愿南开大学越来越好，再谱华章！

写于 2020 年 7 月

（作者为南开大学商学院二〇〇五级学子）

捌

“叶氏驼庵奖学金”，为我打开一扇窗

刘炫利

2020 年 10 月 17 日，是南开大学诞辰纪念日，也是叶先生文学纪录电影《掬水月在手》放映的日子。伴随着恢宏广达的雅乐，所有过往一一铺陈开来。坐在影院的软椅上，我不由忆起三年前见到的叶先生……

一　误打误撞走近诗词

2017 年年初入南开大学，听闻“汉唐风韵”诗词大赛即将举办，我抱着自我检测的想法，毫不犹豫地报名。顺利通过初试后，我收获了奖品《与诗书在一起》。书中收录了叶先生的诗作与研究成果。透过喷珠漱玉的文字，我在细细品读间丰满想象中的叶嘉莹。

没多久，我被通知参加笔试。笔试题目较初试更为丰富，难度更具层次，内容涉及儒学经典和古典诗词。那时八里台柳浓如烟，新开湖清洌泄玉，大中路层林染金，二主楼的考场内，窗明几净，寂静无声，只闻沙沙笔触，唯有诗词谱出歌韵，结庐诗境，不闻喧嚣。

2016年，“叶氏驼庵奖学金”和“蔡章阁奖助学金”首次向全校开放，设“儒学基础及古典诗词”测试作为评定标准。我参加时应为第二年,“汉唐风韵”诗词大赛复赛与“叶氏驼庵奖学金”合二为一。当时消息闭塞，我对来龙去脉不了解，却误打误撞搭上这班车，亲身体验诗词之美，何其之幸！近年来我亦时时关注，看到参赛学子越来越多，赛况越来越盛，诗词在学子间掀起阵阵风潮，无数个年轻的梦想在闪闪发光。

从津南到八里台，从历史学院到文学院，因为一场比赛，我在不经意间撞进了许多意外的美好，收获了深有余韵的人生。年少时那些关于诗词和文学的梦，再度插上了自由翱翔的翅膀。

二　学子初识迦陵先生

一个月后，我被通知参加颁奖典礼。我既喜不自胜，又忐忑万分。长久以来，我对先生的了解仅限于她的诗词与报道，得以现场聆听先生教诲，甚为激动。

12月21日晚，“叶氏驼庵奖学金”颁奖典礼在田家炳音乐厅举行。现场座无虚席、人山人海。宏大的音乐厅容不下热情的观众，不少人挤坐在讲台旁。大家热切讨论着、期盼着。

叶先生来了，她身着绛紫色衣衫，缓步走来，气静神闲，雍容典雅。全场随之爆发一阵躁动，又在瞬间恢复宁静。

叶先生亲自为我们颁奖，从先生手中接过证书那一刻，我感受到先生温和内敛的学者气质，也感受到先生的和蔼可亲。那份举重若轻，是经岁月打磨和积淀凝练成就的从容。先生为每名学子颁奖时，都会轻轻侧身，面带微笑，抬手示意，小小细节，足见涵养，令人起敬。

颁奖典礼后，先生做了《“心中一焰”——我对后学者的期望》的演讲。先生伫立讲台，似傲雪青松，如空谷幽兰，目光炯炯，语速舒缓，将过往故事娓娓道来，一站两个小时。时先生已九十有三，仍精神矍铄。

先生从自身经历谈起，中间穿插对诗词、对人生的体悟。先生一生历经战火纷飞、非常岁月、海外飘零、至亲离世，“转蓬辞故土，离乱断乡根。已叹身无托，翻惊祸有门”，此间心酸，深宵执笔和泪吞。寸心如水，也曾局囿深杯里。但历尽冰霜偏未死，痛极之后终彻悟；以悲观度乐观，以无生为有生。

之前拜读先生诗评，对“弱德之美”似懂非懂，直至了解先生的生平，方对“弱德”内涵萌生实在体悟，形弱却心怀德养，艰困却固守本心，历千帆仍天真，纵百凶亦淡然。先生以“弱德”评诗，她身上亦无处不闪烁“弱德之美”。

讲座最后，先生语重心长地说：“中国的古典诗词有太多美好的东西，我有责任把它传给更多的后人。‘柔蚕老去应无憾，要见天孙织锦成’，我把希望寄托在你们年轻人身上，希望你们都是织锦的天孙！”这句话，可谓振聋发聩，要见天孙织锦成，是先生对后学的殷殷期盼，也是对传统诗词传承的深沉期许。

三　高山仰止先生其人

我自幼向往诗词之美，诗词是流动的文字，是凝固的音乐，寥寥数语，方寸之间，却使人置身千秋画卷，唐时明月，宋时江波，一朝入梦。我亦早听闻叶先生是“最后一位士大夫”“最后一

2017年12月21日，叶嘉莹先生与南开大学党委常务副书记杨克欣（左四）为获奖学生颁奖，一排右一为刘炫利

位女先生”。她以吟诵的方式读诗，传承古典诗词本真之美。但那时的我看先生，高山巍峨仰之弥高，隔着朦胧面纱，只有模糊印象。获奖后，我对先生的了解逐日增多。

诗词伴她走过岁月长河。她从古诗词中获得圆满智慧，也希冀与他人分享，在体会乐趣中将古典文化发扬光大。

几十年耕耘，先生在南开撒下诗词的种子，桃李满天下。先生不仅辛勤耕耘，还出资设立“叶氏驼庵奖学金”以励后学。“驼庵”是先生恩师顾随先生晚年别号，顾先生为她打开一扇窗，令飞蝇得以翱翔于更广阔天地；而叶先生亦将心头火焰传递下去，使古典诗词风韵历久弥新，传承永继。

“遗音沧海如能会，便是千秋共此时”，先生正如她诗中描述的蓝鲸，自远海之上，以诗词为声，裹挟着悠远时空的无尽浩渺，仿佛在与谁对话，又宛若一场独白，千秋共情终会灵魂共鸣。

春蚕吐出金丝，天孙织就云锦，即使莲花或将凋落，还有莲子留给世人……叶先生于我已不再是模糊的“文化符号”，而是变得鲜活生动，丰满具体。

写于 2021 年 4 月

（作者为南开大学历史学院二〇一七级学子）

第二章

师弟因缘逾骨肉

師弟因緣逾骨肉
書生志意託謳吟

迦陵 2021年秋
于南開大學

中央文史研究館用箋

壹

祝寿歌

安　易

十年风雨翳中华，蕙萎兰芜旧梦赊。[①]
北海南溟烟水渺，东篱西郭夕阳斜。[②]
忽有薰风海上来，携将玉露灌灵台。
一从曲径通幽境，便有心花迤逦开。[③]
迦陵不是他乡客，生长燕京有故宅。[④]
髫龄学问仰观堂，颇恨生晚失亲炙。[⑤]
弱冠读书入上庠，曾得名师玉尺量。[⑥]
期开新境为马祖，莫效曾参步素王。[⑦]

注释：

① 1966 至 1976 年，大学停止招生，大批学龄青年被迫上山下乡。

②“文革”耽搁了整整一代学龄青年，其中大多数人的青春理想俱成泡影。

③中国与加拿大建交后，自 1979 年开始，叶嘉莹先生每年利用假期从加拿大自费回国讲学，深受当时广大高校师生，尤其是

恢复高考后入学之一九七七级、一九七八级学子欢迎。

④先生自号迦陵，生长于北京，祖居西城察院胡同。

⑤王国维（1877—1927），字静安，号观堂。叶先生尝言："予生也晚，计静安先生自沉昆明湖之日，我生尚不满三岁，固未得一亲聆其教诲也。"（参见《说静安词〈浣溪沙〉一首》，叶嘉莹《迦陵论词丛稿》，上海古籍出版社，1980 年 11 月出版）

⑥先生十七岁考入辅仁大学国文系，古典诗词师从顾随先生。顾随先生曾言："假使苦水有法可传，则截至今日，凡所有法，足下已尽得之。此语在不佞为非夸，而对足下亦非过誉。"（参见顾随先生 1946 年 7 月 13 日致叶嘉莹信，赵林涛、顾之京编《顾随与叶嘉莹》，河北教育出版社，2009 年 11 月出版）

⑦顾随先生又言："不佞之望于足下者，在于不佞法外，别有开发，能自建树，成为南岳下之马祖，而不愿足下成为孔门之曾参也。"（参见赵林涛、顾之京编《顾随与叶嘉莹》，河北教育出版社，2009 年 11 月出版）

沧海扬尘断雁哀，天将厄祸妒英才。①
曾蒙冤狱悲台峤，②又验占辞哭水涯。③
忆昔华年远离别，故乡万里音书绝。
每依明月望东天，望断天东肠寸结。④
亲朋师友阻长河，风雨神州隔素波。
李杜诗骚魂尚在，书生报国叹蹉跎。⑤
所幸一朝风雨散，星星客鬓未全皤。⑥

注释：

①抗战期间，先生与父生离，与母死别；随夫君迁台后，先生与大陆家人音信断绝，天各一方；台湾"白色恐怖"时期，先

生夫君蒙冤入狱，先生独身携女颠沛流离艰难谋生。历数先生当年之所经所历，皆与历史背景下国家民族之命运息息相关。

② 1949 年 12 月，先生夫君因“思想问题”被捕入狱，翌年暑期在彰化教书的叶先生亦被彰化警局拘留，旋以查无实据被释，却因此而失业失所，无家可归。（参见《红蕖留梦——叶嘉莹谈诗忆往》，生活 · 读书 · 新知三联书店，2013 年 5 月出版）

③ 1969 年，先生因签证问题滞留于加拿大，其所写《异国》一诗中有云：“行前一卜言真验，留向天涯哭水湄。”诗后有注曰：“来加拿大之前，有台湾友人为戏卜流年，卜辞有‘时地未明时，佳人水边哭’之言，初未之信，而抵加后之处境竟与之巧合，故末二句云云。”（参见叶嘉莹诗《异国》，《迦陵诗词稿》，中华书局，2007 年 2 月出版）

④先生于 1978 年冬有《浣溪沙》词云：“只缘明月在东天，从此惟向天东望。”（参见《迦陵诗词稿》，中华书局，2007 年 2 月出版）又，先生于课上尝言，在海外每当给学生讲杜甫诗《秋兴八首》至“每依北斗望京华”一句时，都会不由自主地声带哽咽。

⑤先生对当时国内垂垂危矣的古典诗词传统之存亡续绝向有使命之感。1978 年，先生在加拿大接到李霁野先生来信言及当时国内教育界之情势，曾有诗云：“他年若遂还乡愿，骥老犹存万里心。”（参见叶嘉莹诗《再吟二绝》其二，《迦陵诗词稿》，中华书局，2007 年 2 月出版）1979 年回国讲学时又曾有诗云：“书生报国成何计，难忘诗骚李杜魂。”（参见叶嘉莹诗《赠故都师友绝句十二首》其十二，中华书局，2007 年 2 月出版）

⑥“文革”结束于 1976 年 10 月。1977 年冬，国内大学举行了第一次高考。先生于 1979 年春第一次回国讲学，时年五十五岁。

打点诗书归故里，高原着意栽桃李。①
周游学府讲筵开，倾倒满堂三百士。②
蹈水前修引恨深，文人风骨日消沉。③
自由思想群贤弃，独立精神万马喑。④
文章论著但随潮，此弊由来非一朝。⑤
沥胆披肝传体悟，始教学子识风骚。⑥
诗法词心多妙钥，先人遗泽元非薄。⑦
古今接轨越鸿沟，阐证精华辨糟粕。⑧
风雅歌吟出六经，兴观群怨识民生。
自古黉宫重诗教，感发生命启心灵。⑨
固本培元兴幼教，⑩中西学理津梁造。⑪
欲将弱德挽颓波，⑫戮力躬行先路导。⑬
歌诗吟诵久沉埋，古木离根事可哀。
疏理迷津归六义，传薪播火育新材。⑭
诗余小道伤轻靡，细说花间言外旨。
寂寞词坛几度秋，天风簸动沧浪水⑮。
迦陵诗笔立其诚，历尽劫波心底声。⑯
独伴荷花望明月，⑰九州雾露总关情。

注释：

①先生一向以为，古典诗词的根在中国，培育古典诗词人才的土壤也在中国，曾谓自己多年来在海外“用异国的语言来讲授中国的古典诗歌，总不免会有一种失根的感觉”。（参见《迦陵杂文集》，北京大学出版社，2008 年 4 月出版）

②自 1979 年始，先生几乎每年都利用假期自费回国讲学，足迹几遍全国各地，并先后受聘为多所大学的客座教授。先生曾有诗记当时在南开大学讲课的场景云：“白昼谈诗夜讲词，诸生与我

共成痴。临歧一课浑难罢，直到深宵夜角吹。”又云：“题诗好订他年约，赠画长留此日情。感激一堂三百士，共挥汗雨送将行。”（参见《天津纪事绝句二十四首》其二十、二十一，《迦陵诗词稿》，中华书局，2007 年 2 月出版）

③王国维先生于 1927 年 6 月 2 日在颐和园昆明湖投水自尽，学术界对其死因至今争论不休，未有定论。

④陈寅恪于 1929 年为清华园王国维先生纪念碑撰写的碑文云：“士之读书治学，盖将以脱心志于俗谛之桎梏，真理因得以发扬。思想而不自由，毋宁死耳！”又云：“先生之著述或有时而不彰，先生之学说或有时而可商；唯此独立之精神、自由之思想，历千载万祀，与天壤而同久，共三光而永光！”（参见《〈人间词话〉七讲》，北京大学出版社，2014 年 5 月出版）

⑤先生曾谓“众口一词，相率为伪”乃是“一切堕落的开始”。盖“文革”中“小报抄大报，大报抄梁效”，绝非仅新闻界而已，于学术界亦流毒匪浅焉。

⑥先生讲解古典诗词融会中西，阐发精微，深入浅出，诸生虽根基各异但皆有所得，常常听得如醉如痴。在 20 世纪八九十年代的商品经济大潮中，人心未免浮躁，有学生提问：“古典诗词虽好，但我等学之究何所用？”先生径答之曰：“可以让你的灵魂不死！”

⑦先生尝言，中国古代诗话词话往往有精微独到的体会，与西方近代文论也有某些暗合之处，但由于缺少逻辑严明的理论分析，故往往难以为现代人所理解。（参见叶嘉莹《对传统词学与王国维词论在西方理论之观照中的反思》）

⑧参见叶嘉莹《词学新诠》一书中《对常州词派张惠言与周济二家词学的现代反思》《对传统词学与王国维词论在西方理论之观照中的反思》等文。

⑨先生谓古典诗词中有一种“感发的生命”是不死的，它不但在千百年后仍可在读者心中引起与作者的共鸣，而且还可以由感发的联想而一生二、二生三、三生无穷。

⑩先生认为，一个人如果缺乏感发联想的能力，将来不管从事文学还是从事科学都难以达到第一流的水平，但如果让儿童从小多背诵古诗，是可以培养这种能力的。因此在20世纪90年代，先生勠力躬行，分别在加拿大温哥华、中国天津、中国台湾做过为幼儿讲古诗的示范录像。1996年，先生曾为田师善给儿童编选的《与古诗交朋友》一书配录了吟诵磁带。1998年，先生还曾致函国家领导人，呼吁国家重视对儿童的古典诗词教育。

⑪先生采用西方现象学、诠释学、符号学等新理论对中国词论进行观照与反思，从而对中国词学中的各种困惑与争论做出了清晰的阐释与论证。（参见叶嘉莹《词学新诠》中诸文，北京大学出版社，2008年4月出版）

⑫先生论词曾自创一术语曰“弱德之美”（the beauty of passive virtue），指处在弱势和压力之下仍有所坚持、有所完成的一种品德持守之美。

⑬先生曾说：“当一个人处在一个充满战争、邪恶、自私和污秽的世道之中的时候，你从陶渊明、李杜、苏辛的诗词中看到他们有那样光明俊伟的人格与修养，你就不会丧失你的理想和希望。”又说：“我既然认识了我们中国传统文化里边有这么多美好的、有价值的东西，我就应该让下一代人也能领会和接受它们。如果我不能传给下一代，在下对不起年轻人，在上对不起我的师长以及所有古代那些伟大的诗人。”（参见叶嘉莹《要见天孙织锦成——我来南开任教的前后因缘》）

⑭先生大力提倡吟诵，谓“中国古典诗歌之生命，原是伴随

着吟诵之传统而成长起来的。古典诗歌中的兴发感动之特质，也是与吟诵之传统密切结合在一起的。而且重视吟诵这种古老的传统，并非如一般人观念中所认为的保守和落伍。”（参见叶嘉莹《谈古典诗歌中兴发感动之特质与吟诵之传统》）20 世纪 70 年代，先生在加拿大曾特意托学生到台湾大学请戴君仁老先生录下了吟诵各体诗的磁带（戴先生逝世于 1978 年）。至互联网普及后，戴先生这些吟诵录音遂得以在大陆普及流传，先生对此深感欣慰。

⑮ 先生论词主张“词以有言外意蕴的潜能为美”，盖古人以词为“诗余”，爱其绮丽而伤其轻靡，时有困惑焉，先生首探词与诗不同之美学特质，结合古人及现代西方理论详析由花间至苏辛、至南宋诸家之优劣，建立了完整的词学体系，为今人对词的赏析与研究提供了理论基础。

⑯ 缪钺先生曾谓叶先生诗词之作皆“称心而言，不假雕饰”。先生亦以为然，并曾说：“我的写作态度一向都是以‘修辞立诚’为主的。”（参见《叶嘉莹作品集 · 创作集序言》，《迦陵杂文集》，北京大学出版社，2008 年 4 月出版）

⑰ 先生梦中得句曰“独陪明月看荷花”。（参见《梦中得句杂用义山诗足成绝句三首》，《迦陵诗词稿》，中华书局，2007 年 2 月出版）

莲花生日降同辰，肇锡嘉名有胜因。①
为爱南开芰荷美，卜居设帐到津门。②
筚路辛勤劳岁月，载途坎坷多风雪。③
自将慧眼识阴晴，风雪无伤肠内热。④
南开西北有高楼，深夜灯光总不收。⑤
治学从无违心论，著书不为稻粱谋。⑥

新桃旧李遍天下，众里颇多佼佼者。[7]
得从华夏育英才，君子人生之乐也。
建所今经二十春，滋兰树蕙自耕耘。
宝刀不老勤磨砺，绛帐常施细论文。[8]

注释：

①先生尝言："余生于荷月，双亲每呼之为'荷'，遂为乳字焉。"（参见《木兰花慢》序，《迦陵诗词稿》，中华书局，2007 年 2 月出版）

②国内曾有数所大学皆希望先生在加拿大退休后回国与之合作建立研究所，先生最终选择于 1993 年在南开大学建立了中国文学比较研究所（后改名中华古典文化研究所）。盖南开大学有马蹄湖遍植荷花，每值荷月，红衣的历，翠盖娉婷，蔽水接天，洵为胜景，先生殆为荷花来乎？

③研究所因种种原因而起步维艰，直至 1997 年才有了第一批正式的研究生。

④这个研究所建所之初，正值改革开放进一步深入、市场经济迅速兴起、整个社会的注意力都放在如何增加经济效益上的时候。对于先生这样一位重精神过于重物质、重理想过于重现实的学者来说，也许并不是一个合适的建所时机，然而由于种种机缘巧合，这个所不但在那个时候建立起来了，而且在先生的努力和南开大学及社会诸方面热心人士的帮助之下，一步一步地克服了各种困难，逐渐发展起来了。

⑤先生早期给研究生上小课皆在专家楼客房内，2002 年始迁入西南村新居。晚课讨论往往师生皆兴起，迟迟不肯散去，下课常在十点至十一点之间。

⑥先生尝言："真正伟大的诗人是用自己的生命来写作自己的

20世纪80年代末，叶嘉莹先生与安易（右）在南开大学校园

诗篇，用自己的生活来实践自己的诗篇。而讲诗人要做的，是要透过诗人的作品使这些诗人的生命心魂得到又一次再生的机会，而且在其再生的活动中将会带着一种强大的感发作用，使我们这些讲者与听者或作者与读者都得到一种生生不已的力量，在这种以生命相融会、相感发的活动中，自有一种极大的乐趣，而这种乐趣则与所谓是否成为一个学者或是否获致什么学术成就，可以说并无任何干系。”（参见《叶嘉莹作品集总序》，《迦陵杂文集》，北京大学出版社，2008 年 4 月出版）

⑦先生华诞，海内外诸门下来津祝寿者济济一堂，其中多有古典文学界知名的专家学者。

⑧先生九十高龄仍未离讲台，门下皆得亲炙，至于旁听诸生及讲座听众，则受益者众矣。

九五寿辰开寿宴，长歌把酒称觞献。
愿师多福享椿年，愿师矍铄永康健。
愿师园圃春意浓，岁岁年年花不断。
愿师常似藐姑仙，寒暑不伤春风面。
君不见，西天有鸟号迦陵，超凡脱俗妙音声。
莲花座下闻一曲，尘心褪尽道心生。
君不见，大吕黄钟雅乐多，霓裳剑器亦婆娑。
将进酒兮醉颜酡，听我长吟祝寿歌。[①]

注释：

①我生不幸而遭逢“文革”，我生有幸而得遇先生，如学鸠而得见鹏飞之远，如斥鴳而终知九万里之高。值此盛宴，对酒当歌，不辞浅陋，献此刍荛，聊表感激之情且博先生一笑耳。

这首长诗是2014年先生九十寿辰时写的，考虑到诗中叙事简略，2019年先生九十五岁寿辰时，又把此诗分了段落加了注解。一来是为给先生祝寿，二来也是想把在先生身边耳闻目睹先生的经历和所做的事情做一个纪实性的记载。

（作者为叶嘉莹先生在南开大学的第一任秘书）

贰

望日莲

张　静

2015 年 10 月 17 日，在南开大学校庆日当天，位于八里台校区思源堂与陈省身先生故居之间的迦陵学舍落成启用。从此，叶嘉莹先生结束了四十六年的温哥华生活，不再每年跨洋奔波，而决意定居南开园。

自 2012 年 3 月至 2015 年 9 月，每年春夏之际我都有幸“千里伴师行”[1]，陪同叶先生一起飞至温哥华共同工作、生活和学习。回首在温哥华与叶先生“相看两不厌”（李白《独坐敬亭山》）、“携手日同行”（杜甫《与李十二白同寻范十隐居》）的日子，确实是一段令我最为珍存的记忆。席慕蓉老师曾经说：“文学就是你感受到的最真实美好的时刻，你想把它留下来。”（《在母亲的草原上遇见了铁蹄马》，2016 年 9 月 19 日南开大学演讲）此文速写云城陪侍先生所受诗教之一二剪影，聊表一瓣心香。

在温哥华，先生每日早餐就是两片面包，一碗豆浆煮麦片。即使是吃这两口饭，先生也往往会打开电脑，一边读邮件，一边

1　宋人张先《江南柳·隋堤远》、石孝友《水调歌头·送张左司》词中均有“千里伴君行”之句。

囫囵吞枣地仓促吃完。只要不列颠哥伦比亚大学的亚洲图书馆开放，她都会到那里去查资料、写作和研究，风雨无阻。除了午间到亚洲系的休息室用自带的午餐外，先生要在图书馆一直待到关门才离开。先生的午餐是自做的三明治、蔬菜沙拉、煮蛋和水果。所谓三明治不过是两片面包，一片涂上果酱，一片涂上花生酱，中间夹片火腿而已；所谓蔬菜沙拉不过是将西芹、苦瓜、彩椒、西兰花等蔬菜切丁后用开水烫一下，并不添加任何的佐料或沙拉酱。晚上回家，先生通常是煮面，因为煮面最省事：水烧开了，放些青菜、豆腐，偶尔放一块烤鸡肉或半条鱼进去，然后面条一煮就行了。先生常说："怎么省事怎么来，吃什么都无所谓，填饱肚子而已。"晚餐时刻大概是先生一天中最轻松的时分，边吃饭边浏览报纸。先生最喜欢翻阅的栏目是时事新闻和文艺副刊，遇到关心的话题或精彩的文章，常常会轻声诵读。晚饭后先生要处理邮件，遍布全球的叶门弟子及朋友有的会传来风景照片，有的会传些有趣的视频链接，有的请先生写评鉴材料，有的请先生批阅最近的论文，有的汇报工作，有的倾诉衷肠……总之，先生只要血压平稳，就会一一回复。待先生要洗漱做操时往往已至午夜时分，她上床休息更要迟至凌晨一两点钟，日日如此。

陪侍先生左右，一个最强烈的感受就是：先生是沉浸在诗词中的，周围的景物往往会令她将烂熟于心的佳句名篇脱口而出。先生每年在温哥华生活的春夏两季是当地最美的时光，群芳依次盛开。不列颠哥伦比亚大学的 Lower Mall（注：一条街的名称）是先生每日去亚洲系图书馆的必经之路。4 月之初，此路两侧的樱花怒放，花伞如盖，先生经过此地常会吟起吴文英的"绣幄鸳鸯柱。红情密，腻云低护秦树"（《宴清都 · 连理海棠》）。有一次，我们在归家的路上看到一户人家门口一株高大的紫玉兰树，前两天还于枝头盛开的花瓣，如今却洒落一地，宛然一幅"寂寞开无

叶嘉莹先生、张静（左七）与温哥华友人

主”的原生态图景，先生于是先吟起了王维的《辛夷坞》：“木末芙蓉花，山中发红萼。涧户寂无人，纷纷开且落。”继而又吟到李商隐的《寄恼韩同年二首》其一：“帘外辛夷定已开，开时莫放艳阳回。年华若到经风雨，便是胡僧话劫灰。”先生边开车边自语：“义山的结句可是悲观的啊！”

温哥华也是座多雨的城市。刚到这里的时候，我说它的天气预报真是难报，因为依山傍海，忽然间不知哪里飘来一朵云彩就会下一阵雨，很难预计。后来我改变了想法：其实这里的天气预报也容易，每天都报成“今日多云转晴，有雨”，基本就不会错啦。先生先前送我的一顶雨帽，在国内很少用到，但在温哥华却派上了用场。这雨帽由无色透明的塑料制成，质地薄而轻软，方便折叠后随身携带；下雨时套在头上，两端一系，可以很好地保护头发不被淋湿；取下后，用手抖弄两下，很快就干爽了。先生通常将车泊在不列颠哥伦比亚大学的菲沙停车场（Fraser Parkade），我们出来需要露天步行五十米左右进入亚洲系图书馆，如果有雨就戴上雨帽，还不影响双手拎书包、电脑和便当。好在温哥华飘的多为蒙蒙细雨，即使不撑伞，身上也不至于淋个落汤鸡般的狼狈。只是我在温哥华还没见到第三个戴雨帽的人。叶先生笑称这是二三十年前流行的东西，估计已被时尚的年轻人视为古董了。

先生惜时如金，基本上所有的会谈，她都安排在午间不列颠哥伦比亚大学亚洲系的休息室，一边吃自带的午餐，一边与这些来自各地的学生、拜访者、记者等聊天。用餐完毕，叶先生即刻上楼到自己的“斗室”继续用功。“斗室”其实是不列颠哥伦比亚大学亚洲系图书馆提供给研究者使用的小房间，仅能容下一张台子、一把椅子而已。三面墙上分别钉有书架、黑板和木板。先生房间内台子上端的书架上堆满了她手写的文稿、复印的资料；台子左侧的书架上则是她正在阅读使用的书籍文献；台子右侧的木板上钉了一张张的小纸条，上面蝇头小字密密麻麻地记录着先生曾经查阅的资料条目，木板旁的黑板上先生用粉笔做备忘录。不列颠哥伦比亚大学亚洲系图书馆二层内共设有十一个这样的小房间，我也申请到一间，就在先生“斗室”的隔壁，先生的房间号码为“XX”，我的房间号码则为“YY”。使用者可在卡片上写下自己的名字，将卡片插入房号下的透明格内，表示此室有主。除了偶尔见到有人在“斗室”用一两个钟头的功外，其他九间斗室绝大多数时间都空着。因为“斗室”设在二楼，而烧开水的休息间是在地下一层，先生说先前没有我陪伴的日子，她自己在图书馆就从不打水喝，一来节约时间，二来也省去了上洗手间的麻烦。每天我随先生离开图书馆的时候，工作人员就起身取钥匙准备锁门。先生俨然已经成为这里的一道风景！

除了到图书馆，先生在温哥华每年暑期还会利用周末应华人社团（如台湾大专校友加西中文侨校联合会、不列颠哥伦比亚省中文协会、温哥华中华文化中心、岭南长者学院、加拿大华裔作家协会等）的邀请举办大型的系列讲座。听众中有年逾古稀的老者，也有上幼儿园的孩童；有来自中国大陆、中国台湾、中国香港、新加坡等各地在温哥华访学的学者，也有温哥华本地的华裔作家、艺术家。先生每年暑期在温哥华的演讲也已成为当地华人文化艺术界的一桩盛事。有记录可查的演讲内容包括：《北宋初期晏欧词》（四讲）、《柳永苏轼词讲座》（六讲）、《杜甫诗》（八讲）、《百年回首》（五讲）、《从性别与文化谈女性词人美感特质之演进》（十三讲）、《诗词文本中的多义与潜能》（二讲）、《古诗十九首》（六讲）、《陶渊明组诗》（六讲）、《清词系列讲座之一：清词中兴》（八讲）、《清词系列讲座之二：陈维崧（阳羡词派）、朱彝尊、纳兰》（六讲）、《清词系列讲座之三：朱彝尊为首之浙西词派》（六讲）、《清词系列讲座之四：张惠言为首之常州词派》（六讲）、《王国维的〈人间词话〉问世百年的词学反思》（六讲）、《北宋名家词选讲》（六讲）、《清末民初遗民词人词中的"弱德之美"》（六讲）、《中国古典诗歌之美感特质》（三讲）、《李商隐诗》（三讲）等。

在纽约出生长大的美籍华裔女孩儿张元昕，正是由于2010年、2011年连续两年在温哥华听了先生的系列讲座，而立志传承中华古典诗词和传统文化。她于2011年9月以优异成绩正式考入南开大学文学院，跳级三年修完本科学业后，又跟随先生攻读研究生，硕士毕业即被哈佛大学全额奖学金录取，同时获得费正清东亚研究中心奖学金的资助。

叶嘉莹先生不但登台讲诗极具感染力，在日常生活中评诗论词更是时现灵光，引人妙悟。有一次在谢琰先生家中用餐，因为天热，谢太太施淑仪老师随手取出一把小巧的折扇递给叶先生用。餐后大家聊天，施老师就请叶先生看扇面上题写的李白《听蜀僧濬弹琴》一诗：

蜀僧抱绿绮，西上峨眉峰。
为我一挥手，如听万壑松。
客心洗流水，余响入霜钟。
不觉碧山暮，秋云暗几重。

施老师说自己早年记诵的版本好像第二句是“西下峨眉峰”，不知哪个版本正确。叶先生说：“你的感觉呢？我们学诗不能说以前有版本用‘西下’我们就背‘西下’，现在有人用‘西上’版本了，我们又改用‘西上’，人云亦云。作诗一定要有自己的体会，学会自己做判断。究竟用哪个字更符合上下文意？用哪个字更具表现力？既然此诗是描述音乐的感染力，那么这位琴僧应该是有过相当的体悟才能实现这般高妙的境界。‘上’是进行时，‘下’才是完成时，自然是‘西下’更为妥帖了。”

偶发的事件也会引发先生与前贤千古神接，仿佛她已将自己的生命与诗词熔铸在一起。记得有一次，我在先生温哥华家中熬中药后去室外的垃圾箱倒药渣，不小心将药锅给摔碎了。沮丧的我进屋告诉先生自己的过失，没想到先生居然马上诵起了虚云法师的《开悟偈》：“杯子扑落地，响声明沥沥。虚空粉碎也，狂心当下息。”坐定后先生又说起当年在北京时曾听伯父讲过孟敏“甑已碎矣，顾之何益”的故事，当时她的感受就如同读《论语》“朝闻道，夕死可矣”的话一样，灵光一闪，受益终生。

叶先生也关注现代诗。记得2012年4月9日《中国社会科学报》上曾刊登过一篇文章《白璧微瑕说〈乡愁〉—— 余光中先生

〈乡愁〉“方”字臆解》，作者认为《乡愁》诗第三章里的“乡愁是一方矮矮的坟墓”，用“方”来做“坟墓”的量词与事实不符，宜改为“座”。

乡愁

小时候，
乡愁是一枚小小的邮票，
我在这头，
母亲在那头。
长大后，
乡愁是一张窄窄的船票，
我在这头，
新娘在那头。
后来啊，
乡愁是一方矮矮的坟墓，
我在外头，
母亲在里头。
而现在，
乡愁是一湾浅浅的海峡，
我在这头，
大陆在那头。

那天午间在亚洲系教师休息室共进午餐时，我将这篇文章中的观点向先生请教：“考虑到此诗其他章节里几个量词，都具有小而轻的特点，而且均为平声字，还是‘方’比‘座’更合适吧？”先生回答：“不仅如此，而且应当注意量词之后字的读音。‘小小’‘窄窄’‘矮矮’‘浅浅’均为仄声，一定是前面跟一个平声字

张静（右一）陪同叶嘉莹先生在北京大学与余光中先生夫妇交流

读来更上口。余光中先生不仅写新诗，也有很好的旧学根底，所以他的新诗中也能注意到字句间平仄相间的声音节奏。”

先生鼓励学生多读诗、多背诗，但作诗则强调最好等诗自己跑出来。2015 年，我跟随先生在温哥华期间，正好也协助先生编选《给孩子的古诗词》一书。先生嘱咐我将王安石、杨万里两家的绝句细读一遍，那些天我夜以继日地读诗选录。一天午后醒来，我脑子里竟然清楚地记着梦中有两句诗：“桨声身影动，疏翠任寒风。”我讲给先生听，先生大喜：“你也梦中得句了！”少顷先生说：“应该给它凑成一首诗”，略一沉吟，先生脱口而出：

偶向荷塘过，天边夕照红。
桨声身影动，疏翠任寒风。

我马上记录下来给先生看，先生说：“是首有格调的好诗。你的梦中得句不像我自己梦中得句用李商隐的诗足成，而是叶嘉莹足成。”

先生的意志力十分强大。2014 年 7 月下旬，先生在家中收拾回国装箱的资料书籍时，不慎摔倒，腰部扭伤。几天后不列颠哥伦比亚大学为先生举办九十华诞庆祝会，先生依然坚持站着用英文发表了半个多小时的讲话。第二天先生伤痛加剧，以至于每次下床都十分艰难。我虽然就住在她卧房的隔壁，但先生从不喊我协助，每次下床都坚持自己在床上挣扎盘桓良久。我禁不住跟叶先生提“意见”：“人家都说‘养兵千日用兵一时’，您为什么还这般客气？”先生却说：“我们整日形影不离，我每天都在用你啊！但我自己能做的事情还是要自己做。”

2015 年 6 月，我随叶嘉莹先生最后一次一同乘机从北京飞往温哥华，在机场候机的时候，先生说出发前刚刚收到曾庆雨同学的电邮，她将先生的两句词“对酒已拼沉醉，看花直到飘零”（《破阵子》）作为下联，补了一个上联“无由可驻芳菲，有愿难回既往”，行前匆促，虽未及回复，但已将此电邮转发给诸位弟子。在飞机上我也拟了个上联：“说诗具足菩提，传法自持证悟。”没想到甫抵云城，收到电邮的施淑仪老师也已对出了上联：“经霜无惧凄凉，历劫常存弱德。”转日又收到了安易老师从南开大学传来的上联：“读书岂笑清贫，涉世不闻黜陟。”叶先生给出的批语是：“每个人与我接触不同，感受不一，各有切入。”

那一年的端午节，先生买了粽子请施淑仪老师和我一起分享。施老师无意间提到，先生家请的园丁帮先生在院子里种了 Zucchini（意大利瓜）。餐后我们一起到院中观赏，看到 Zucchini 开的黄花十分美丽，先生随口即诵“瘦地翻宜粟，阳坡可种瓜”（杜甫《秦州杂诗二十首》其十三）和“幸结白花了，宁辞青蔓除”（杜甫《除架》）。先生接着评论说：前者是杜甫的生活实践，后者是诗人的生命感悟。一个人一生中尽了自己的心力，做出了事情，应该无憾。杜甫的《除架》确实写得好，真是有感慨：

束薪已零落，瓠叶转萧疏。
幸结白花了，宁辞青蔓除。
秋虫声不去，暮雀意何如。
寒事今牢落，人生亦有初。

末句的“人生亦有初”，出自《诗经·大雅·荡》“靡不有初，鲜克有终”，每一个人都有一个开始，但最终能够完成的却很少。如果像这架瓠瓜一样，开了白花、结出果实，那最终被人铲除的时候也就不留遗憾了。但天下又有多少人坚持到生命的最后完成了自己呢？

好一个“人生亦有初”！

2016年7月初，我趁暑假又去了温哥华几日，其间特意到先生的旧居一趟，发现房屋已被印度的开发商拆除，变成四周被铁丝网围起来的一大片空地，仿佛什么痕迹都没有留下。我不甘心，又奔至后巷，依旧向铁丝网内寻觅。奇迹出现了——在这片除了几株杂草外几乎空无一物的空地上，竟然静静地矗立着一株向日葵迎面盛开。我仔细地目测它与我的距离，以便确定它的位置……没错！居然就是先生当年卧房放置床头的地方！

回天津后，我激动地取出照片请先生看。先生也认定这株向日葵确实是长在当年自己的床头的位置。她纳闷地说：“你是知道的，我从来不嗑瓜子儿啊，更不会把瓜子儿带到卧室里啊。”当时正好同门曾庆雨也在场，她幽幽地在旁边说了一句：“在我们老家

静静盛开的望日莲

河北廊坊一带，向日葵也叫望日莲。”

同年 9 月，席慕蓉老师来天津跟叶先生一起欢度教师节，我请席老师也看了照片，席老师惊叹地说：“是啊，天下竟有如此不可思议的事情：一大片空地上独独在叶老师当年的床头位置上长出了一株向日葵，而向日葵的花期并不长，它居然就选在你去的日子里开放了。”

写于 2017 年 9 月

（作者为南开大学中华古典文化研究所副所长，

叶嘉莹先生助理）

叁

在大师身边

可延涛

自1979年叶嘉莹先生回国教书，至2021年已有四十多年。我于2001年有幸考入南开大学叶先生门下，蓦然回首，至2021年已有二十年之久。三年的学习时光，转瞬即过。我于2004年毕业，蒙先生信任，更有幸做了先生的秘书，算来距今也已有十七年之久。我从一个毛头小子，渐已步入中年。在这将近二十年里，我陪侍先生左右。先生对生活、工作的态度，甚至对生命的看法，时时刻刻潜移默化地影响着我；我对先生的认知，亦感受日深。

莲实有心应不死，人生易老梦偏痴

叶先生常常说："我生活的重点在于诗歌的传承，所以对其他的苦难我不大在意。"跟随先生将近二十年，除了教学外，即使在日常生活中，我时时都能感受到先生生命中那浓浓的诗意。

记得有一年先生因感冒咳喘加剧，不得已住进医院，因此时家属远在海外，我们学生遂排班照顾。入院以前，先生原来每周要给学生上两至三次课，入院后，授课不得不中断。可对先生而言，她最为惦记的还是上课。在医院，只要先生感觉稍好，就和学生谈论学问。一旦谈起诗词，先生就仿佛换了一个人，又恢复了上课时的神采，严重的咳喘似乎也奇迹般地好了，好像此时不是在医院，而是在课堂。只有偶尔的咳嗽声提醒着大家，这还是在医院。考虑到先生的身体状况，护士一再提醒，先生应该好好休息，不能过多讲话，否则对恢复不利。面对护士的警告，先生总是微微一笑。出院后，先生还作诗一首：

我生早已断闲愁，唯有疾来不自由。
幸得及门同照顾，余年此外更何求。

还有一次患病刚刚痊愈，友人寄来诗篇庆祝，先生遂和诗一首：

雪冷不妨春意到，病痊欣见好诗来。
但使生机斫未尽，红蕖还向月中开。

红蕖是荷花的别名。先生是农历六月初一的生日，六月在中国传统中是荷月，荷花向为先生所喜爱。南开大学马蹄湖一到夏日，满池荷叶田田，而此时正值假期，先生往往已远去加拿大，无缘欣赏荷花的美景。有一年9月初，先生返回南开，站在马蹄湖畔，望着满池的荷叶，此时荷叶已渐衰败，荷花也已凋零，只有莲蓬兀自挺立，遂作《浣溪沙》一首：

又到长空过雁时。云天字字写相思。荷花凋尽我来迟。　　莲实有心应不死，人生易老梦偏痴。千春犹待发华滋。

秘书可延涛和叶嘉莹先生

花已凋零，莲心犹在。人生易逝，诗词之生命永传。

有一年平安夜，我们在先生家聚会。一位同门的家人从加拿大给先生带回了礼物——一枚拇指大晶莹剔透的水晶蓝鲸。先生见后非常喜欢，聚会时特地向大家展示。先生说："这个蓝鲸有着特别的意义，据说蓝鲸能隔洋传语，与大洋另一边的同类交流。我曾经写过一首词，大家谁还记得？"先生说着，面带微笑看着大家。一位同门脱口背出：

广乐钧天世莫知。伶伦吹竹自成痴。郢中白雪无人和，域外蓝鲸有梦思。　明月下，夜潮迟。微波迢递送微辞。遗音沧海如能会，便是千秋共此时。

这是先生以前所写的一首《鹧鸪天》。

先生就是这样，一件事情、一个物品或偶尔的一次聚会，便能激发她心中不尽的诗情。诗词与先生相伴，一路走来，已深深融入先生的生活工作之中，已成为先生生命中重要的一部分。先生曾经说过："我以为在中国的古典诗歌里边，有一种不朽的生命，它包含了创作者真正的感觉、感情，以及理想和对生活的种种体验。中国古代的优秀诗人是用自己的生命来写作自己的诗歌，用自己的生活来实践自己的诗歌的。所以中国古典诗歌里面的生命是生生不已的，是永远长存的，而这是值得我们付出毕生的心血去感悟和追寻的。"

同样，我以为先生作为诗人，也是在用自己的生命来写作自己的诗歌，用自己的生活来实践自己的诗歌。而先生的教学正是结合了她自己的生命来传授古人诗歌中之生命的。

诲人不倦，事必躬亲

诲人不倦，这是我陪侍先生多年的切身体会。

记得刚开始留校做秘书时，突然从学生的角色走上工作岗位，对我来说一切都是陌生的。况且先生在学术界有着巨大的声望，作为先生的秘书，当时我感觉似乎背负了沉重的思想负担。做事缩手缩脚，一点也不敢放开，工作的烦琐、经验的缺乏，导致我做事总是丢东忘西。每次忘记一些事情，先生不但没有责怪我，反而提醒我：好记性不如烂笔头，可以随身带一个记录本，把要做的事情一件一件记录上，并且分出轻重缓急，如此做事才有条理。先生的谆谆教诲，我牢牢记在心头。在先生不厌其烦的指导和提携下，我也在慢慢进步，处理事情的能力也在逐步提高。

作为秘书，处理日常事务，有一项重要的工作就是回复外来函件。重要信件一般由先生亲自回复，普通信件则由我负责回复。先生对复信的要求是，语言表达一定要准确得体。复信发出前，先生一定要过目，如果有不合适的地方就会直接指出，并在信稿上明确修改，让我重新打印，再次审阅无误后方能发出。有时，先生为了锻炼我，也会把一些稍微重要的信件交我回复，让我体会公文写作与其他文体写作的不同之处。在修改中，让我用心揣摩用语用字的细微之处。如此一来，我的写作能力得到了锻炼，公文写作水平也有了很大的提高。

先生每年都有大量的讲课录音需要安排学生来整理，整理后的文稿，因个人水平不同，其质量也是参差不齐。先生对文字的质量要求很严，毫不含糊。不论是谁整理的文稿，先生从来事必躬亲，审阅校对，甚至不止一遍。每一遍先生都会指出其中的一些错误，并加以更正。有的已经出版，当再次阅读时，发现不当之处，先生也会随读随校，并将校记交给出版社，以做下次出版时更正之用。先生不止一次对我说："整理我的录音的有很多人，到现在为止，我还从来没有看到一篇没有错误的文稿。"

在先生心中，有一个"道"

"一箪食，一瓢饮，在陋巷，人不堪其忧，回也不改其乐。"这是《论语》中孔子赞美学生颜回的话，此种生活态度也是先生一向所钦仰的。每每提起这句话，先生脸上便浮现喜悦之情，仿佛自己也沉浸于颜回之乐。先生既欣赏这句话，在生活中也切实地实践着，真正做到了言行一致。先生对学问的要求很严谨，但是对个人生活的要求却很低，特别是不愿意在吃饭穿衣这样的生活琐事上浪费时间和精力。记得刚刚留校工作那几年，因当时还未请保姆，每年9月先生返回南开大学前，我都要为先生提前准备好食品，买得最多的，就是袋装速冻水饺，这也是先生在电话中反复交代的。第一次购买，大概买了一两斤，先生回来后，过了两天又让我去买，我才明白，先生每天的主食就是水饺。我向先生列举单一食品的不健康之处，先生常常说："我在哈佛大学的时候，一日三餐都是三明治；在温哥华时，去不列颠哥伦比亚大学工作室，每天的午餐都是自己早上做一个三明治，带到学校。几十年都是如此过来，既省事，又节约时间。"我记得买水饺最多的一次，足足买了十斤，把冰箱的冷冻室全部塞满了，先生看到后，连声说好，且一再说十天半个月就不用考虑做什么饭的问题了。除了吃饭简单，先生穿衣也异常节俭。大家都觉得先生很善于搭配衣服，其实先生穿的衣服好多都是在二三十年前买的。已经很旧的衣服，先生从来不舍得扔掉，能穿就接着穿。即使破了洞，先生还总是拿起针线把破处缝好。

叶嘉莹先生在专家楼宿舍缝补衣服

先生经常用孔子的话告诫我们："士志于道，而耻恶衣恶食者，未足与议也。"在先生心中，有一个道的存在。先生有志于此，从不惧世间任何苦难。相反，苦难的生活也磨砺了先生坚强的意志，每当面临困难，先生总能泰然处之。在我们的心中，叶先生的形象就是大家常说的——穿裙子的"士"。

此文发表于 2019 年，重新改定于 2020 年

（作者为南开大学文学院二〇〇一级学子，叶嘉莹先生秘书）

肆

为己与为人

——读叶嘉莹先生《沧海波澄：我的诗词与人生》

汪梦川

以中国传统而言，学问与人生是不可分割的一体。昔孔子有云："古之学者为己，今之学者为人。"大儒程颐解释道："为己，欲得之于己也。为人，欲见知于人也。"通俗地说，"为己"就是为了有所得于心、提高自身修养；"为人"则是说做给别人看、为了得到别人的肯定。可知这里的"为己"与"为人"与今天一般的字面理解大不相同。一言以蔽之：古人为学，目的是安身立命，而今人则往往是为了外在的各种利益或光环。不过，现实中也并非没有尚古齐贤者，如叶嘉莹先生就可谓典型。从其新著《沧海波澄：我的诗词与人生》（中华书局，2017 年出版），读者就可以感受到这种"今之古人"的风范。

书名"沧海波澄"，取自叶先生一首律诗的颔联："高丘望断悲无女，沧海波澄好种桑。"

颔联上句出自屈原《离骚》"忽反顾以流涕兮，哀高丘之无女"；下句出自陶渊明《拟古》诗："种桑长江边，三年望当采。枝条始欲茂，忽值山河改。柯叶自摧折，根株浮沧海。春蚕既无食，寒衣欲谁待。本不植高原，今日复何悔。"

先生的这首诗作于1944年，当时先生不过双十之年，大学即将毕业，而北平沦陷已久，所以诗既表现了患难之中的痛苦与坚持，又对未来抱有美好的期盼。如今先生又以“沧海波澄”为书题，则不仅是对七十余年来湖海人生的回顾，更包含了对清平之世文化复兴及自己老有所为的欣慰之情。

诗是中国传统文化之精粹。钟嵘曾说：“使穷贱易安，幽居靡闷，莫尚于诗矣。”然而中国自古也有“诗能穷人”之语，王国维先生更谓“天以百凶成就一词人”。那么诗人到底应该如何自处？先生常说：人生总不免有这样那样的痛苦，如果你被痛苦击倒，那你的苦就白受了。先生正是以其持守的“弱德”，最终战胜了人生的苦难，而诗词恰恰是先生赖以破茧成蝶的生命力之源——通过诗词讲习，叶先生得以深探古仁人之心，从中汲取精神力量，更进一步提出兴发感动之说，将诗词的这种生命力传递给无数的读者和学者。所以先生自言：“我首先是一个老师，其次是学者，最后才是诗人。”七十余年来的诗词教学，既是其生活所依托，更倾注了她毕生的心血。听过先生讲课、读过先生著作的人都知道，先生讲授诗词，最大的特色在于将诗词境界与人生感悟熔为一炉，对古人有理解的同情，于自身更有深切的体会，从而发掘出诗词独有的兴发感动，传达出一种穿越时空的生生不已的生命，展现诗词之美感与力量，这才真正是活的文学。

当然，先生虽自谦“最后才是诗人”，但这更多的应该是就其所投注的精力而言，诗词创作对先生诚然只是劳生之中的“余事”。然而即便只是“余事”，先生的诗词创作，也可视为其苦难人生的全记录，更是其人生境界不断提升的印证，所以本书的副标题“我的诗词与人生”，又大有深意在焉。先生曾说：“最好的诗人都不是用文字写诗，而是用生命写诗。”又说，“我的诗大多是自己‘跑’出来的。”所以先生虽不刻意为诗词，而诗词从未远离先生，可以说诗词就是先生的第二生命。通读先生的诗词曲，从早期的清才英气，到中岁的茹苦成甘，再到晚年的心动莲开，其诗词与人生之相契历历可见。故先生自言：“古典诗词中所蕴含的感发生命与人生智慧，支持我度过了平生种种忧患与挫折。”反过来，先生的诗词创作也同样折射出自身的成长与修养。本书中自传式的叙述，诸如北平的生离死别、台湾的“白色恐怖”、海外的丧女之痛等，其艰难困苦有为今人所不能想象者，读来真是令人心酸泪下，以视如今小儿女之所谓悲欢离合，相去真不可以道里计。先生有言“以无生之觉悟为有生之事业，以悲观之心情过乐观之生活”，这正是她历尽劫难之后的人生境界。所以可以说，诗词不负先生，先生也不负诗词，以文字因缘而得安身立命之道，这不正是古人所孜孜以求的“为己”之学吗？

另外要特别注意的是，本书附录了先生两篇颇具代表性的讲稿：一是读《史记 · 伯夷列传》，一是《清末民初词人陈曾寿》。先生的论学之作不可胜计，其中不乏淹博精深之鸿文巨著，何以先生独独选择这两篇？这当然也是别有深意的。盖伯夷、叔齐兄弟反对武王“革命”，在很多人眼中是一种顽固不化的形象；而陈曾寿作为清代遗民，更有出仕伪满、辅佐溥仪的历史污点，所以他们都是被大众所轻视乃至唾弃的人物。然而先生以诗词为立足点，出文入史，上下纵横，从伯夷、叔齐讲到陶渊明、苏轼、辛弃疾，从陈曾寿讲到李安的《色 · 戒》，所触发的思考已经远远超出文学本身，可知历史与人性之复杂，非能简单论定。有人曾说先生是“穿裙子的‘士’”，真是目光如炬。何谓“士”？以天下为己任者是。先生在其持守的“弱德”之中，更有一种深广的家国情怀与人文关怀。所以常在文字与文学之外，深刻剖析人性与人生，善读书者当于此等处用心。

叶先生曾说“我的人生道路都不是自己选择的”，更坦言从来没有立志做诗人或学者。然而读者要知道，先生这种“不争”的“弱德”背后，是多少年来的辛苦与持守。所以书中描述的苦难人生，固然是先生的“夫子自道”，却并非先生所要展示的重点。正所谓“经师易得，人师难求”，先生以九十四岁高龄，不辞现身说法，当然希望读者能够认识到诗词之特美，然而读者倘能以诗词为津梁，从先生的苦难和解脱之中，进而感悟到人生之真谛，寻

花香与书香并溢的迦陵学舍（纪睿泓摄）

得自己的安身立命之道，想必更是先生所乐于见到的。然则本书之作，或者也可以说是“为人”——为他人、为读者了。

写于 2018 年 3 月

（作者为南开大学历史系一九九五级学子，叶嘉莹先生的博士生）

伍

学诗最重要的是学做人

张元昕

我从小在外祖父母的教导下学诗，这是我家三代人的渴望和意愿。我的外祖父母非常热爱诗词，20 世纪 80 年代他们出版过一套《中国历代花卉诗词全集》，在国内引起过很大反响。

我生长在美国纽约皇后区，那里是移民聚居的地方。很多华人父母都觉得孩子应该从小学英文，融入美国社会。但我家长辈们的理念是，孩子应该知道自己祖国的根，知道祖国的文化。我四岁那年，外祖父母从广州来到纽约，开始系统地教我和妹妹学诗。

一

能够成为叶老师的“关门弟子”是我的大幸。叶老师和我们家有很深的渊源。当年我外祖父母编撰《中国历代花卉诗词全集》时，四川大学的缪钺先生代叶老师把她的一些诗词寄给了当时在广州的外祖父母，最后收录到全集中。我九岁时，有一次通过家中的卫星电视看到《大家》访谈栏目。《大家》每期都会介绍一位在某个领域做出杰出贡献的“大家”，那一期正好讲的是叶老师的人生。我看后觉得叶老师实在太伟大了！当时最打动我的一句话是：“如果我要倒下去，我也要倒在讲台上。”究竟是一种什么样的信念，能让叶老师愿意倒在讲台上，愿意为诗词奉献她的一生？我很郑重地告诉我的外祖父母，告诉我的母亲，我要跟着叶老师学习。

当时外祖母和我各写了一封信寄给叶老师，没想到叶老师真的回信了。她在信中说：“元昕如此爱诗甚为难得，其所作亦有可观，只可惜未习音律。如有机会见面，我可当面为她讲一讲。”

2009 年春天，正是温哥华樱花最美的季节，母亲第一次带着我和妹妹去拜见叶老师。那天下午，我们在不列颠哥伦比亚大学亚洲图书馆二楼的阅览室见到了叶老师。

一开始，我以为叶老师会是一个很严肃的人，有点怕怕的。见面后，我发现叶老师是一位慈祥可爱的老奶奶。她第一天就教了我们格律，她先教平仄，在一张纸上用横线代表平，用竖线代表仄。她教我们五言诗平起应该如何、仄起应该如何；如果写七言又该如何；又说平仄并不是死板的，如果死记硬背很难写出好诗。

叶老师教导我们，要让自己的诗合乎平仄，就要学会吟诵。教完平仄，她还亲自教我们吟诵了好几首诗，她教我们吟诵的第一首诗是王之涣的《凉州词》。

第一次去温哥华见到叶老师当天的傍晚，叶老师还邀请我们一起与施淑仪老师和陶永强律师共进晚餐。随后陶律师在送我们回旅店的路上，听妈妈说我们是专程从纽约到温哥华拜见叶老师的，很是惊讶，说难得我们这么诚心。陶律师回家后把我们专程来拜师的事告诉了施老师，施老师又转告了叶老师。当天晚上，我们接到叶老师的电话，约我们第二天一起去温哥华的中山公园赏梅。

那天小雨稀疏，略带寒意，叶老师一边一个拉着我和妹妹的手，在公园里漫游。每遇到对联，叶老师都会教我们读，还讲解其中的意思。那些对联，很多都是叶老师所作、谢琰老师书写的。一路走来，看到嫩绿的新柳，或是树上的玉兰，或是阁前的方塘，叶老师都会让我们背出相应的古诗。施老师走在后面跟妈妈说："你看叶老师今天多开心，她们三个人在一起真是其乐融融！"

现在回想起来，那天应该是叶老师对我们的考试。几天后，妈妈带着我们一起，在不列颠哥伦比亚大学亚洲图书馆叶老师的办公室，正式向叶老师行了拜师礼，三拜九叩。

那年，我十一岁，妹妹九岁。叶老师跟我们说过，她小时候也行过拜师礼。叶老师的尊师重道之心，一直是我们最敬仰她的品德之一。她一生颠沛流离，所有的东西都丢了，但是她记录顾随先生讲课的八本笔记，却一本都没有丢失。后来叶先生还找到了顾先生的女儿，指导其整理后正式出版了。

2009 年暑假，我们第二次去温哥华，其间有幸和叶老师一起去惠斯勒山度假。那几天，我们和叶老师住在一个房间，我和妹妹睡在客厅的沙发床上，她住在睡房。叶老师担心我们晚上睡不好，起身照顾我们。蒙眬中看到叶老师走出来，给我们盖好被子，她才回去。那么多年的师生关系，其实她是把我们当成她的孙女来对待的。

在温哥华的时候，我们每天都会去不列颠哥伦比亚大学亚洲图书馆看书，到了中午十二点半，叶老师会准时去吃饭。妹妹耳朵很好，她听到叶老师走路的声音就知道叶老师来了，我们就会跑过去扶着她一起下楼。

叶老师每天都带着很简单的三明治，还有一个小盒子，里面放着烫过的西蓝花、红萝卜、小橘子，有时候还会有小番茄。她的午餐非常简单，我们也就跟着带三明治。现在回想起那些时光，真是太美好了。

叶老师吃午饭的时候会给我们讲诗，教我们吟诵，讲诗人的人生，告诉我们学诗与做人的道理。有一天她跟我们讲中国的两个半诗人，屈原、陶渊明和半个杜甫。为什么杜甫是半个呢？因为杜甫说过“语不惊人死不休”，说明他还有和别人攀比的心。人生最高的境界就是不和别人攀比，实现自己内心的价值。这就是中国传统文化向来所强调的“内明”：“无求于外，但求于心”。

这种境界正好对应西方哲学家马斯洛的需求理论。他提出人生有七种需求层次，最高层次就是自我实现（self-actualization）。当时叶老师拿出笔，在一张餐巾纸上把self-actualization写给我们。她说陶渊明的诗“千载后，百篇存，更无一字不清真”。陶渊明不是为写诗而写诗，他直抒胸臆，心里面想什么就写什么，从来没有与任何人攀比的心。他任真固穷、抱洁以终，这样的诗人、这样的品德才是我们现代人应该学习的。我一直珍藏着叶老师写有self-actualization的餐巾纸。

叶老师的这些话在我心里种下了种子，那就是学诗最重要的是学做人。通过诗，我们能够感受到古人的高尚品德与修养，感受到他们在面对人生困境时的持守，感受到他们为了理想而不惜奉献一切的精神。

二

学习东西方文化，打通在西方讲授中国诗词的道路，是叶老师对我的厚望。十三岁那年，我去南开大学跟叶老师学习，在南开我读了三年本科、三年硕士，一共六年。叶老师希望我跟她读完硕士后回美国继续读研究生，希望我能够去西方接受严格的学术训练，这样更有利于打通在西方讲授中国诗词的道路。

叶老师自己就是从中国台湾到美国，又到加拿大的，她在加拿大不列颠哥伦比亚大学教外国学生诗词，自己也会去旁听一些关于英美文学和西方文学理论的课程。

叶老师非常好学，现在仍在继续学习。她用她当时并不是那么好的英文，非常努力地阅读西方文论，从中看到现代理论与一千多年前中国诗人、词人、文学评论家观点的暗合之处。她把这些暗合之处讲给外国学生听，学生们非常喜欢，一下就听懂了。

叶老师教导我，如果要把中国的诗词带给西方、带给世界，就应该对西方的传统和文论有所了解。我生长在美国，所以叶老师希望我能学习东西方文化，这样才能集中西之大成。这是叶老师对我的厚望。

我不敢说自己在有生之年是否能够达成这个宏愿，但我会每天努力地朝这个方向前进。现在我在哈佛大学跟田晓菲教授学习。

哈佛大学的学风和南开大学的差异很大，这让我很想念叶老师。我经常给叶老师写信，叶老师也希望我多写信跟她汇报学习情况，汇报得越详细越好。中秋节我给叶老师写过一首词，词牌是《清平乐》，题目是“中秋节寄叶老师”。因为我们在波士顿住的楼房在查尔斯河的南边，叶老师在南开园住的楼房在西南村，所以我在词中的第一句写了“金秋佳节，同是南楼月”。叶老师专门给我回了电邮，说我的词写得不错，情词俱佳，只是以方位而言叶老师的楼是西楼，不是南楼。所以我又改成“金秋佳节，同是西楼月。何事楼中仓促别，从此海遥天阔”。

当时因外祖父病重，我们不得已很仓促地和叶老师道别了。现在到了波士顿，不知要到何时才能回南开大学再见到叶老师。

天气转凉了，但我还是要站在西风中看月亮，因为我知道叶老师也会看着同一轮明月。

三

用最真诚的心去读古人的诗，“以心印心”，才能互相感应、畅达古今。我曾经问过叶老师一个问题：“如果我至今都没经历过动荡和离乱，如何才能体会古人离乱的感受？”叶老师说：“难道你一定要亲身经历离乱才能写出好诗吗？‘人禀七情，应物斯感’，古今时代不同，但无论古今中外，人的情感永远都是一样的。只要人的情感不变，中国的诗词就能作用于世界上所有的民族；只要人心不变，中国传统文化的道就能作用于世界上所有的民族，就能放之四海而皆准。

“古人用最真诚的心写出来的诗，才能够流传至今、感动后人。我们也一定要用最真诚的心去读古人的诗，才能与他们感应道交。所以说，功夫确实在诗外。无论是读诗还是写诗，首先要有真诚心，不能有杂质和私心，不能有太多的污染。如果你用真诚的心去体会古人的心，那么你自己虽然没有经历过那些动荡与苦难，也能间接地感受到，就像是自己历经过一样。”

叶老师讲课有那么大的感召力，我想是因为她在讲课时，用心灵去感受古人的心灵，这就是中国古代传统学术的“以心印心”。自己的心要真诚，否则读多少诗都徒劳无益。

我觉得，《论语》是对叶老师一生影响最大的经典。每当她在生活中遇到大事小事，她的脑海中所浮现的，一定是《论语》中圣人说过的话。我想她一定从中得到了莫大的能量与激励。

“朝闻道，夕死可矣。”中国古代不知道有多少伟大的士人，

马蹄湖的荷花（纪睿泓摄）

为了道，为了他们的理想和目标，牺牲了自我。当叶老师对这句话产生强烈的感应的时候，她实际上已经加入了这几千年来仁人志士的传统的长河之中。叶老师学习圣贤的教诲，她的心和道是相应的，她不是一个人走在道上。无论是她所研究的诗词，还是她所敬仰的孔子，都是这长夜中一盏一盏的明灯，照亮着我们前行的路程。

叶老师绝对不是孤独的人，她看似独来独往，但我相信她的心灵应与古圣先贤的心灵相通。我们从远处看天上的一颗星星或许孤单，但这颗星在我们看不到的另外那头，一定会有和它一样明亮的星星与之交相辉映。叶老师的心灵永远会与那些伟大的圣人和诗人们融合在一起，感应道交，她走的路不会孤单。她直到现在都能够散发出这么强大的人格魅力，影响一代又一代的学生，我想这正是她最重要的品德之所在。

作为学生，我看到了叶老师身上诗品与人品的统一。叶老师敬仰的诗人和词人，没有一个不是在困苦中保持住自己本心的人。她每次讲课，都会提到诗和做人的关系。通过诗词，我们能学到古圣先贤与诗人们伟大的理想和品格，从而提升我们的境界，提高我们的修养。

叶老师经常说："人生到了最后什么都带不走，一切都是身外之物，但是有一个东西是能够带着走的，那就是你自己的灵。"这句话我要作为一生努力的目标。

人生最重要的，就是要在有限的生命中，提升修炼自己内心的灵。这个灵，是在千难万劫的轮回中，唯一能够和你一起走的东西。我们应该在有生之年做自己认为有价值的事。对于我来说，最有价值的事，就是继续研究中国诗词，继续走叶老师的路，在中国和西方之间传播我所热爱的中国诗词文化。

叶老师读诵诗词的方式对我影响很大，我一直在学习用叶老师读诵的音调来读诗，因为我觉得这正是诗歌的生命之所在。古人以诗词为媒介把他们的心灵留给后人；今人通过读诵重新追寻作者，从而直接地感受古人的心灵。

诗的教育是中国古人留给我们的瑰宝。诗绝不仅是一种文学形式，更不是生活的点缀，它是作用于生命、作用于心灵，乃至能够作用于社会和谐的教育。我从小所受的诗教，就是情感的教育、做人的教育。跟叶老师学习之后，这种感觉有增无减。

古人说："正得失，动天地，感鬼神，莫近于诗。先王以是经夫妇，成孝敬，厚人伦。"我想，古圣先贤把诗歌抬到这么高的地位，正体现了诗教的重要性。诗教的意义超越时空，叶老师就是最好的代表。

写于 2020 年 12 月 9 日

（作者为南开大学文学院二〇一一级学子）

陆

心灯照我赴云程

——为迦陵恩师九十寿辰贺

刘 波

“因思叶叶生时，有多少田田，绰约临水。犹存翠盖，剩贮得、月夜一盘清泪。西风几度，已换了、微尘人世。忽闻道九品莲开，顿觉痴魂惊起。”这是我常常题写在荷花画作上的叶先生词句。短短的几句词，令我时时回到十多年前在南开大学叶先生研究班上旁听诗词的情境。这词中所描述的，绝不仅仅是现实中荷花的万千意态，更有一种人生过尽繁华、证得大道的欢喜。

对于一个学子而言，亲近大德，听闻妙法，原本就是一种大因缘，再能得到先生的知赏，内心的感动一直促我奋发。先生小字为“荷”，爱荷，亦见赏我笔下的荷花，因之，荷花似乎成为我和先生之间的另外一个因缘。先生曾经在2001年赐我画展的序言中，对我的联句“拈花意觉三生梦，立雪功成九品莲”做了解说；其中“九品莲”之典即是听闻先生自述其广济寺故事之后，感而成句。十多年来，先生惠我甚多。研究班上讲解历代诗词，我最心仪的是先生“跑野马”，那是她有感而发的最富情致、最见性情的部分，特别能给我一种心灵的触动。

“心灯照我赴云程”来自我自己律诗中一联。2009年，在叶先生的推荐下，我来到温哥华举办展览。其间，我请先生为我取一个展览的题目，先生看到展览中悬挂的“梵呗弥空成法乳，心灯照我赴云程”联句，当即以下联为题，并附以小标题“刘波首次海外云高华展览”，请谢琰先生题赠给我。我也以为，心头升起的明灯，能够成为一个人不论面对何种艰难困顿都永不言败、永不放弃的力量源泉。先生历经人生的苦难，永葆其善良娴雅的本性，我坚信她心中也必定有一盏明灯烛照。

先生于宗教，特别是我所理解的佛教的心灵会通，固然有她偶然有缘读诵佛经的感悟，但我更倾向于认为这就是她的因缘使然。按照佛教的说法，每一个个体的生命，不知道经过几千万世的劫难才能修得一个人身，这个难得的人身又能有幸听闻佛法，则更是大福报。对于佛法，能够有如此深刻的感悟并且作用于自己的人生，使现世并不完美的人生能够圆融自足，把自己的生命之质提升到一个新的境界，就是一种大因缘。

2009 年某日傍晚，应天津大悲禅院智如大和尚邀请，我陪同叶嘉莹先生及其几位弟子同参大悲。偌大古刹，香客散尽。空寂的寺院唯有古木肃立，风铃调心。一行人轻声微语，徒步在殿堂廊道之间。已而星月当空，夜风习习，不觉转入斋堂，有素香清心。宾主坐定，共进斋饭。谈佛渐至深邃处，先生乃发问：“佛门讲究轮回，究竟是什么在轮回？既然轮回者不变，那么我们人生的意义又在哪里？”

听了众人莫衷一是之见，先生乃徐徐道来她自己的理解。她以为人生所谓不变的，固不是皮囊，也不是一切财富名誉，乃是不随人的皮囊朽坏而朽坏的一个东西（于此，先生并未为之命名，为言说方便，我暂名之曰“核”）。我们人生的一切修为，积劫苦修，去执开悟，都是为了提升它的品质，令其在更高一级的层次继续轮回。

2017年7月23日，刘波在迦陵学舍为叶嘉莹先生庆祝生日

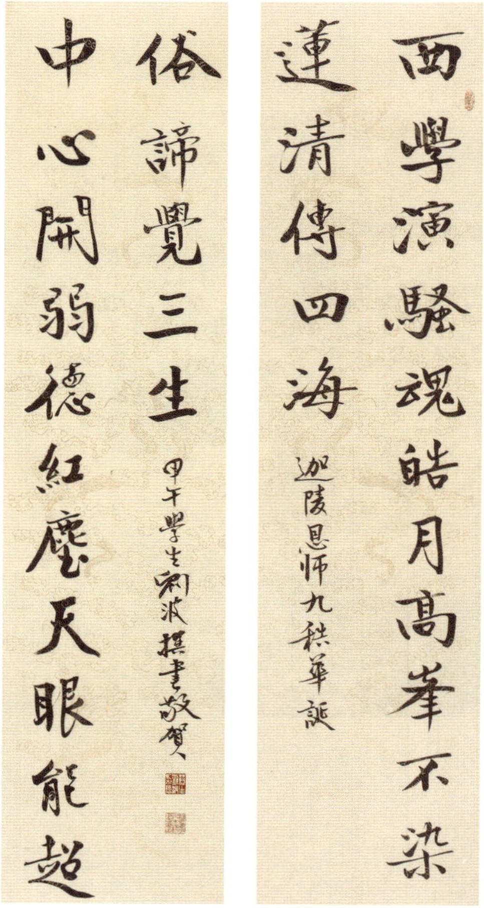

2014年，刘波撰书贺叶嘉莹先生九十华诞对联

虽然之前自觉佛缘不浅，每每得遇高僧大德，有过在各地寺庙吃斋、诵经的经历，也常常陶然于聆听方外大德自由往来僧俗两道的开示。但当时听到先生这番谈话，还是瞬间被震动，恍如醍醐灌顶，拨开佛教经偈中神秘、模糊的云雾，直击人心，真正是一种通脱去缚的感悟。感悟到轮回的意义，却也没有如很多人所误解的那样，既然一切缘定，则唯有随遇而安，甘于生命的落空而不做努力。先生的感悟使我从中捕捉到一种引领人生超拔向上的力量，令每一个个体生命都能在艰难困顿、颠沛沉沦中得到拯救——要用尽心力来提升那一坚韧内核的品质。我以为，这正是叶先生在她一生的诗词创作、研究、教学的“行”中所升华出来的“慧悟”。

“不得于心者，固不能笔之于手”，先生和王国维的异代相知，乃是从王国维的诗词中来。“可怜身是眼中人”一句，道出静安的大悲哀，他的悲哀在于一切都看明白了，但一切都无奈。叶先生深切感受到静安先生的这种悲悯情怀，最初的说静安词，乃是源于心灵的共鸣。叶先生从凋残的花中感受到生命结束的各种姿态：桃李的飘零，荷花的残破，茶花的枯萎。花残花谢，牵动了多少诗人敏感内敛的情愫。先生喜欢荷花，但不喜欢残荷，不喜欢残荷的残败和颓唐。

对于王静安悲观的同情和共鸣正是叶先生诗词研究的开始，她在选择自己的同类，只有在这样的诗词中，她才看见了自己的人生，看见了自己的现实处境。读者和作者都是“疲于悲苦之人希望早日得到一个休息之所的愿望”。

同样写寂寞中的悲哀，但有静安先生的哲人悲悯、摩诘居士的修道自得和李义山诗人的哀感，先生能看到如许多的不同，正是她自己的生命体验使然。诗中的生命最不能作假，王维隐居辋川参佛味道，他对现实不可谓不了解，也许是看得太透，宁可采取一种委屈的姿态来换取人生的逍遥。他甚至批评陶渊明——怎么那么不通世故？你不如用一次的委曲求全来换取终生的安逸和平。这就是对陶渊明的充分误解了。对王维而言，“隐”只是一个姿态，所以他的田园诗，就总是隔岸观火，缺少真切的生活体验。这当然不是静安和李义山的人生，更不是他们的精神和品格。从称谓可见叶先生和三人情感的远近亲疏。“静安先生”亲切中有敬意，“摩诘居士”理智中有距离，“李义山”则直以同类目之。对他《嫦娥》的读解，叶先生从初识到顿悟，其间有二十多年。一首诗从最初字面浅浅的感受进而至于用生命来体验玩味，要经过岁月积淀。在这样的积淀过程中，必然有对于人生的反复体味和不断超拔，譬如登楼望远，需要一级一级地往上，视野一点一点趋于开阔。对于家国之痛的悲忧纠缠作用于自己的内心，这种深切真挚的情感同历代大词人的心绪不期然暗合，那绵延不绝的一缕骚魂因之勃然而出。

王静安所谓古今成大事业、大学问要经历的第一个阶段——“昨夜西风凋碧树，独上高楼，望尽天涯路”，方知叶先生，是其人焉。诗句中的美，果然用人生来体验则是痛苦的。司马迁讲：“夫人情莫不贪生恶死，念父母顾妻子，至激于义理者不然，乃有所不得已也。”超越世情，步入崇高，要经历多少常人难以想象的磨砺。“西风凋碧树”，一切世俗的繁华喧嚣在西风的扫荡下不复存在，很多人的希望乃至于肉体也就随着这肃杀的西风而凋残幻灭；然而，总有一些人能从中超越、觉醒，孑然独立，空所依傍，去走向自己理想的目标。叶先生超越出来了，她从一己的感受中超拔出来，从选择和自己命运相近的词人词作开始一步一步向上攀登，逐渐和现实的悲欢拉开距离，看到了更加深广的景致，个人的关怀面也因之豁然阔大。

在学术上，通过中国古典说词方式中对“出处”的讲究，把历代骚魂中摇荡性情的“语码”联结起来，那些原本没有直接感发力量的，后来被她概括为“赋化之词”的作品，也逐渐显露出藏在背后的委曲深邃的力量。为了说词，特别是给没有中国古典文化背景的人群说词，西方文论成为一个方便法门。中国古典词学理论与西方文论有诸多暗合，比如西方符号学所讲的引起联想的“语码”，类似于中国对“出处”的讲究；西方现象学讲主客体关系，也类似于中国讲的“心物”关系；其他如诠释学、接受美学等方法来解读中国古典，更有了逻辑上系统的说明。台湾当时也是用西方文学理论来研究中国文学。这是一个时代的风气，但重要的是用西方文学理论研究时，必须对中国文学有相当的了解。有感于中西不通的研究者常常出现一些问题，要么对中国古典解读不深不确，要么不能对之做出清晰的合乎逻辑的解说。但先生用自己的研究和实践在这个时代开出了新的境界。她本人也在此过程中逐渐产生了对中国文化传承的警觉和关怀，遂由“为己”之学转而成为“为人”之学。这可见到她精神上“独上高楼”的蜕变、升华过程。

叶先生在词学理论上的贡献为世所公认，用西方人熟悉的语言来解读中国诗词，让古典中国的文化和精神焕发出新的生命，影响到更大范围的人群。她在解读中国古典诗词中一些新的发现和提炼，一方面来源于前人的理论积累，但更重要的是她个人的生命感发。对于我而言，这已经不仅仅囿于诗词一途，连类通感可以影响到对书法、绘画等其他艺术的读解。

温庭筠仕宦不如意的失志之悲，冯正中对国家悲莫能救的烦乱，辛稼轩壮志难酬的苍凉沉郁，都是难言之处，“都是出于外界强压而不能明言的委婉表达，但内心的约束收敛中，还保留着对理想追求和自身品格的操守”，这两种形成了词的特别的美感——“弱德之美”。这是叶先生对中国古典词学美感特质的概括。其实

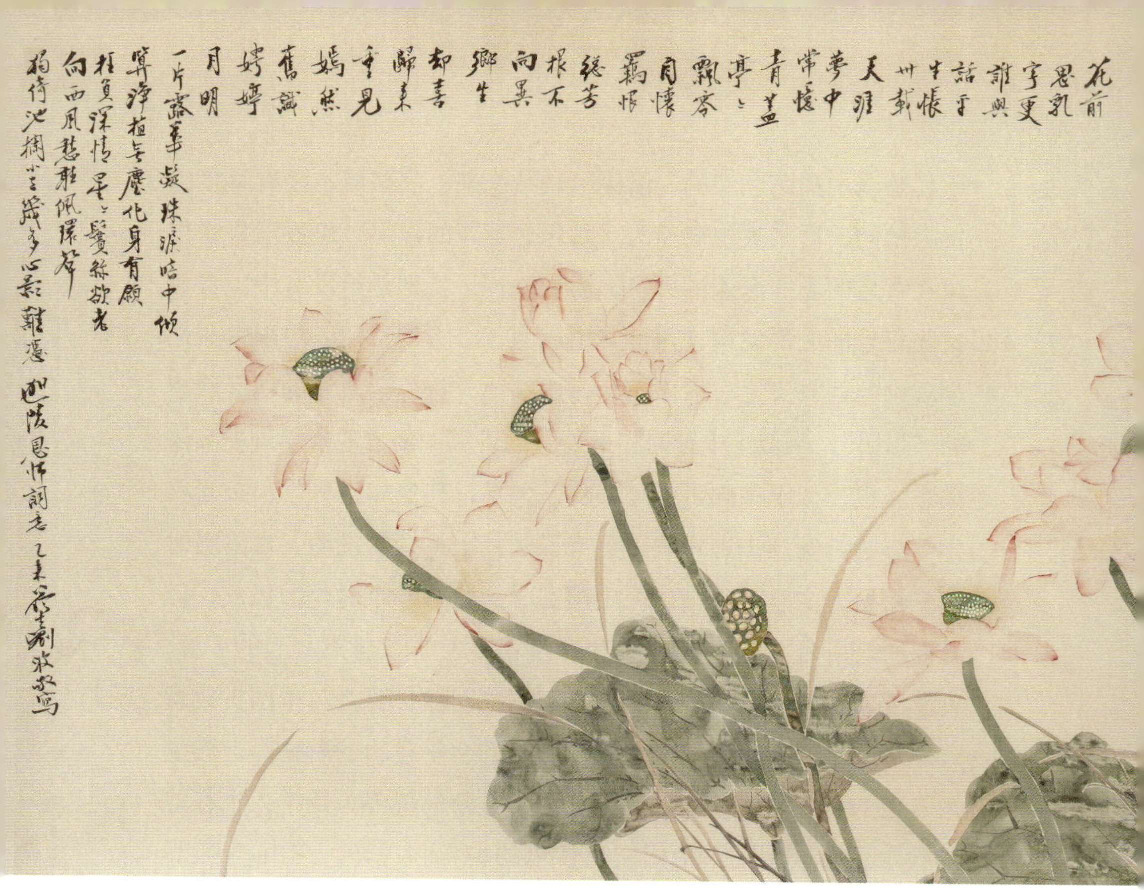

2015年，刘波为迦陵学舍落成而作绢本荷花

在中国漫长的书法、绘画历史中，曾经有许多失意士人，不但在诗词中排遣寄托，而且常常在书画中安放心灵。王羲之《兰亭序》中，“一死生为虚诞，齐彭殇为妄作”，即兴写来，悲怀不能自已，这是他时过境迁决然不可能复制的一种感情；再如号称天下第二行书的《祭侄文稿》，是唐颜真卿在痛失家国栋梁之后的愤激之作，满纸鼓荡着的是一股难以遏制的悲慨，笔墨淋漓，一片神行；连同那被称为天下第三行书的《黄州寒食诗》，不也是苏东坡遭贬之后的一种自我排遣吗？明清之际八大山人那无可争议的士人画极品，就是在内外交困的极端情绪下的一种抗争和持守。他内心的高洁和不屈，浪漫与华彩，只能通过笔墨被后世感知。从这个

意义上说，“弱德之美”实在是概括出了体悟中国文化艺术微妙法门的一种共性。

叶先生以为，你自己一定要有境界，然后古人之句才能为你所用，否则就不免堆砌成语典故，没有生命。我们从她所解读的陶渊明笔下那只并不具体的、只是存在于概念中的“鸟”，似乎看到了她本人孑然往来的身影。只有在生命的况味中有真切体验的人，才能穿越时空阻隔，拉近彼此的心灵距离。陶渊明殁后一千五百多年，叶先生从诗中读懂了他——那个根本超越了具体世相的、与生命融而为一的“鸟”的意象，苦痛与欢愉都在他的笔下幻化出灵机和生意。这对于长于感性思维的画家而言，我受到了淋漓酣畅的洗礼，画家不仅谨毛失貌，我因此以为过分着相也会失神、失本。

在叶先生眼中，杜诗不只是他回环深隐的《秋兴八首》，甚至“群鸡正乱叫”这样的俚句也深厚起来。因为那是老杜所面对的真景物，寄托了他的真感情。常常有学生问“究竟写什么是境界高？写的是同样的事物，为什么有高低”之类的问题，先生总是不厌其烦地解释其实写什么无关紧要，要紧的是写出一种什么样的境界，背后是一个什么样的心灵。“桃花细逐杨花落，黄鸟时兼白鸟飞”，是老杜悲哀中的心境；辛稼轩带湖赋闲中的“凡我同盟鸥鹭，今日既盟之后，来往莫相猜”这些词句背后，是一个心雄万夫的人被放逐，生命落空时内心空洞而深厚的情感表达。

物质之于叶先生，仅仅是她生活的必需，而绝不会成为心灵修炼的障碍。她在温哥华的家，离不列颠哥伦比亚大学有一段距离，一处幽静的房子。四壁书画皆来自友朋师长交往的馈赠，每一件作品都有一个故事。范曾先生 20 世纪 80 年代初期来温哥华讲学，曾经住在这里，墙上悬挂着他的多幅书画。笔墨间述说着三十年前宾主晤谈的欢畅。后来听叶先生说这些书画失窃了，警察问及失物价值，乃打电话求证于我。她本对这些现世概念中不菲的价值不甚了了，她珍视的是永难再现的一段段情谊。后来叶先生还专门撰写长文，详述每一件作品的因缘，字字包含着她对于那不可重复的情境的怀恋和珍惜。

温哥华的家本就不太大，赵先生去世后，叶先生更是坚持自己居守一室，留下的空间还要租给留学生居住。“士志于道而耻恶衣恶食者，未可与言也”，这是她时常引用的孔子的话，也是她自少及今甘之如饴的座右铭。她在诗词中体会到了属于自己的“大道”——那个空所依傍，和任何事物都没有关系的独立不羁的生命真谛。一个人的痛苦，会有那么多古圣先贤一同来担当；一个人的不幸，会有那么多仁人来共同面对。能够支撑先生走过无数人生关口的力量，正是来自这些词句中彰显出来的人格力量。

温哥华画展期间，我曾经到不列颠哥伦比亚大学图书馆参观，看到叶先生从早到晚埋头学术的那一间不足两平方米的研究室。一个座椅背对门口，书案上方就是书架，摞着先生要查考的资料，就这样，一位老人，一杯开水、一块三明治作为午餐，足足可以忘我地待上一整天。她在温哥华的日子大体就是如此，如果没有别的事情打扰，这里就是她独与天地精神相往来的所在。我以为这里够大，大得足以安放千古诗心；它虽然没有给物质留下空间，却给思想的今古接续留下通道。

记者们每每希望捕捉到一些发生在叶先生身上的令人兴奋的素材，当然，这是记者的本能，甚至也是时下某些记者的本分，他们希望抓到吸引眼球的素材。但面对这位老人，她的生活实在没有什么可供娱乐的内容，她的生命平静、深厚、严肃，被优雅的神气烘托着，不论是清贫、乱离、蹇促、华彩，都有一种异于常人的滋味，一种姿态，一种美好。她用自己的生命在实践自己所钟爱的诗词。

先生漂泊海外大半生，但骨子里保持着对于中国传统道德的一份持守。不像今天的某些女孩子，对于家庭、事业都有那么多明确的要求和追逐。先生的人生都是顺势而为，很多情况甚至是无奈的选择。就是这样一种发自内心的深沉的情感，引领着她的人生和学术一步步走过来。“妇道”，今天听起来是多么刺耳的东西啊，那代表着愚昧和奴性吧，人们避之犹恐不及，但叶先生是谨守中国传统妇道的人。我曾经听她谈到，在北美，虽然外面自己担任名校的教职，但回到家里，那就是主妇，要给一家老小照顾起居、安顿生活。当一家人在夜色中沉沉睡去，先生开始在灯下查检生词，准备第二天的讲课。

尽管现在先生的道德文章已被越来越多的世人所了解和爱戴，但先生仍旧甘守一种清寂的生活，除却学术，除却教书育人，很少心有旁骛。她自言并未从形式上皈依任何一种宗教，但她曾经给我讲过：人应该相信，冥冥之中，一定有一种力量在监临你。这不就是佛家所讲的“起心动念”吗？儒家也讲究修身需要时刻保持戒慎恐惧的自警。这是最真切的宗教情感，“慎独”的儒者如此，“持戒”的僧侣如此。

我曾经臆想：人本来有一个属于自己的坐标，在生老病死的辗转中以名、利、势、位等各种因缘，引领着自己来到一些本不属于自己的位置，总踩不到自己的鼓点上，因此大部分的人生难解倒悬之苦。“众皆竞进以贪婪兮，凭不厌乎求索”，屈原在两千五百年前已经道尽俗世的真相。可时至今日，人群还是不能解脱“贪婪”之苦，反而因为所见、所知的增加，人心所欲更有膨胀之虞。我以为，对任何一个个体生命而言，此生的任务，就是用学习、修炼、感悟、超越等途径来达到或最大限度接近自己的坐标。

我以为叶先生属于不需要皈依宗教且一直就在自己坐标上的人。尽管在形式上不是任何一门宗教的信徒，但她内心能做到“无悖”。内心的欢喜和顺应，令她永葆大家看到的直到今天仍旧坚持站着讲课的底气和柔韧。诗词中浸淫濡染了一生而呈现的丰厚和华彩，在举手投足间自然流露出来。我想，所谓文化——为文所化，应该就是这样的一种状态吧。

沉积于平静外表之下的不怒而威、深厚蕴藉的情感，来自与天地精神相往还的修炼和感悟。“口不臧否人物”，原是晋代阮籍消极避世的一种态度，却是叶先生所持守的一种品格。先生用自己九十年走过来的坎坷、华美的人生，持守和诠释了她内心的自足和尊贵。

写于 2014 年

（作者为南开大学东方艺术系一九九五级学子）

柒

我做“叶粉”四十年

——追随叶嘉莹先生学诗悟道记忆珍存

徐晓莉

著名作家柳青曾说过：“人生之路是漫长的，但紧要处只有几步，尤其当人年轻的时候。”特定时空中的一件事或一个人是能够改变和决定人的一生，我对此深信不疑；因为在20世纪70年代晚期，在全国高校恢复考试入学的重大事件中，我有幸进入天津师范学院（现天津师范大学）中文系学习。上天安排的巧合，我与叶嘉莹先生相遇在南开大学的课堂。那是我生命中的一座圣殿。此后，我的人生就这样开始改变了。

一　初识先生

1979年春夏之交，南开大学主楼111阶梯教室门前经常聚集着一些校外赶来听课但没有听课证的学生，他们大都是听过一两次课后就忍不住又如期而至，幻想着能够侥幸混进去，继续听叶嘉莹先生讲课。

这门课是为南开大学中文系学生开设的，下午上课。不料几节课之后，外系、外校，甚至外地的一些学生不知从哪里得到了消息，也都每课必到，有的比本系学生来得还早。后来，这间可容纳二百来人的教室里的座位竟然一直加到了讲台上。为此，系里才想出了一个对策：凭听课证进教室。此后，没有听课证的我们只好聚在门口听课了。

我们天津师范学院的一些同学不甘心总在门口受冷遇，就仿照听课证的样子，用萝卜刻成“南开大学中文系”图章的样子扣在同样颜色和大小的纸片上。尽管这些山寨版的听课证破绽百出，但我们相信，在那一拥而进的几分钟里，查证者是无暇对这张酷似听课证的蓝灰色纸片认真过目的。就这样，凭着“萝卜章”听课证，不知多少学子获得了听课机会。同学们回忆说：那时每次去听课，内心的忐忑都像是在偷嘴吃的孩子。是啊，今天我才恍然，当年我所偷吃的，原来是一粒仙丹、一颗圣果！

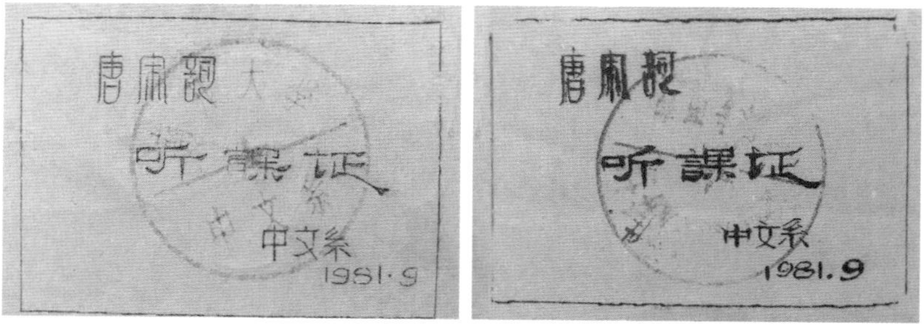

左为正牌听课证，右为仿制“萝卜章”听课证

翻看当年听课时的笔记，那些断续不整、潦草变形、走笔如飞的字句，足以见证我当时激动兴奋的心情，正像叶先生后来回忆时所说：“1979 年我第一次回国教书时，一走进教室就有了一种感觉，如果用《楚辞 · 九歌》上的一句诗形容，那就是‘满堂兮美人，忽独与余兮目成’。我感到我与他们的心灵是相通的。”是的，那时的课堂上，以她为核心形成了一个强大的磁场：所

2018年5月9日，叶嘉莹先生和徐晓莉在迦陵学舍

有的眼睛都追踪着她手上的粉笔——她从不拿讲稿，却常常从右向左，用竖版繁体在黑板上默写出古人的大段诗词文句；所有的耳朵都捕捉着她的声音——那纯正亲切的北京乡音，精确流畅地展现了叶先生深厚渊博的古典修养、融贯中西的浩瀚学识；叶先生流转自如、恰切精当的譬喻及解说，令所有听众入了迷，惊叹不已。

叶先生白天讲诗，晚上讲词。那短短的两个多月，在别人的生命中只是一瞬，但对于我却是永恒。在先生的课上，我认识了东汉下层文人悲剧命运中所普遍具有的人生困惑；认识了身处高位也身怀凄寂孤危之慨的三曹、后主；认识了能以人生智慧自救，也能使别人得救的陶渊明、苏东坡。凡是她那时讲到的诗人和诗作，至今都活在我的心里，呼之欲出，生生不已。在叶先生离开天津后的很长一段时间里，我会把上课笔记看上一遍又一遍，频频回味她课上讲过的内容。

即使到今天，四十多年过去了，尽管她所讲的是我早已听过无数次的内容，可我依旧会对她诵读诗词的声音心驰神往，对她不断翻新的妙解如醉如痴。

二　学诗悟道

究竟该怎样来概括和评说先生的“诗教”与“为师”呢？多年来我一直苦于找不到准确的表达。早在二十多年前，距第一次听叶先生课的二十年之后，我曾萌生过想要从“解诗之道”“赏诗之道”“吟诗之道”“讲诗之道”“作诗之道”“做人之道”等不同方面写出先生对我的影响，而且总题目也已拟定，就叫《学诗悟道二十年》。然而，当又一个二十年过去了，如今我随先生“学诗悟道”已有四十余年之久，却仍然找不出准确的表达方式。所以我只好借用叶先生回忆听顾随先生讲课的相同感受代为表达。

> 作为一个曾经听过先生讲课有五年之久的学生而言，我以为先生平生最大之成就实在还不在于其各方面之著述，而更在其对古典诗歌之教学讲授。因为先生在其他方面之成就往往尚有踪迹和规范可寻，而唯有先生之讲课则更是纯以感发为主，全任神行，一空依傍，是我平生所接触过的讲授诗歌最能得其神髓，而且也最富于启发性的一位非常难得的好教师。
>
> 先生所讲授的乃是他自己以其博学、锐感、深思，以及丰富的阅读和创作之经验所体会和掌握到的诗歌中真正的精华妙义之所在。并且更能将之用多种之譬解，做最为细致和最为深入的传达。
>
> 先生讲课往往旁征博引、兴会淋漓，触绪发挥，皆具妙义，可以予听者极深之感受与启迪。我自己虽自幼即在家中诵读古典诗歌，然而却从来未曾聆听过像先生这样生动而深入的讲解，因此自上过先生之课以后，恍如一只被困在暗室之内的飞蝇，蓦见门窗之开启，始脱然得睹明朗之天光，辨万物之形态。
>
> 除此以外，先生讲诗还有一个特色，就是先生常把学文与学道，以及作诗与做人相并立论。先生一向都主张修辞当以立诚为本，以为不诚则无物。所以凡是从先生受业的学生往往不仅在学文作诗方面可以得到很大的启发，而且在立身为人方面也可以得到很大的激励。

叶先生不但师承了顾先生“把学文与学道以及作诗与做人相

并立论”“旁征博引、兴会淋漓，触绪发挥，皆俱妙义”“纯以感发为主，全任神行，一空依傍”的讲课特色；还究其所以然，从《论语》“诗可以兴”中推演阐发这一“赏诗之道”的学理渊源，突破在她之前中国文学理论仅视赋、比、兴为作诗之法的局限，以西方文学理论为佐证，阐发其作为悟诗之法、解诗之法、弘诗之法的科学性。这不但赋予了古老的赋、比、兴理论以丰富新鲜之生机，还用自己七十多年讲坛说诗的辛勤实践，承接、修复、担荷起中国儒家“为师者”的“诗教”传统和责任。叶先生一生飘零，却远比孔子、顾随等先师要幸运。她居然能顺遂命运之舟，挟“东山”而超“南岳”，“乘桴浮于海”，在“人不堪其苦”“知其不可而为”的种种艰难中，乐此不疲，居然将东方文明中的生命智慧之光遍播于人类所居的大半个星球……

在她的课上，我不但获得了以往寒窗生活中未曾有过的感官与心灵上的愉悦享受，更得到了终生受用不尽的关乎“身家性命”方面的智慧觉悟。我觉得叶先生讲的诗词，完全是脱胎于人生的实践。不要说像屈原、陶渊明、苏东坡、辛稼轩等人，他们都是用生命在写诗写词，用生活来实践其诗其词的；即使如叶先生本人，之所以能在一生经历年少丧母，到台湾后夫妇连遭幽囚，去国离乡，五十二岁时女儿、女婿车祸罹难等诸多悲苦后，还能有如此的精神面貌，取得如此卓著的成就，也完全是凭了诗词的力量（参见《迦陵杂文集 · 我的自述》）。

三 薪火相传

20 世纪最后十年是叶先生诗词生涯中的又一座里程碑，她实现了人生中的又一次成功转型——先生居然在已然退休之后，顺应着时运与机缘，在南开大学创办了中华古典文化研究所。此前，先生作为“苦行僧”与“传道士”所做的还只限于在教室里、讲坛上；在此之后，先生深切意识到中华古代文明传统的复兴与弘扬单靠一个人或一代人的努力是远远不够的，要集合起更多有志于此的“星星之火”形成燎原之势，才能确保我们民族优秀的传统文化能够真正地薪尽火传、生生不息。

2001 年年初，天津电视台“文化视野”栏目要为叶先生做一期电视人物专访节目，编辑找我来配写解说词。此时我正在为叶先生主讲的《幼儿学古诗》教学片写前言。在为此所搜集到的一些资料里，有 1998 年 9 月叶先生写给当时的国家领导人的一封信，其中有这样一段话：“我深感振兴中国古典文化对于提高国民品质与改善社会风气的重要性。我的理想是在幼儿园和小学生的课程中增设‘古诗唱游’一科，以吟唱和游戏的方式教儿童们背诵古诗。我曾用此方法在海外教授留学生子弟，效果极好。但我以为华人的根基在大陆，一定要在大陆推广才是。……我现在已是年逾古稀之人，我只盼望在我有生之余年，还能够为我所热爱的祖国以及我所爱的古诗词中所体现的优秀中华文化做出最后一点贡献。”据说，后来领导人曾指示有关部门与叶先生取得联系，并采取措施在基础教育阶段加大了传统诗词内容的比例，且在部分地区的中小学教材中体现了这一变化。

每每看到年事已高仍不遗余力为振兴中华传统诗词而奔走呼号的先生，我常自恨不能帮先生多做些事情。2001 年，我们天津广播电视大学开办汉语言文学本科专业，所招的学员绝大多数都是在职的中小学教师或领导。我想，这正是实现叶先生诗词教育理想的好时机，于是就结合教学大纲与学生的实际程度，将“中国古代文学作品选读”打造成以诗词为主的专业主干课程纳入教学实施方案，并为之选编了《中国古代经典诗词文赋选讲》的教材。此教材的底本是1991年中国青年出版社印行的《中华文化集粹丛书·诗馨篇》。1989年，南开大学东方艺术系教授范曾先生发起主编《中华文化集粹丛书》时，曾邀请叶先生撰写丛书之《诗馨篇》分册。当时叶先生尚未退休，不能全力以赴，就提供了以往讲诗词的全部录音，由我们几位同学将录音整理成文字，再根据出版社的体例与字数要求对整理稿进行筛选和压缩，最后由叶先生审核定稿。1991年丛书出版后，或许是因为宣传不够，抑或因丛书不能拆分零售之故，《诗馨篇》这两册非常适合青年学生阅读的诗词普及读本却没能发挥它应有的作用和影响，但它却对正在天津广播电视大学讲授古代文学课程的我产生了深远的影响。在为叶先生整理《诗馨篇》的两年间，我曾一遍遍反复听了叶先生存在我家的全部讲课录音，这给了我日后的诗词教学以取之不尽、用之不竭的源头活水。我一改国内现行的以知识传授为主的诗教方法，代之以兴发感动与理论反思相结合的比较鉴赏方法；并逐步用《诗馨篇》中经叶先生按诗史发展演进脉络筛选出的经典，取代那些不成体系之教材中的作品篇目；同时还结合教学内容与目标，精心设计了阅读思考题及阅读鉴赏指南。就这样，《中国古代经典诗词文赋选讲》这一经过十几年的教学积累与不断改进完善的诗词选本，终于在2005年10月经叶先生审阅并写了序言之后，由天津古籍出版社正式出版。此后，为方便教学，我还利用学校的现代教育技术优势设计制作了与文字教材相配套的、集图文、吟诵、音乐为一体的多媒体学习课件在网络上运行。

我终于了却一桩夙愿：为叶先生所身负的使命分担了一份责任，为叶先生所献身的事业多添了一块砖瓦。我牢牢地记着先生多年前在《诗馨篇·序说》中的最后一段话：

在中国的诗词中，确实存在有一条绵延不已的、感发之生命的长流，而这也就正是中华文化所特有的一份珍贵的宝藏。诸位青少年朋友们，希望我们所撰写的《诗馨篇》文稿能够带领你们，使你们不仅可以体认到这条生命的长流，而且可以加入这条长流之中，来一同沐浴和享受这条活泼的生命之流给我们的最大的乐趣。我们等待你们的加入，才能使这条生命之流永不枯竭……

写于 2020 年 9 月 23 日

（作者为天津广播电视大学教授）

不借隱為名

第四章

弱德持身 往不回

浣溪沙

又到長空过雁時
云天字字写相思
荷花凋尽我来遲
蓮实有心应不死
人生易老梦偏痴
千春犹待发華滋 迦陵

壹

叶先生的立身之本是中华诗词文化

——在 2019 年 9 月叶嘉莹教授归国执教四十周年暨中华诗教国际学术研讨会上的致辞

王　蒙

尊敬的叶先生：

今天有机会在这里向叶嘉莹、向南开大学致敬，我感到非常荣幸！虽然我知道得很不够，但我也有幸亲自听过叶老师的讲课而受到极大的感动。

叶老师是中国诗学、中华诗教的代表，是中华诗魂、中华诗韵、中华诗风的感受者、体验者、回应者。叶老师还是一个以中华文化作为立身之本的人，她非常纯正、非常干净、非常专心，因为她的立身之本、立仁之本就是中国传统文化。但同时，叶老师又是中华文化走向全球的使者，是非常不容易的。她以国际的眼光视野、现代的学问理论、自身的独特感受，做了大量工作，将中华诗学传播到全世界。

叶老师真是一位好老师，她讲课总是站着讲，话语清晰，条理清楚，让人听得明明白白，向叶老师致敬！

（作者为中国当代作家、学者，文化部原部长，
中国作家协会名誉主席）

贰

初心不忘，桃李成蹊

——恭贺叶嘉莹先生获得南开大学教育教学奖终身成就奖

陈　洪

1979年春天，叶嘉莹先生首次来到南开园执教。

2019年9月10日，叶嘉莹先生获得南开大学教育教学奖终身成就奖。特向叶嘉莹先生回国任教四十年暨九十五寿辰送上贺词：

文采焕然兮炎黄之苗裔，诗骚孳乳兮心灵之栖居。
孔子力倡兮诗教为传统，兴发感动兮温文而有礼。
历经千载兮随时有盛衰，赓绍发扬兮迦陵而鸣歧。
沾溉五洲兮普施之法雨，良苗怀新兮春满于大地。
妙法莲华兮香远而益清，初心不忘兮桃李多成蹊。
仁者天佑兮南山其郁郁，捧金觥而称颂兮，
灵椿之寿其必可期！

（作者为南开大学原常务副校长）

叁

心灵的飨宴

——叶嘉莹先生的诗教

席慕蓉

2009年2月21日晚间，叶嘉莹先生应洪建全教育文化基金会的邀请，在台北的敏隆讲堂演讲，讲题是《王国维〈人间词话〉问世百年的词学反思》。

演讲从七点整准时开始，到九点过后还欲罢不能。那天晚上，叶老师足足讲了两个多小时。以《人间词话》为主轴，谈词的由来、特质、境界，以及雅郑之间的微妙差异等；上下纵横，中西并用，再加上兴会淋漓之处叶老师不时地让思路跑一下“野马”，把我们带到一片陌生旷野，那种辽阔无边，那种全然不受约束的自由，好像极为混沌无端难以言说，却在同时又井然有序地一一心领神会……

何以至此？何能至此？

当时的我，只觉得叶老师在台上像个发光体，她所散发的美感，令我如醉如痴，在无限欣喜的同时还一直有着一种莫名的怅惘，一直到演讲结束，离开了会场、离开了叶老师之后，却还离不开这整整两个多钟头的演讲所给我的氛围和影响。

之后的几天，我不断回想，究竟是什么感动了我？

2002年秋，叶嘉莹先生与席慕蓉在叶赫河畔

对叶老师的爱慕是当然的，对叶老师的敬佩也是当然的；可是，除此之外，好像还有一些什么很重要的因素是我必须去寻找、去捕捉才有可能得到解答。

那天晚上，叶老师在对我们讲解关于词的审美层次之时，用了《九歌》里的“要眇宜修”这四个字。

她说“要眇”二字，是在呈现一种深隐而又精微的美；而这种深微，又必须是从内心深处自然散发出来的才可能成其为美。

至于“宜修”则是指妆饰的必要。但是，叶老师说这种妆饰并非只是表面的修饰，却也是深含于心的一种精微与美好的讲究。一如《离骚》中所言的“制芰荷以为衣兮，集芙蓉以为裳……佩缤纷其繁饰兮，芳菲菲其弥章”，是所谓的一种品格上的“高洁好修”。

那天晚上的叶老师，身着一袭灰蓝色的连身长衣裙，裙边微微散开；肩上披着薄而长的丝巾，半透明的丝巾上还暗嵌着一些浅蓝和浅灰色的隐约光影，和她略显灰白但依然茂密的短发在灯光下互相辉映。

当时的我，只觉得台上的叶老师是一个发光体，好像她的人和她的话语都已经合而为一。不过，我也知道，叶老师在台上的光辉，并不是讲堂里的灯光可以营造出来的，而是她顾盼之间那种自在与从容，仿佛整个生命都在诗词之中涵泳。

之后，在不断的回想中，我忽然开始明白了。

原来，叶老师当晚在讲坛上的“人和话语合而为一”，其实是因为，她就是她正在讲解中的那个“美”的本身。

叶老师在讲坛上逐字讲解中的“要眇宜修”，就是她本身的气质才情所自然展现的那深隐而又精微、高洁而又高贵的绝美。

是的，她就是“美要眇兮宜修”的那位湘水上的女神。

然而，或是因为“世溷浊而不分兮”，或是因为一种必然的孤独，使得所有这世间的绝美，在欣然呈现的同时，却又都不得不带着一些莫名的怅惘甚至忧伤……

那晚之后，我在日记里记下自己的触动，我何其有幸，参与了一次极为丰足的心灵飨宴。

想不到，十个月之后，我又有幸参与了一次。

2009 年 12 月 17 日上午，叶老师应余纪忠文教基金会邀请，在中坜做了一场演讲，讲题是《百炼钢中绕指柔——辛弃疾词的欣赏》。

礼堂很大，听众很多，仪式很隆重。可惜的是，演讲的时间反而受了限制。叶老师这次只讲了一个半小时左右，她所准备的十首辛弃疾的词，也只能讲两首而已。

这两首的词牌都是《水龙吟》，一首是《登建康赏心亭》，一首是《过南剑双溪楼》。叶老师说，辛弃疾一向是她所极为赏爱的一位词人。

他正是能以全部的心力来投注于自己的作品，更是能以全部的生活来实践自己的作品。他的生命与生活都以极为真诚而又深挚的态度进入文学创作。

因此，在讲解这两首《水龙吟》之时，叶老师就要我们特别注意创作时间的差异对作品的影响。她说，基本上，生命的本体（感情与志意）是不变的，可是，辛弃疾一生传世的词，内容与风格却是千变万化，并且数量也有六百多首。

第一首《水龙吟》写于辛弃疾三十四岁，当时他正在南京，在孝宗的朝廷。写《登建康赏心亭》的时候，离他当年率领义兵投奔南朝，那热血沸腾、壮志昂扬的英雄时刻，已经过了十个年头了。写后面的一首《过南剑双溪楼》时，辛弃疾已经有五十多岁了；而在这之前，他被朝廷放废了十年之久。

辛弃疾的一生，六十八载岁月（1140—1207），有四十多年羁留在南宋，中间还有二十年的时光是一次次被放废在家中。

这样的蹉跎，置放于文学之中，会产生出什么样的作品？

我们在台下静静地等待着叶老师的指引。

这天，站在讲台上，叶老师仍是一袭素净的衣裙，只在襟前别上了一朵胸花，是“中央大学”校方特别为贵宾准备的，深绿的叶片间缀着一小朵红紫色的蝴蝶兰。

她的衣着、她的笑容、她的声音……她的一切，本来都一如往常，是一种出尘的秀雅的女性之美。可是，非常奇特，当她开始逐字逐句为我们讲解或吟诵这两首《水龙吟》之时，却是隐隐间风雷再起，那种雄浑的气势逼人而来，就仿佛八百多年前的场景重现，是词人辛弃疾亲身来到我们眼前，亲口向我们一字一句诉说着他那孤危而又蹉跎的一生。

在“楚天千里清秋”微微带着凉意的寂寞里，我们跟着辛弃疾去“把吴钩看了，栏杆拍遍”，心里涌起了真正的同情。非常奇妙的转变，在我少年时，那些曾经是国文课本里生涩而又苍白的典故，为什么如今却都化为真实而又贴近的热血人生？原来，辛弃疾亲身前来之时，他的恨、他的愧、他的英雄泪都是有凭有据，清晰无比的啊！

我们跟随着他掠过了二十年，来到南剑双溪的危楼之前，但觉“潭空水冷，月明星淡”，到底要不要“燃犀下看”呢？那黑夜的肃杀与词人的忐忑，到此已是一幅结构完整、层次分明的画面了。

等到“千古兴亡，百年悲笑，一时登览”这几句一出来，我一方面觉得自己几乎已经站在离辛弃疾很近很近的地方，近得好像可以听见他的心跳，感觉得到他的时不我予的悲伤；可是，一方面，我又好像只看见这十二个字所延伸出来的人生境界。这就是“文学”吗？用十二个字把时空的深邃与浩瀚，把国家与个人的命运坎坷，把当下与无穷的对比和反复都总括于其中，这就是“文学 ”吗？

因此，当叶老师念到最后的“问何人又卸，片帆沙岸，系斜阳缆”的时候，在台下的我不得不轻声惊呼起来。惊呼的原因之一是，这“系斜阳缆”更是厉害！仅仅四个字而已，却是多么温暖又多么悲凉的矛盾组合，然而又非如此不可以终篇，仅仅四个字，却是一个也不能更动的啊！惊呼的另一个原因是，终篇之后，我才突然发现，刚才，在叶老师的引导之下，我竟然在不知不觉之间进入了南宋大词人辛弃疾的悲笑一生。他的蹉跎、他的无奈不仅感同身受，甚至直逼胸怀，使我整个人都沉浸在那种苍茫和苍凉的氛围里，既感叹又留恋，久久都不舍得离开。

这是何等丰足的心灵飨宴！

等我稍稍静定，抬头再往讲台上望去，叶老师已经把讲稿收妥，向台下听众微笑致意，然后就转身往讲台后方的贵宾席位走去，准备就座了。亭亭的背影依然是她独有的端丽和秀雅……

可是，且慢，那刚才的辛弃疾呢？

那刚刚才充满在讲堂之内的苍凉与苍茫，那郁郁风雷的回响，那曾经如此真切又如此亲切的英雄和词人辛弃疾呢？

请问，叶老师，您把他收到什么地方去了？

何以至此？何能至此？

这不是我一个人在思索的问题，那天会后，许多听众也在彼此轻声讨论。

我听见有人说："是因为声音、声调。"有人说："是因为先生学养深厚，又见多识广。"有人说："是因为她自幼承受的古典诗文教育，已经是她生命的一部分了。"还有人说："恐怕是因为她自身的坎坷流离，所以才更能将心比心、精准诠释吧。"

我在旁边静静聆听，大家说的都没有错，这些也应该都是叶老师所具有的特质。但是，我总觉得，是不是还有别的更为重要的质素，才可能让叶老师如此与众不同呢？

这是我一直想去寻求的解答。不过，我也知道，那极为重要的质素，想必也是极为独特与罕见的，又如何能让我就这样轻易寻得？

直到最近，读到《红蕖留梦——叶嘉莹谈诗忆往》一书的初稿，发现书中有两段话语，似乎就是给我的解答，在此恭谨摘抄如下：

> ……诗词的研读并不是我追求的目标，而是支持我走过忧患的一种力量。……我之所以有不懈的工作的动力，其实就正是因为我并没有要成为学者的动机的缘故，因为如果有了明确的动机，一旦达到目的，就会失去动力而懈怠。我对诗词的爱好与体悟，可以说全是出于自己生命中的一种本能。因此无论是写作也好，讲授也好，我所要传达的，可以说都是我所体悟到的诗歌中的一种生命，一种生生不已的感发的

力量。中国传统一直有“诗教”之说，认为诗可以“正得失，动天地，感鬼神”。当然在传达的过程中，我也需要凭借一些知识与学问来作为一种说明的手段和工具。我在讲课时，常常对同学们说，真正伟大的诗人是用自己的生命来写作自己的诗篇的，是用自己的生活来实践自己的诗篇的，在他们的诗篇中，蓄积了古代伟大诗人的所有的心灵、智慧、品格、襟抱和修养。而我们讲诗的人所要做的，就正是透过诗人的作品，使这些诗人的生命心魂，得到又一次再生的机会。而且在这个再生的活动中，将会带着一种强大的感发作用，使我们这些讲者与听者或作者与读者，都得到一种生生不已的力量。在这种以生命相融会、相感发的活动中，自有一种极大的乐趣。而这种乐趣与是否成为一个学者，是否获得什么学术成就，可以说没有任何关系。这其实就是孔子说的，知之者不如好之者，好之者不如乐之者。

旨哉斯言，谜题揭晓！

原来，答案就在这里。

叶老师所给我们的一场又一场的心灵飨宴，原来就是久已失传的诗教。

这是一种以生命相融会、相感发的活动，而能带引我们、激发我们去探索这种融会与感发的叶老师，她所具备的能量是何等强大与饱满，而她自己的生命的质地，又是何等强韧与深微啊！

历经忧患的叶老师，由于拥有这样充沛的能量，以及这样美好的生命质地，才终于成就了这罕有的与诗词共生一世的丰美心魂。

在此，我谨以这篇粗浅的文字，向叶老师献上我深深的谢意。

2015年10月，叶嘉莹先生在迦陵学舍上课

附记：

在《红蕖留梦——叶嘉莹谈诗忆往》一书的初稿里，我很惊喜地发现，1953年到1956年之间，叶老师曾经在台北市第二女子中学教过高中部的国文。而我是在1954年秋天从中国香港来台北参加插班生考试后，被分进台北第二女子中学初中部二年级，1956年夏天毕业。因此，在那两年的时间里，我们或许曾经在校园和教室外的走廊上远远地相遇过吧，而无论那距离有多么遥远，毕竟也是师生的相遇和牵连。在半个世纪之后，终于可以确认这师生的关系，真是无限欣喜，因以为记。

（作者为中国台湾画家、诗人、散文家）

肆

诗教人生，“弱德之美”

迟宝东

伴随着记录恩师叶嘉莹先生诗词人生的文学纪录电影《掬水月在手》在全球公映，“弱德之美”这样一个好像有些陌生却又若有所悟的概念，在文化圈里激起涟漪，引发热议。

什么是“弱德”？又何以成其为“美”？这种“美”到底是一种什么程度的“美”……这一连串的疑问随之而来。各路方家见仁见智，确有会心之处，然又似未尽表笔者胸中之感。因不揣浅陋，略述己见，就教于同道师友。

一

要对“弱德”有比较好的理解，需要上点儿年岁，有些人生阅历。

先生提出“弱德”这个概念，是在阐述清初词人朱彝尊的小词《桂殿秋·思往事》的时候。她说她实在找不出一个合适的词，来形容这首词里面所传达出的那种幽微要眇难言之感。词云：

思往事，渡江干，青蛾低映越山看。共眠一舸听秋雨，小簟轻衾各自寒。

这首词写朱彝尊与妻妹冯氏的一段伦常之外的感情。词人与意中人只是心会神交，并没有结合。爱之切骨，字面却丝毫不见直露，仅于一“看”、一“听”、一“寒”中传出，诚为古今写情圣手。

如果我们的剖析到此打住，那似乎也算不了什么，不过写情手段高妙而已。这就要结合朱彝尊的身世，进一步寻绎下去了。一个非常重要的情节是：朱彝尊十七岁入赘到冯家。在那样一个男尊女卑的年代，“入赘”的信息量是非常大的。起码有两条，首先必是他家境清苦，其次也一定是他才识过人、远超群伦。“天生我材必有用”，才识和抱负从来都是相伴而生。心虽如此，但现实面前却要低头，个中滋味，恐怕只有朱彝尊本人最为清楚了。他到冯家时，妻妹冯氏只有十岁，九年后出嫁，二十四岁又回娘家来住，三十三岁就死去了。现在无从可考具体情况，但从冯氏嫁而复归、早早夭逝的经历来看，她也是命途多舛。九年相处，同病相怜；一朝重逢，惺惺相惜。这种感情本是社会悲剧带来的病态之爱，但放在这样一对苦命之人的身上，再联想到江山易主、身世飘零、无法自主的时代背景，就多了一种特别的打动人心的力量。

要而言之，个人身世之不幸、家国世代之多难、不可言说之无奈、忍泪吞声之坚韧，就构成了朱彝尊这首词特殊情感的四个要素。确实很难找到一个恰当的词来言状，先生拈出“弱德”二字，实在传神之至。“弱德”的“弱”，非个体精神之萎靡消顿，而是身世家国外在重压带来的无力无助的境地。不仅非个体精神之萎靡消顿，恰恰相反，具有“弱德”之人，其内心、其精神超出常人地强大，犹如突破层层石块逆势生长的小草，令人心生敬畏爱惜。

对“弱德”解说至此，似已完结。其实不然，还另有深意可寻。正如清人谭献所言：“甚且作者之用心未必然，而读者之用心何必不然。”一首作品诞生以后，它就不完全属于作者了。同样，一个概念提出以后，它也有可能溢出孕育它的母体，加载更加丰厚的意蕴。“弱德”即是如此。它本是用来指说一段有违伦常的爱情背后那种难以言表的品德，但一经提出之后，就与具有五千年深厚土壤的中华文化贯通起来，成长为一个具有更加宽广内涵的概念。这也正是人们对其津津乐道的原因所在。

二

个人身世之不幸、家国世代之多难、不可言说之无奈、忍泪吞声之坚韧，这四种要素合而有之，就与我们这个古老国度世代沿袭、绵延不息的诗教精神，产生了一种呼应和契合。

“诗教”一词，见于《礼记·经解》。“温柔敦厚，《诗》教也。”其思想渊源早已有之。孔子在《论语·八佾》中评价《关雎》时说：“乐而不淫，哀而不伤。”言指在表达各类感情时，都要有所节制，不能放纵恣肆，有违君子之德。后来《毛诗序》中又进一步阐释为“发乎情，止乎礼义”。历朝历代对诗教精神多有揭示，其内涵也极其广博浩大，自无须本文再行赘述。这其中，有两个层面与“弱德”密切相关。其一，人类的各种感情当然包含面临艰难困苦、压抑挫折时候的哀伤之情；其二，“温柔敦厚”是总体的精神要求。

“弱德”在提出时，虽是就男女之间的爱情而言，但其背后的压抑挫折却并非男女爱情所专有，而是推而广之在社会生活各个方面都会遇到。所谓“欢乐极兮哀情多”“不如意事常八九”，因种种不顺利带来的不同程度的伤感，恐怕是人世间最为经常感受到并为之苦恼不已的情况。更何况，快乐易逝，痛苦长久。悲伤无论对当其事者抑或他人的影响，都似乎要来得更深一些。

那么，该怎样面对苦难挫折？不同的人给出的答卷是不一样的。有人逃避，有人沉沦，有人激烈抗争，有人默默承受。不能说激烈抗争不好，但那需要特定的基础和条件。当基础和条件不具备时，过于激烈效果未必会好。大多数时候，要服从现实条件选择去承受。那又该怎样去承受？是终日怨天怨地、牢骚满腹，还是自毁自伤、形销骨立？现实当中，都有之，但显然也都并非上等境界。最好的面对方式，莫过于“怨而不怒，哀而不伤”。但这实实在在却也不是每个人都能做得很好的。“温柔敦厚”是一种人生境界。也正是在这个层面上，“弱德”与诗教精神有了相通之处，让人们对它的感觉既陌生，又亲切。

当然，每个人的承受能力和关怀宽度是不一样的，故此产生压抑挫折之感的原因因人而异。这就导致“小我”“大我”之分。“煮豆燃豆萁，豆在釜中泣”“柳外画楼独上，凭栏手捻花枝。放花无语对斜晖，此恨谁知”，固然令人动容，但总还是觉得格局小了一些，不若“知我者谓我心忧，不知我者谓我何求”更为深沉。而读到“多情应笑我，早生华发。人生如梦，一樽还酹江月”“落日楼头，断鸿声里，江南游子。把吴钩看了，栏杆拍遍，无人会，登临意”时，相信大家的心情，一定都是百转千回的。这让人百转千回的，不正是面对个人不幸、家国磨难、选择无奈时的坚忍与承受吗？

2018年12月，叶嘉莹先生与学生、“粉丝”在迦陵学舍新年联谊，二排右三为迟宝东

三

由此可见，“弱德”之为德者大矣。先生讲诗词之所以美，在于其能传达出一种兴发感动的力量。但凡可以称得起“弱德”者，必具备令人兴发感动的力量，自不待言。因此，“弱德”不仅是德，更是一种美，是集聚了真善美于一身的“大美”。先生充满传奇的一生，就是在用亲身经历书写着这样一种“弱德之美”。

先生一生多艰，饱经忧患和苦难。她生逢日寇侵占北平的民族危亡之际，因物资医疗条件极度匮乏导致慈母早逝。随夫颠沛流离至台湾后，又遭当局“白色恐怖”无端迫害，生计全无，寄人篱下。先生独自一人养家糊口，艰难负重前行。谁知生活刚有起色之时，再遭丧女丧婿之痛。都说“巾帼不让须眉”，话容易讲，但仅凭一个弱女子，她是怎么过来的？其难，其苦，实非常人所能想象。但是这些个人家庭的具体感受，很少听她谈及。偶尔说起，也就是平平淡淡一两句，好像在说别人家的事情。她在讲诗讲词的时候，会穿插进一些身世经历，但也都是粗线条的，更多的是为学生加深对诗心词意的理解，提供一些身临其境的氛围。

相对于生活的诸多坎坷，让她感觉更大的“难”，其实应该是古典诗词及其承载优秀传统文化的传承。先生常说要把她感受到的古典诗词里面好的东西传承下去，否则，就是“上对不起古人，下对不起来者”。这是更为博大的一种胸怀。

“书生报国成何计，难忘诗骚李杜魂。”这是先生念兹在兹的志意。千百年来流传下来的古典诗词，是中华优秀传统文化的精华所在。一介书生，怎样来实现自己的家国情怀？先生选择了做传灯者、引路人，矢志不渝投身于古典诗词教学工作，有教无类，不分长幼，成痴成乐，浑然不觉老之已至。说起来，这确实是一份“高大上”的事业。但其中的苦和难，犹难为人道也。

“莲实有心应不死，人生易老梦偏痴。千春犹待发华滋。”这是先生无怨无悔的执着。时代在变，世情在变，连语言也都变了。想让当世之人能够真切地感受到、体认到、理解到千百年前诗人词家那些作品中所传达出来的美，何其不易。这真的是知其不可而为之。先生并非不知其难，也并非不知老之已至；而是她坚信，就像千百年前保存下来的莲花种子，还会发芽开花一样，诗心文脉也同样会在传承中获得永生。

“遗音沧海如能会，便是千秋共此时。”这是先生跨越时空的期待。有人说，先生是一位孤独的跋涉者。其实先生从未说过自己孤独，因为她有诗词相伴，尚友古人。“为往圣继绝学”，确实是带有悲壮意味的事业，但先生从未流露出任何悲哀消极之意。因为，她的理想、她的志意、她的成就，并不完全定位在当下。这就好比陶渊明一千六百多年前写的诗句，如今在世界许多地方被传唱一样。个体生命的有限，与诗词追求的永恒，其间所形成的巨大张力，使先生的“弱德之美”上升到了一个更大的高度。

正如迦陵学舍月亮门边先生的一副对联诗句所言：“入世已拼愁似海，逃禅不借隐为名。”早年的先生其实已经具有了这份觉悟和潜质。她的诗词道路，以及伴随着诗词道路的坎坷人生，为“弱德之美”做了最好的诠释。

写于 2020 年 11 月

（作者为南开大学中文系一九九三级学子，

叶嘉莹先生在南开大学培养的首届硕士生、首位博士生）

南开大学马蹄湖岛周恩来总理像，“我是爱南开的”表达了南开人的心声（纪睿泓摄）

伍

千春犹待发华滋

——叶嘉莹先生的诗教传承

陆有富

诗教是中华民族文化之精髓，在中华民族的传统教育中起到了重要的作用。诗教在传承中随着时代的变化而不断赋予它新的内涵和重要性。叶嘉莹先生的诗教传承以兴发感动为核心，意在使诗歌中所蕴含的感发生命发挥其应有的陶冶教化作用。叶嘉莹先生在诗教的传承上几乎投注了她平生全部的精力和热情，无论在创作研究还是讲授传播上都做出了极大的贡献。在她的这些贡献中，最值得关注的是她在诗歌艺术价值之外，对诗歌伦理价值的系统阐发和将吟诵所诱发的诗性直觉思维，以科学创造性的方式加以论证，并大力提倡传统吟诵，丰富了当代诗教的内容。

一

1977 年春，叶嘉莹先生回国探亲，曾欣喜地记述下沿途的见闻感受。她说："在沿途所乘坐的火车，往往看见国内旅客手捧着一册《唐诗三百首》有滋有味地在阅读着。在参观各地古迹时，也往往听到当地的导游朗朗上口地背诵出古人的佳句名篇。我当时真是说不尽的欢喜，以为祖国虽然经受了不少灾害和磨难，但文化的种子却仍然潜植在广大人民心底。”[1]叶先生所见所闻，使她觉得中华诗教的传统还植根于民众的心中，而正是这一颗孕育新生的文化种子诱发了她回国教书的愿望。1979 年，叶先生得偿所愿，终于实现了自己“书生报国”的理想。此后的四十余年里，她始终对诗教传统的复归保持着一份珍重美好的情意，把全部的精力投注到古典诗词的创作研究和讲授传播之中，即使在九十高龄仍登坛讲学、著述不辍，其目的是希望古典诗词中所蕴含的感发力量能不断化育继起的生命，希望我们的诗教传统能够绵延不绝、生生不已。

贯穿于叶嘉莹先生诗教核心的，乃是她在创作研究中一直提及的兴发感动之说。先生说：“诗歌之所以为诗歌，在本质方面是一直有着某些永恒不变之质素的缘故。关于这种质素，我在经过了多年的批评实践之后，终于在后来提出了一个较明确的说法，那就是‘诗歌中兴发感动之作用’。”[2]先生重视诗歌感发生命的存在，认为古典诗歌所蕴藏着的感发生命和品格智慧是恒久不变的，绝不会因为现代社会一时之命运就斫丧消失了。而先生的诗教传承，也是建立在她所提出的兴发感动说基础之上的。

兴发感动说继承了古代关于“兴”的诗学概念的阐释，并融入了接受美学、现象学等西方理论，增加了一些感悟等质素，经过先生自己的创作和批评实践后，与古人之说相互印证而发展成为体系完整、极富创见的诗学理论。可见先生的研究既有其严谨规范的一面，亦有其灵心妙悟的一面，可谓知情兼胜。缪钺先生对诗歌之兴发感动曾有一段说明，揭示了先生论诗之要旨所在：

---

1 叶嘉莹：《叶嘉莹自选集》，南开大学出版社，2004年，第337-338页。
2 叶嘉莹：《我的诗词道路》，河北教育出版社，2000年，第24页。

诗之最重要之质素即在其兴发感动之作用。诗人之情，首贵真挚，其所感受之对象，大之国计民生，小之一人一事，一草一木，苟有真情，即成佳作，否则浮词假象而已。诗人之感受，最初虽或出于一人一事，及其发为诗歌，表达为美之意象，则将如和璧隋珠，精光四射，引起读者丰融之联想，驰骋无限之遐思，又不复局限于一人一事矣。此种联想又应具有“通古今而观之”之眼光，因此，评赏诗歌者之能事，即在其能以此“通古今而观之”之遐思远见启发读者，使之进入更深广之境界，而诗歌之生命遂亦由此得到生生不已之延续。[1]

可见，兴发感动突破了古代对于“兴”的理解范围，是一个统摄了从诗歌创作到接受评赏过程的诗学概念，既是对诗歌本质特征的一种准确把握，也是评价作品优劣高下的标准。它不仅能够引导作诗者进行创作，而且在诗歌创作发生、接受评赏、审美探索等方面都有助益。

就创作一方面而言，叶嘉莹先生曾说：“诗歌的创作，首先需要内心有所感发而觉得有所欲言，这便是诗歌之孕育的开始。”[2]而形成内心这种真诚感动的动力主要有二，即“得之于自然界景物节气之变化的感发，与得之于人事界悲欢顺逆之遭际的感发两大因素”[3]。表现途径主要有三，即中国传统的赋、比、兴三种表现方法，按照先生的解说，比是由心及物，是有心的比拟，大多含有理性的思索和安排。兴是由物及心，是无意的感发，大多是由感性的直接触引。二者做法虽有不同，但都表现了一种心物交感的

1 叶嘉莹：《迦陵论诗丛稿》，河北教育出版社，1997年，第2页。
2 叶嘉莹：《迦陵论诗丛稿》，同上，第9页。
3 叶嘉莹：《我的诗词道路》，河北教育出版社，2000年，第29页。

作用。赋则是不以物象为感发媒介，直接以叙述的口吻表达内心的情意。诗词中兴发感动生命的传达，正是通过这三种途径表现出来的，这样的作品才能蕴蓄着生生不已的感发生命，读者才能感受到作者在他们作品中所寄托的心灵与感情、品格与智慧、襟怀与修养。先生的诗词创作亦是如此，纵观《迦陵诗词稿》，其内容情真意切，语言朴直自然，在抒怀寄慨之中充盈着一种感发的力量。正如缪钺先生在《迦陵诗词稿》序中所言："叶君具有真挚之情思与敏锐之观察力，透视世变，深省人生，感物造端，抒怀寄慨，寓理想之追求，标高寒之远境，称心而言，不假雕饰，自与流俗之作异趣。"[1]这正可与先生兴发感动说在创作实践中之要求相互印证。

自诗歌评赏一方面而言，叶先生说"对于那些以兴发感动之作用为生命的诗歌，我们的评赏不该只是简单地把韵文化为散文，把文言变为白话，或者只做一些对于典故的诠释，或者将之勉强纳入某种既定的理论套式之内"，而是要"透过自己的感受把诗歌中这种兴发感动的生命传达出来，使读者能得到生生不已的感动，如此才是诗歌中这种兴发感动之创作生命的真正完成"。[2]这种兴发感动的作用对于读者来说，不仅要透过诗歌中之意象、结构、字质等，感受诗歌艺术表达的效果；更重要的是，要透过诗歌的感发，使这些凝固的文字中所蕴含的对于宇宙人生的感受和关怀之情得到一种生生不已的延续。有鉴于此，先生将王国维的"能感之"和"能写之"结合西方理论进行推衍阐发，弥补了古代文论中只重兴感妙悟而疏于思辨的缺憾，建立了衡量诗词高下优劣的重要标准。"能感之"是心与物产生感发作用时，影响诗人感受的心理、直觉、联想、意识等诸种因素；"能写之"则是诗人将这

1 叶嘉莹：《迦陵诗词稿》，中华书局，2007年，第3页。
2 叶嘉莹：《我的诗词道路》，河北教育出版社，2000年，第28-29页。

种感受予以表达时，影响诗歌表达效果的字质、结构、意象、张力等种种因素。换句话说，“能感之”影响诗人感发生命的质量，而“能写之”则影响诗歌感发生命的表达效果[1]。由此可知，“能感之”和“能写之”之种种因素不仅影响诗人之兴发感动在作品中的表达，作品中所蕴含的兴发感动的生命，也需要用“能感之”和“能写之”之因素来衡量。

叶先生的兴发感动说并非是为理论而理论，而实在是她与古典诗词共鸣相感的有得之言。不难看出，先生的创作、研究都是以兴发感动一以贯之的，而其诗教之实践也以兴发感动为核心，意在使诗歌中所蕴含之丰富多维的感发生命发挥其应有的陶冶教化作用，进而温润人心，培养人心中对于世界万物一份真诚的感受和关怀的情意，培育古典诗词生命长流的继起者。

二

叶先生在注意到诗歌中的感发生命在传达之际所形成的艺术价值以外，也注意到这种感发作用在社会中所形成的客观评定的伦理价值和超越客观外表的精神本质上的伦理价值。她说：

> 我曾提出了诗歌当以感发之生命为主要之质素的说法，既是以感发之生命为主，那么在其引起读者之兴发感动之际，自然便也可能对社会造成若干作用和影响，因此，当我们注意到这种感发之生命在传达之际所形成的艺术价值以外，当然便也当注意到这种感发之作用在社会中的伦理价值。[2]

1 叶嘉莹：《我的诗词道路》，河北教育出版社，2000年，第32页。
2 叶嘉莹：《迦陵论词丛稿》，河北教育出版社，1997年，第9页。

除去这种用客观的态度来评定一位词人及其词作的伦理价值以外，我在此还想提出一个看法，那就是如果不从理性上做客观的评判，而只就感发性的特质而言，诗歌中这种感发之生命，原来也可以具有一种超越于外表的是非善恶之局限以外而纯属于精神本质上的伦理价值存在。[1]

先生指出，对于诗歌伦理价值之揭示不应拘泥于客观的评判，还有一种“超越于外表的是非善恶之局限以外而纯属于精神本质上的伦理价值”。一些伟大的作家，他们不仅在其生平为人、身世遭际等外表上合于伦理的衡量标准，他们的作品也蕴含着真挚的感发生命，而且在感发生命中流露出作者自己的胸襟、志意、修养、人格，这些都是具有客观的真正的伦理价值的品质。而那些在外表伦理衡量有问题的作者和作品，我们又该如何对待？在中国传统诗论中，论诗者对那些在生平为人等方面颇有问题的作者多采取排斥的态度，即使其作品何等高妙，其价值也会因其生平之不合伦理而难以彰显。先生对此则不以为然，她在兴发感动的基础之上系统阐发了那些在外表不尽合乎伦理的作者与作品所具含的“超越于外表的是非善恶之局限以外而纯属于精神本质上的伦理价值”。这是她在对李商隐、吴文英、王沂孙等人的批评实践中所总结出来的，可以说超越了传统诗教论中的一般认识。先生进一步指出，这种精神本质上的伦理价值的蕴含，“第一在其真诚纯挚的程度，第二在其品质的厚薄高下，而并不在于外表所叙写的是何种事情。”[2]其后她又说：“我以为真诚才是一切善德的基础，而虚伪则是一切恶的根源，这不仅在伦理方面的价值是如此，在文艺方面的价值也是如此。如果我们撇开了诗歌中发自于真诚纯

1 叶嘉莹：《迦陵论词丛稿》，河北教育出版社，1997年，第9页。

2 叶嘉莹：《迦陵论词丛稿》，同上。

挚之心灵的感发生命不予重视，而去空谈社会伦理的价值，那么，在作者与读者之间便会造成一种伪善的连锁反应，表面上所倡言的虽然似乎是善，其实却养成了一种相欺以伪的作风，如果就其对读者所造成的影响而言，则堕人志气、坏人心术，可以说是莫此为甚。前些年国内文坛所流行的样板式的作品，就正是这类作品的最好例证，而其影响所造成的恶果，则可以说已经是有目共睹的了。”[1] 不难看出，在兴发感动说的统摄之下，“真”是一切道德伦理和艺术价值的必要条件，换句话说，“真”是“善”与“美”的基础。这正可看作是对传统“诗教”论的补充和丰富，亦可看出先生在当下的诗教传承中，对于那些忽略了诗歌中发自真诚纯挚的感发生命的忧虑之情。

在诗教之传承中，先生根据当下之实际情况，大力提倡传统吟诵，并将吟诵所诱发的诗性的直觉思维，以科学创造性的方式加以阐释，消弭了科学与艺术的壁垒，补充发展了传统诗教的内涵，丰富了当代诗教的内容。先生对于吟诵的研究和提倡始于 20 世纪 90 年代，但她留意吟诵并认识到吟诵之重要却是由来已久了。先生出身于燕京旧家，自幼就受到母亲、伯父等人吟诵诗词的熏染，影响甚深，于吟诵颇有心会。20 世纪 70 年代，远在北美的先生还托人将在台湾的戴君仁先生的吟诵调录音保存，她对于吟诵的重视可见一斑。1992 年，先生在《谈古典诗歌中兴发感动之特质与吟诵之传统》一篇长文中系统地论说了吟诵之作用，并以科学创造性的方式加以陈说和提倡。她指出，吟诵诗歌时，音声相应，情意相汇，不仅在诗歌创作方面会形成一种直接感发的妙用，而且在诗歌评赏方面也极有助益。但吟诵之目的并不是一种技能的训练，而是透过诗歌吟诵，使青少年一代养成一种富

1 叶嘉莹：《迦陵论词丛稿》，河北教育出版社，1997年，第10页。

于联想与直感的心灵的品质和能力。她还引用西方文学理论中对于诵读的阐说，进一步证明中西方在诗歌诵读（吟诵）时所引起的声音上的感发以及这种感发在诗歌写作实践和欣赏过程中的作用方面有不少暗合之处[1]。

此后，为了证明吟诵对于儿童之重要，她引证杨振宁先生在《谈谈我的读书经验》的讲演中提出的渗透性的读书方法，以及兰州大学牛龙菲先生《有关“音乐神童”及“儿童早期音乐教育”的初步理论探索》所提及之“儿童心理发育过程中‘文而化之’和‘乐而化之’的刺激信息作用”的说法[2]，进一步证明在儿童时期因其“直感力强”之优势而引入吟诵的必要性。其后她又在《从中国诗论之传统与诗风之转变谈〈槐聚诗存〉之评赏》谈及吟诵的重要时说道：“我近来常想到古代文化中诗文吟诵的重要性。私意以为按现代医学而言，则人之左右脑固各有专司，左脑主智，而右脑主情，一在思辨，一在直感。诗歌中之用典使事及对偶工巧等，盖皆应属于左脑之作用，而音声与图像之直感则属于右脑之作用。如果在学诗和作诗时经常伴随着声音的吟诵，则写出来的诗就有一种声情结合的情韵生动之美。而如果不伴随吟诵，只凭思想智力为诗，就会缺少这一种情韵生动之美。”[3]这里以现代科学的方式论述了吟诵对于学诗写诗的重要和对于创造能力的激发。具有创造性的科学家往往都是具有直感和联想能力的人物，而吟诵无疑是训练直感与联想能力的最好方式，这种能力不仅对于学习文科的人，而且对于学习理工科的人来说，都是一种最可珍视的能力和资质。

1　叶嘉莹：《我的诗词道路》，河北教育出版社，2000年，第199-200页。

2　叶嘉莹：《我的诗词道路》，同上，第209页。

3　叶嘉莹：《从中国诗论之传统与诗风之转变谈〈槐聚诗存〉之评赏》，《烟台大学学报》（哲学社会科学版）2013年第三期。

在吟诵实践的传承方面，叶先生早在20世纪80年代就开始进行这方面的尝试和实践了，只不过在当时之环境里尚未引起足够的重视。1994年，她恳请赵朴初先生以全国政协副主席的身份，为古典诗词的普及教育做登高一呼。1995年，叶先生与田师善合作编写《与古诗交朋友》，书中每首诗都附有先生的吟诵。1998年，先生上书当时的国家领导人，呼吁古典诗词的诵读教育回归中小学校园。2010年，中华吟诵学会采录先生的吟诵录音，并制作成光盘进行展示。同年，她以首席专家的身份主持了国家社科基金重大项目“中华吟诵的抢救、整理与研究”。2015年，先生又选编出版了《给孩子的古诗词》，而这一切皆源于古典诗歌中自由感发之活泼生命对她的感动和召唤，她愿抛心力，不忍看到古典诗歌中这一宝贵的兴发感动传统落到没落消亡的地步。殷殷心意，全系于此。

至今思之，先生觉得自己平生做了两件最为正确且对于诗教传承最有意义的事情，其一是她将听顾随先生讲课的课堂笔记完整地记录、保存下来并公之于众，另外就是她将戴君仁先生的吟诵录音带回大陆并传播开来。先生坚信诗歌中的感发生命不会随着时间的流逝而磨损消逝，她对于诗教传承的所作所为早已超越了个人利益的得失，希望古典诗词这条活泼的生命之流能够绵延不已，永不枯竭，润泽万世。

千年的诗教传承在中华民族的传统教育中起到了重要的作用。无论在古代还是现代，诗教所发挥的积极作用是我们有目共睹的。当然，时代不同，诗教之地位和诗教所担负之功能亦有不同。在提倡传统文化复归的当代社会，我们更有必要丰富诗教的内涵，发扬诗教的传统。叶先生在这些方面可以说是完全做到了。她曾真诚地说道：“如果说我传的是诗教，而且是广义的诗教，要把中国诗歌里边这一份崇高、美好的思想、感情、品格、修养传下来，那我真的是有这样的理想，我也真的是有这样的意愿和感情的。”[1] 如今，先生寄希望的那一颗千年的莲子已经孕育出了生命的根芽，我们的诗教传统也必将承前继起，焕发出勃勃生机。

写于 2015 年 3 月

（作者为南开大学文学院二〇〇八级学子，叶嘉莹先生的博士生）

1 叶嘉莹：《叶嘉莹说诗讲稿》，中华书局，2008年，第88页。

附录

附录一　迦陵年表

张　静　可延涛　整理

1924 年　7 月 2 日（农历六月初一），生于北京察院胡同二十三号（旧十三号）四合院祖居旧宅的东厢房。

1927 年　父母开始教识汉字，授以四声之辨识。

1930 年　从姨母读“四书”，又从伯父诵读唐诗。

1934 年　插班考入北京笃志小学五年级。始作绝句、文言文。

1935 年　以同等学力考入北京市立女二中。始填词。

1941 年　考入北京辅仁大学国文系，当时的校长为史学家陈垣先生，系主任为目录学家余嘉锡先生。10 月下旬，母亲病逝。

1942 年　听顾随先生讲唐宋诗词课程。诗词创作渐丰，经顾随先生推介首次发表词作于北京报刊，取笔名“迦陵”。

1943 年　秋，在广济寺听《妙法莲华经》。

1945 年　大学毕业，任佑贞女中、志成女中及华光女中三校国文教师。

1948 年　春赴南京，3 月 29 日在南京成婚，后一度任南京私立圣三中学国文教师。11 月，随其夫赵钟荪工作迁转赴台湾。

1949 年　春，开始任台湾彰化女中国文教师。8 月，长女言言出生。12 月 25 日，丈夫因“思想问题”被捕，入狱三年。

1950 年　6 月底 7 月初，与彰化女中校长皇甫珪女士及其他五位教师一起因“思想问题”被拘询，携带哺乳中未满周岁的女儿同被拘留，后虽因查无实据被释放，但因此失去教职。失业时，因无地安身，曾在亲戚家以打地铺方式，携女寄居数月。其后，经人介绍在台南私立光华女中任国文教师数年。其间曾应亲友之邀，撰写《说辛弃疾〈祝英台近〉》一文及《夏完淳》小书一册。

1952 年 丈夫赵钟荪获释。

1953 年 9 月，次女言慧出生。

1954 年 暑期，因台北第二女子中学之聘，全家迁至台北，与父亲合住在信义路二段一六八巷父亲单位的宿舍。担任台北第二女子中学高中一年级“礼”“智”两班国文课。被台湾大学聘为兼职教师。

1955 年 受聘为台湾大学专任教师（因二女中校长王亚权女士挽留，继续在二女中兼课，直至送执教的两班学生毕业），长达十四年，先后讲授大学国文、历代文选、诗选、杜甫诗等课程。夏季，开始在“浸信会”教会教主日学。

1956 年 夏，受台湾地区教育相关部门主办的文艺讲座之邀讲授唐宋词选读课程，共五周。

1957 年 正式辞去台北二女中教职。

1958 年 被聘为台湾淡江文理学院（后改名为淡江大学）兼任教授，长达十一年，先后开设诗选、词选、曲选、陶谢诗、杜甫诗、苏辛词等课程。

1961 年 辅仁大学在台湾复校，受聘为兼任教授，长达八年，先后开设诗选、词选等课程。开始受邀至台湾教育电台播讲大学国文。

1962 年 春，与台大学生一同郊游野柳。

1965 年 台湾教育电视台成立，应邀播讲《古诗十九首》。

1966 年 暑期，应邀赴美国哈佛大学任访问学者，9 月开学后赴密歇根大学任客座教授。

1967 年 1 月，参加美国学术团体协会（American Council of Learned Societies）在“北京大学”西洋百慕大岛（Bermuda Island）举办的以“中国文类研究”（Studies in Chinese Literary Genres）为主题的国际会议，提交英文论文《谈梦窗词的现代观》（Wu Wen-Ying's Tz'u：A Modern View）。与会者都是西方著名汉学家，如英国牛津大学的霍克斯（David Hawkes）教授、美国耶鲁大学的傅汉思（Hans Hermannt Frankel）教

授、康奈尔大学的谢迪克（Harold Shedick）教授、加州大学的白芝（Cyril Birch）教授、哈佛大学的韩南（Patrick Hanan）教授与海陶玮（James R.Hightower）教授，还有不少知名的华裔西方学者，如刘若愚、夏志清、陈世骧诸教授。会后，返密歇根大学任教。7 月，应邀再次以访问教授名义自密歇根赴哈佛。

1968 年　春，在哈佛观看张充和及其弟子李卉的昆曲演出，作诗相赠。应赵如兰女士之邀，为赵元任先生所作歌曲填写歌词《水云谣》一首。秋，在美客座讲学期满返台。

1969 年　9 月，赴加拿大温哥华，执教于加拿大不列颠哥伦比亚大学（University of British Columbia，简称 UBC）亚洲学系（Department of Asian Studies），任客座教授。秋冬之际，陆续接丈夫、女儿及父亲赴温哥华团聚。

1970 年　年初，获聘加拿大不列颠哥伦比亚大学终身教授，之后在此校执教的十九年中开设过中国文学史简介、中国古文选读、中国历代诗选读、唐宋词选读、博士论文专题讨论等课程。先后指导的研究生有施吉瑞（Jerry D. Schmidt）、白瑞德（Daniel Bryant）、罗德瑞（Terry Russell）、施逢雨、余绮华（Teresa Yu）、梁丽芳（Laifong Leung）、王仁强（Richard King）、方秀洁（Grace S. Fong）等。12 月，赴加勒比海之处女群岛（Virgin Islands）再次参加美国学术团体协会举办的有关中国文学评赏途径的国际学术会议，与日本汉学家吉川幸次郎教授及美国威斯康星大学周策纵教授相遇，有唱和诗多首。

1971 年　2 月 10 日，父亲因脑出血病逝于温哥华。暑期，游访欧洲（英国、法国、德国、意大利、瑞士、奥地利）。

1973 年　赴加拿大渥太华中国大使馆递交回国探亲申请。

1974 年　暑期，回国探亲、旅游，创作一千八百七十八字的七言古风《祖国行长歌》。

1976 年　1 月，为联合国中国代表团举办周恩来追悼会撰写挽联。3 月 24 日，长女夫妇罹车祸同时去世。9 月，为联合国中国代表团举办毛泽东追悼会撰写挽联。因为用台湾所谓“护照”回国多有不便，遂申请加入加拿大国籍。

1977 年　再度回国探亲，游历大庆、开封、西安等地。

1978 年　向中华人民共和国教育部寄出志愿回国教书的申请。与南开大学外文系李霁野教授取得书信联系。

1979 年　回国教书的申请得到批准，3 月，应邀先后在北京大学、南开大学、南京大学讲学。在京期间拜会周祖谟先生、陆颖明先生，并与两位老师及同班同学史树青、阎振益、阎贵森、郭预衡、曹桓武、顾之惠、房凤敏、程忠海、刘在昭等聚餐。在津期间曾与部分同班同学刘丽新、陈继揆、王鸿宗、丛志苏等聚会。暑期后离津时，南开大学中文系以范曾先生所绘一幅《屈子行吟图》相赠。自此，每年都回南开大学讲课，并应邀赴国内多地院校讲授诗词。

1980 年　6 月，赴美国威斯康星大学（University of Wisconsin）参加国际"红楼梦"研究会议。

1981 年　4 月，赴成都参加杜甫学会首届年会，与缪钺先生相遇。在京拜会俞平伯先生。5 月下旬，飞赴加拿大东岸的哈利法克斯（Halifax）参加亚洲学会年会，会后至佩姬湾（Peggy's Cave）观海。

1982 年　再赴成都参加杜甫学会年会，沿途游历昆明、兖州、曲阜、泰山、济南、巩义等地。在四川大学讲学时与缪钺先生约定合撰《灵谿词说》。

1983 年　春夏之交，在四川大学讲学。冬日，赴昆明，在云南大学讲学。

1987 年　2 月，应北京辅仁大学校友会、中华诗词学会、国家教委老干部协会、中国国际文化交流中心诸单位联合邀请，在国家教委礼堂举行唐宋词系列讲座。5 月，中华诗词学会成立，被聘为顾问。

1988 年　7 月 14 日，应赵朴初先生之邀至广济寺相聚，当日为叶先生农历生日。

1989 年　年初，应台湾"清华大学"之邀在离台二十年后首度返台讲学，一个月内在台湾大学、辅仁大学、淡江大学共做七场演讲。7 月，至美国哈佛大学。是年，从加拿大不列颠哥伦比亚大学亚洲学系退休。

1990 年　5 月，参加在美国缅因州举行的"北美第一届国际词学会议"。秋，应台湾"清华大学"之邀赴台讲学一年。

1991 年　4 月，在台湾讲学时接到当选加拿大皇家学会院士的信函。冬，在南开大学专家楼初会杨振宁先生。

1992 年　春夏之交，赴兰州大学讲学，游历敦煌等地。9 月 28 日，应孙康宜邀赴耶鲁大学讲辛弃疾词，并与当地学人郑愁予等相晤。

1993 年　1 月，在南开大学创建中国文学比较研究所。应邀在美国加州万佛圣城讲陶渊明诗。春夏之交，亲赴蒙特利尔的麦吉尔大学参加加拿大皇家学会院士证书颁发仪式。6 月 25 日，受邀在耶鲁大学参加“妇女与文学”国际会议，并提交论文《朱彝尊〈静志居琴趣〉之“弱德之美”的美感特质》。

1994 年　2 月初，至北京与陈邦炎先生商讨合作撰写《清词名家论集》，并谈及在国内成立古典文学幼年班的设想，经陈邦炎先生转达。7 月，被新加坡国立大学聘为客座教授。11 月 6 日，赵朴初先生给陈邦炎先生的回信中对在国内成立古典文学幼年班的设想表示肯定，并拟邀请张志公、叶至善等政协委员联名在次年全国政协会议上提出提案。12 月，在香港浸会大学发表演讲《谈北宋初期晏欧令词中文本之潜能》。

1995 年　6 月 29 日，在哈佛大学讲《清词之复兴》。7 月 15 日至 17 日，应邀赴美国俄勒冈大学（University of Oregon）讲唐诗（Tang Poetry）课程，分别以中英文发表两次讲演，并参加一次会议。10 月，应加拿大华裔作家协会之邀讲《谈中国诗词文本中的多义与潜能》。与缪钺合著的《灵谿词说》获教育部“全国高等学校首届人文社会科学研究优秀成果奖”一等奖。

1996 年　9 月中旬，赴乌鲁木齐参加中国社科院文研所与新疆师范大学联合举办的“世纪之交中国古典文学及丝绸之路文明”国际学术研讨会，主讲花间词。会后游历吐鲁番、交河、高昌故墟、玉门关、天池等地。7 月，在美国佛蒙特（Vermont）讲《清代史词及文廷式词》。

1997 年　寒假，在不列颠哥伦比亚大学为留学生子弟讲古诗。3 月至 6 月，应陈幼石教授邀请至美国明尼苏达大学（University of Minnesota, Twin Cities）讲学。捐出自己退休金的一半，共计十万美元（当时约合近百万元人民币）在南开大学设立“叶氏驼庵奖学金”及“永言学术基金”，开始在南开大学中文系招收硕士研究生。温哥华企业家蔡章阁老先生在当地谢琰先生家中听过叶先生一次讲座后，主动捐资两百万元人民币为南开大学兴建中华古典文化研究所（与范孙楼联为一体）。

1998 年　致函国家领导人呼吁重视儿童幼年古典文化教育，获批复，随后教育部基础教育司编写了《古诗词诵读精华》教材一套。7 月，应温哥华中华文化中心之邀主讲《北宋初期晏欧词》（共四讲）。

1999年　4月至7月，应温哥华中华文化中心之邀，讲《柳永苏轼词》（共六讲）、《杜甫诗赏析》（共八讲）。10月，出席南开大学中华古典文化研究所大楼落成典礼（南开大学文学院原有中国文学比较研究所更名为中华古典文化研究所）。11月，在香港岭南大学讲《中国古典诗歌的特质》。

2000年　2月20日，出席台北国际书展，并在书展中举行台湾桂冠图书股份有限公司出版的《叶嘉莹作品集》新书座谈会，发表演讲《谈中国古典诗词的今昔》。2月22日，在台湾大学讲《百年回首庚子秋词》。2月24日，在台北师范大学讲《从西方文论谈令词的多义与潜能》。2月25日，在台湾辅仁大学讲《为什么爱情变成了历史》。

5月，应温哥华中华文化中心之邀，讲《百年回首》（共五讲）及《诗词文本中的多义与潜能》（共二讲）。

6月28日至7月2日，应台湾"中央研究院"文哲所之邀赴台参加"世变与文学"国际会议，提交论文《谈词之美感特质之形成及词学之反思与世变之关系》。

7月4日，应澳门大学之邀参加澳门首次国际词学会议，初识澳门企业家沈秉和先生，沈先生主动提出向南开大学文学院中华古典文化研究所捐资一百万元人民币。7月19日至22日，应邀至海南师范学院，举办讲座《词之美感特质》。

9月23日至28日，应邀至深圳参加全国第十四届中华诗词研讨会，发表演讲《如何教幼儿学唐诗》。

10月21日，应天津广播电视大学徐士平导播之邀，参加拍摄幼儿学唐诗系列录像《与古诗交朋友》。

11月，南开大学文学院成立，开始在该院招收博士研究生。11月27日至30日，在南开大学讲《从西方文论看李商隐的几首诗》。

年底，在第四届"叶氏驼庵奖学金"颁奖典礼上以《吟诵》为题做报告，邀请范曾先生出席并吟诵《离骚》。

2001年　1月8日，至天津耀华中学主讲《诗词的欣赏》。1月9日，天津电视台播出专题纪录片《乡根·诗魂》。

2月至5月，应美国哥伦比亚大学（Columbia University）之邀客座讲学一个学期，与王德威、夏志清重聚。

6 月 2 日，在加拿大西门菲沙大学（Simon Fraser University）港口分校举办“诗词文化讲座”。6 月 17 日至 7 月 22 日，在温哥华中华文化中心举办北宋名家词讲座。

7 月 21 日，参加海外华人作协会议。

8 月 7 日，在北京参加中国社科院举办的“文化视野与中国文学研究”国际学术会议并讲话。8 月 14 日至 23 日，参加南开大学文学院中华古典文化研究所在天津蓟州区举办的大专院校教师暑期诗词讲习班，在开幕式及结业式中发言并举办两次讲座。

9 月 25 日，应邀参加南开大学附属小学举办的诗歌吟诵会并讲话。9 月 26 日，开始在南开大学拍摄《唐宋词》系列讲座南宋词部分录像。

10 月 30 日，应天津大学邀请演讲《东坡词欣赏》。

2002 年　1 月 23 日，受邀在香港浸会大学讲《王国维之词与词论》。1 月 29 日，在（澳门联合国教科文中心）澳门笔会上演讲《论词之雅郑在神不在貌》。

3 月 16 日，受邀参加台湾辅仁大学主办的中国文学史国际研讨会并做演讲《阅读视野与诗词评赏》。3 月 20 日，应邀至台大图书馆礼堂发表专题演讲。

6 月 11 日至 7 月 26 日，在温哥华岭南长者学院讲授《古诗十九首》（共六讲）。6 月 16 日，在加拿大不列颠哥伦比亚全省多元文化学会讲“李义山诗之美感特质”。

7 月 28 日，在温哥华帕克希尔酒店（ Parkhill Hotel）华语语文教师研习会讲《我诗词中的荷花》。

自本年暑期开始在南开大学文学院招收博士后研究人员。秋，自南开大学专家楼迁入南开大学教师住宅区单元楼居住。

9 月 17 日，在南开大学迎水道校区讲《一位自然科学家的词作》。9 月 20 日，于天津南开中学讲《王国维在〈人间词话〉中所提出的“三种境界”》。9 月 24 日至 26 日，应席慕蓉邀一同赴叶赫寻根并在吉林大学讲演。9 月 28 日，受南京东南大学之邀讲《石声汉词》。9 月 30 日，在苏州大学讲《词之雅郑在神不在貌》。

10 月 25 日，在南开大学主办的全国《红楼梦》翻译研讨会上讲《〈红楼梦〉中的诗词》。

11 月 13 日，受香港岭南大学之邀举办三次讲座：《漫谈中国诗的欣赏》《谈双重性别与双重语境下词的美感特质之形成》《苏轼诗化之词的三种美感特质》。11 月 14 日，被香港岭南大学授予荣誉博士学位。

4 月至 11 月期间，在中央电视台《百家讲坛》栏目讲《对传统词学与王国维词论在西方理论之观照下的反思》《从王国维词论谈其〈人间词话〉的欣赏》《几首咏花的古诗》。

12 月 15 日，受中国现代文学馆之邀讲《从现代观点看几首旧诗》。

2003 年 1 月，在中国社会科学院文献情报中心演讲《小词大人生》。1 月 29 日，在中央电视台《百家讲坛》播讲《从现代观点看几首旧诗》。

从 2 月开始，在香港城市大学客座讲学一个学期，举办诗词系列讲座。2 月中旬，在天津电视台播讲花间及南唐词讲座。

澳门实业家沈秉和先生在南开大学文学院设立“迦陵古典文学奖助学金”，用以奖励以高分考入中文系的新生，望以此激励更多的优秀人才加入研究和传播中华古典文化的队伍。

3 月 16 日至 17 日，赴台参加“建构与反思——中国文学史的探索”学术研讨会（此为辅仁大学庆祝在台复校四十周年系列活动）。

4 月 2 日至 5 日，台湾洪建全教育文化基金会举办叶嘉莹谈诗论词系列讲座共三讲：《感发生命——进入诗歌世界之门钥》《在时光折射中对词之美感特质的解析》《杜诗选谈》（与王文兴教授对谈）。

6 月 21 日至 7 月 26 日，在温哥华岭南长者学院讲陶渊明《拟古九首》组诗。

8 月，北京祖宅旧居——西城区察院胡同二十三号被拆。8 月 26 日至 29 日，受邀参加在河北省北戴河召开的全国第十七届中华诗词研讨会。

9 月，应邀至河北白洋淀观赏荷花。9 月 22 日至 25 日，应西安交通大学邀讲《杜甫的〈秋兴八首〉》（共二讲）。9 月，中央电视台科教频道《讲述》栏目播出专题片《诗魂》。

10 月 5 日，在国家图书馆讲《从双重语境与双重性别看唐五代词的审美特质》。10 月 18 日，在南开大学讲《我与南开二十四年》。

11 月 8 日至 11 日，参加在东南大学举行的中国人文教育高层论坛首届会议，并发表演讲《小词中的人生境界》。11 月 10 日，应南京大学之邀，发表演讲《从李清照到沈祖棻——谈女性词作之美感特质的演进》。11 月 16

日，在现南通大学讲《东坡词的艺术与人生》。

12 月 20 日，在国家图书馆部级领导干部历史文化讲座上演讲《东坡词的艺术与人生》。

2004 年　3 月 13 日至 4 月 24 日、5 月 15 日至 7 月 3 日在温哥华岭南长者学院分两次举办《从性别与文化谈女性词作美感特质之演进》及《明清女性词作》系列讲座。

5 月，与温哥华友人谢琰、施淑仪、陶永强、梁珮、王锦媚等至托菲诺岛（Tofino）度假。

9 月 3 日至 5 日，应邀在北京参加中华文化促进会举办的 2004 年文化高峰论坛。9 月 11 日至 12 日，在北京现代文学馆演讲《从王国维〈红楼梦评论〉谈起》《王国维对南唐三家词的评赏》。9 月 30 日、10 月 20 日，北京电视台《华人纪事》栏目分别录制《叶嘉莹教授专访》《叶嘉莹教授与杨振宁教授对话》。

10 月 21 至 23 日，南开大学举办庆祝叶嘉莹教授八十华诞暨国际词学研讨会。蔡章阁先生长子、香港蔡章阁基金会主席蔡宏豪先生捐款三十万元人民币，在南开大学文学院中华古典文化研究所设立“蔡章阁奖助学金”。

11 月 2 日至 5 日，中央电视台《百家讲坛》栏目播讲《叶嘉莹评点王国维的人生观》、《叶嘉莹评点〈红楼梦评论〉》、《叶嘉莹评赏南唐三家词》（上、下）。11 月 20 日至 24 日，应邀至上海观看昆曲青春版《牡丹亭》。

12 月 2 日，北京师范大学北京文化发展研究院、北京文化国际交流中心、文学院古代文学研究所主办叶嘉莹先生八十寿辰暨学术思想研讨会，发表演讲《迦陵诗词稿中的乡情》。12 月 3 日，应凤凰卫视《世纪大讲堂》栏目之邀讲《西方文论与传统词学》。

2005 年　1 月 7 日至 23 日，在天津电视台录制“谈词之美感特质的形成与演进”系列讲座。1 月 27 日，在南开大学文学院举办的《中国古代文学作品选》课程 · 2005 年寒假全国高校骨干教师研修班上讲《词的特质与鉴赏》。

2 月 19 日，在台湾洪建全教育文化基金会敏隆讲堂主讲《叶嘉莹谈戏曲》。2 月 23 日，在台湾“中央大学”主讲《花间的歌唱》。2 月 25 日，在台湾“清华大学”主讲《英雄的眼泪》。2 月 26 日，在台湾“清华大学”主讲《稼轩词与梦窗词》。

3 月 2 日，在台湾长庚大学主讲《词的美感特质》。

5月28日至7月23日，在温哥华岭南长者学院开讲《清词系列之一·谈清词中兴之源起——云间三子及吴、龚、王、钱》（共八讲）。

8 月 27 日，参加中加汉语教学研讨会年会，并做演讲《从中文的语言特征谈古典诗词的美感》。

9 月 5 日至 9 日，应王蒙先生之邀访问中国海洋大学并演讲《西方文论与传统词学》，与王蒙先生对谈《中国传统诗词的感悟》。9 月 18 日至 25 日，应席慕蓉之邀赴内蒙古呼伦贝尔大草原做原乡之旅。

10 月 16 日，应邀参加中国人民大学国学院开学典礼暨揭牌仪式。

12 月 17 日，在中国国家图书馆讲演《从性别与文化谈早期女性词作的美感特质》。12 月 19 日，在北京大学讲演《从文学体式与性别文化谈词之美感特质的形成与演进》。

2006 年　2 月 21 日，受邀在中山大学讲《从几首词例谈词的“弱德之美”》。2 月 26 日，中央电视台《大家》栏目播出叶嘉莹教授专访。

3 月，在台湾“清华大学”举办中国古典诗歌系列讲座（共五讲）：《从形象与情意之关系，看西方文论与传统诗说中“赋、比、兴”之说的异同》《从具体诗例看“赋、比、兴”之作用在传统诗歌中的演化》《陶渊明饮酒诗选讲》《杜甫诗写实中的象喻性》《李商隐的〈锦瑟〉与〈燕台〉》。3 月 20 日，在台湾东海大学文史哲中西文化学术系列讲座中主讲《从文学体式与性别文化谈词的“弱德之美”》。3 月 27 日，在台湾淡江大学讲《小词的人生境界》。

4 月 18 日，被台湾斐陶斐荣誉学会授予第十一届杰出成就奖。

5 月，与友人谢琰、施淑仪、陶永强、梁珮、王锦媚等至温哥华岛（Vancouver Island）阿莱休闲区度假。

6 月 3 日至 7 月 15 日，在温哥华岭南长者学院续讲《清词系列之二——阳羡词派陈维崧等人及纳兰性德》（共六讲）。

8 月 16 日，参加南开大学历史学院“中唐以来思想文化与社会演进”国际学术研讨会。

9 月，因左锁骨骨折入住天津医院。

10 月 19 日，应邀至天津农学院发表演讲《一位古生物学家词中的生命反思》。

11 月 4 日，在中国国家图书馆讲《从不成家数的妇女哀歌到李清照词的出现》。11 月 6 日，应冯其庸教授之邀在中国人民大学国学院做《小词中的儒家修养》的演讲。

12 月 19 日，在南开大学讲《爱情与道德的矛盾和超越——论词学发展的过程》。12 月 30 日，在天津政协礼堂讲《中国古典诗歌的吟诵传统》。

2007 年 2 月 3 日、4 日、10 日、11 日，中国教育电视台先后播出叶嘉莹教授系列讲座：《词的美感特质》《词例的评赏》《诗的美感特质》《诗例的评赏》。2 月 10 日，应国家图书馆部级领导干部历史文化讲座之邀，发表演讲《谈婉约词的欣赏》。

3 月 7 日，出席中华书局在南开大学文学院章阁厅举办的叶嘉莹《迦陵诗词稿》新书发布暨座谈会。

7 月 1 日至 8 月 11 日，在温哥华岭南长者学院续讲《清词系列之三——浙西词派朱彝尊等人》（共六讲）。

9 月 29 日，应中央电视台之邀，在广东佛山讲《小词中的儒家修养》。

10 月初，受邀访台湾。10 月 2 日，在台湾大学讲《神龙见首不见尾——谈〈史记·伯夷列传〉之章法与词之美感特质》《陈曾寿词中的遗民心态》；10 月 4 日，在洪建全教育文化基金会讲旧体诗词；10 月 6 日，在长庚大学讲《镜中人影——〈迦陵诗词稿〉中的我（一）》；10 月 9 日，在台湾大学讲《陈曾寿词中的遗民心态》；10 月 11 日，在台湾“清华大学”讲《镜中人影——〈迦陵诗词稿〉中的我（二）》。10 月 18 日，在南开大学讲《爱情为什么变成了历史——谈清代词史观念的形成与清代的史词》。

11 月 25 日，香港凤凰卫视《名人面对面》栏目播出叶嘉莹访谈。

12 月，应澳门中华诗词学会邀请，赴澳门参加爱国侨领梁披云先生百岁寿典。

2008 年 因 5 月 3 日赴渥太华参加长外孙女婚礼，顺道在美国东部讲学；5 月 6 日，在美国华盛顿华府侨教中心举办讲座，讲题为《从双重性别与双重语境谈晚唐五代词的美感特质》；5 月 10 日，应美国哈佛大学之邀讲《现代文论与传统词学》。5 月 24 日，丈夫赵钟荪病逝于温哥华。

6 月 21 日至 7 月 26 日，在温哥华岭南长者学院续讲《清词系列之四——常州词派张惠言等》（共六讲）。

9 月 17 日，应天津师范大学文学院之邀讲《古典诗词的吟诵传统》。

10 月 24 日，参加南京大学举办的清词学术研讨会，发表演讲《清代词人对词之美感特质之反思》。10 月 25 日，应东南大学第四届“华英文化系列讲座——大师系列”之邀，发表演讲《王国维〈人间词话〉问世百年的词学反思》。

11 月 5 日至 11 月 28 日，南开名家论坛举办叶嘉莹先生回国讲学三十周年系列讲座，讲演《王国维〈人间词话〉问世百年的词学反思》（共四讲）。

12 月 12 日，在南开中学讲《〈迦陵诗词稿〉中的荷花》。12 月 20 日，被中华诗词学会授予“中华诗词终身成就奖”。

2009 年　2 月 21 日，在台湾洪建全教育文化基金会敏隆人文纪念讲座讲《王国维〈人间词话〉问世百年的词学反思（上）》。2 月 23 日，在台湾“中央研究院”讲《王国维〈人间词话〉问世百年的词学反思（下）》。

6 月 20 日、21 日，参加温哥华中学教师会议，发表演讲《稼轩词》。

7月4日至8月15日，在温哥华岭南长者学院举办“王国维《人间词话》问世百年”系列讲座（共七讲）。

9 月 6 日，应台湾大块文化公司之邀，在北京大学英杰中心阳光大厅讲《如何解读迷人的诗谜——李商隐诗》。9 月 22 至 25 日，应邀赴杭州参加浙江卫视拍摄西湖的节目。

10 月 12 日，应中央电视台之邀，参加“中华诵”经典诵读大型诗歌朗诵会，现场吟诵古典诗词。10 月 13 至 16 日，应邀参加由教育部、首都师范大学联合主办的“中华吟诵周”活动。10 月 17 日，在南开大学发表演讲《我与南开三十年》，作为南开大学建校九十周年系列庆祝活动之一。10 月 24 日，在天津广播电视大学讲《谈〈苦水作剧〉在中国戏曲史上空前绝后的成就》。

11 月 6 至 8 日，在京参加顾随百年诞辰纪念会，发表演讲《谈〈苦水作剧〉在中国戏曲史上空前绝后的成就》。11 月 12 日，应南开大学跨文化发展研究院之邀，为即将出国教汉语的老师上中华诗词文化培训课，讲授《中华诗词之特美》系列讲座第一讲。

12 月 11 日，应中山大学邀请，讲《从一些实例看诗词接受和传达的信息》。12 月 17 日，应台湾“中央大学”余纪忠讲座之邀，发表演讲《百炼钢中绕指柔——辛弃疾词的欣赏》。12 月 18 日，受邀参加台湾“中央大学”举办的“钱锺书教授百岁纪念”国际学术研讨会，发表演讲《从中国诗论之传统及诗风之转变谈〈槐聚诗存〉的评赏》。

2010年 1月8日，应汉德唐书院中西文化博学班邀请，发表演讲《从性别文化谈小词中画眉簪花照镜之传统》。1月15日，应国家汉办全球孔子学院院长培训班邀请，讲授《中华诗词之特美》系列讲座第二讲。1月30日，北京大学清华天津校友会邀讲《南唐冯李词对花间温韦词的拓展》(《中华诗词之特美》系列讲座第三讲)。

7月3日至8月7日，在温哥华岭南长者学院举办系列讲座《北宋名家词选讲之一——晏殊、欧阳修、晏几道、秦观》(共六讲)。

9月22日，应邀出席"中国因你更美丽"——2010《泊客中国》颁奖盛典，并为美国当代作家、翻译家和著名汉学家比尔·波特颁奖。

10月9日，应天津军事交通学院邀约，举办讲座《从西方意识批评文论谈辛弃疾词一本万殊的成就》。10月16日，参加扬州举办的首届儿童母语论坛"小学母语教育与中华传统文化"，发表演讲《中国古典诗歌的欣赏》。10月18日，参加南开大学文学院主办的中国唐代文学学会第十五届年会暨唐代文学国际学术研讨会闭幕式。

12月1日凌晨，温哥华家中失窃，丢失物品中包括台静农先生书写的一副联语"室迩人遐，杨柳多情偏怨别；雨余春暮，海棠憔悴不成娇"、缪钺先生书写的一首《相逢行》七言长古，以及范曾先生的三幅书画作品：《维摩演教图坐相》《高士图》与《水龙吟》词书法。

年底，作为首席专家中标2010年国家社会科学基金重大项目"中华吟诵的抢救、整理与研究"。

2011年 1月10日，在南开大学讲《谈中国旧诗之美感特质与吟诵之传统》。

2月18日，在南开大学主讲《我对中华传统诗词感发生命的理解》。

3月22日、24日、26日，应台湾大块文化出版公司之邀，在南开大学举办《中华诗词的吟诵传统与美感特质》系列讲座(共三讲)。

5月14日，应加拿大华人作家协会邀讲《评介晚清名词人陈曾寿》，并在温哥华举办系列讲座《"弱德之美"——晚清世变中的诗词》(共六讲)。

9月28日，应东北财经大学之邀，发表演讲《从几首诗例谈中国诗歌之美感特质与吟诵之关系》。

10月18日，应南开大学"初识南开名师"讲座之邀，发表演讲《从几首诗词谈我回国教学的动机与愿望》。10月24日，应邀出席陈省身先生诞辰一百周年纪念会，并做题为《从陈省身先生手书的一首诗谈起》的发言。

11月9日，应人民日报《文史参考》杂志社之邀，在清华大学发表演讲《我心中的诗词家国》。11月13日，在首都师范大学参加第二届“中华吟诵周”相关活动，主讲吟诵的重要性。

12月29日，以最高票数当选由南开大学研究生院主办的第四届南开大学研究生“良师益友”。

2012年 为台湾大块文化出版股份有限公司出版的《经典少年游》系列丛书配录吟诵录音。

2月1日，应邀出席由国务院参事室、中央文史研究馆主办的“中华诗词吟唱会”。2月27日、29日，3月1日、3日，在南开大学录制中国大学视频公开课《小词中的修养境界》（共四讲）。

3月7日，在南开大学汉语言文化学院讲《论古典诗歌的美感与吟诵》。3月17日，在国家图书馆部级领导干部历史文化讲座中发表演讲《中国古典诗歌的美感特质与吟诵》。

6月至7月，应加拿大华人作家协会之邀讲《中国古典诗词的美感特质》（共四讲）。6月15日，被聘为中央文史研究馆馆员。

8月17日，在温哥华地区列治文图书馆发表演讲《从双重性别与双重语境谈晚唐五代词的欣赏》。

9月28日，应邀出席由横山书院与中国艺术研究院联合主办的“多闻多思系列学术公益”讲座，发表演讲《我与莲花及佛法之因缘》。9月29日晚，出席横山书院举办的月印横山雅集。

10月25日，在南开大学“初识南开名师”讲座上主讲《〈迦陵诗词稿〉中的家国沧桑》。10月28日，应国家图书馆部级领导干部历史文化讲座之邀讲《小词中的修养境界》。10月29日，应中国传媒大学之邀讲《古典诗词诵读中的“家国情怀”》。

2013年 2月19日、20日、21日，应中华吟诵学会与亲近母语文化教育公司联合邀请，在南开大学爱大会馆会议厅举办“古典诗词的吟诵与教学”系列讲座。

3月8日，在南开大学讲《西方文论与中国词学》。3月，作《金缕曲》为恭王府海棠雅集首唱。

5月19日，在加拿大温哥华出席2013年全加华文教育会议并发表演讲

《南唐君臣词之承前启后的影响》。

7月6日，出席由中华书局发起，光明日报、中央电视台、中华诗词学会、中华诗词研究院、中国移动共同举办的“中国诗·中国梦”——首届“诗词中国”传统诗词创作大赛颁奖典礼，为大赛获奖者颁奖。7月8日，应湛如法师之邀至法源寺相聚，当日为叶先生农历生日。7月13日，出席由横山书院与中国艺术研究院联合主办的“2013文化中国夏季讲坛”讲座。7月27日、8月10日、8月17日、8月24日，受加拿大华裔作家协会之邀，在加拿大西门菲沙大学（Simon Fraser University）举办“李商隐诗”系列讲座（共四讲）。

10月31日，在南开大学主楼小礼堂讲《从西方文论与中国传统诗学谈李商隐诗的诠释与接受》。

11月25日至12月8日，赴台参加台湾趋势教育基金会等主办的“向大师致敬——2013叶嘉莹”系列活动，包括“庆祝叶嘉莹教授九十华诞生平资料展”，演讲《从几首诗例谈杜甫继古开今多方面之成就》。

12月16日，在“叶氏驼庵奖学金”颁奖典礼上讲《读书曾值乱离年》。12月20日，出席中央电视台“中华之光——传播中华文化年度人物评选”颁奖典礼，荣获“传播中华文化年度人物”。12月21日，应邀出席由中国民生银行主办的第八届快哉雅集。12月22日，在人民教育电子音像出版社录制《叶嘉莹——诗的故事》。

2014年 3月22日，应邀出席横山书院与中国艺术研究院联合主办的“2014文化中国春季讲坛”，发表演讲《九十回眸——论〈迦陵诗词稿〉中之心路历程》。

4月17日，在中国外文局演讲《九十回眸》。

5月9日至12日，南开大学与中央文史研究馆联合举办叶嘉莹教授九十华诞暨中华诗教国际学术研讨会，“叶嘉莹教授手稿、著作暨生平影像展”。

7月16日，参加加拿大不列颠哥伦比亚大学（University of British Columbia）亚洲图书馆举办的“叶嘉莹教授手稿、著作暨生平影像展”。

9月29日，荣获由凤凰网、凤凰卫视、岳麓书院主办的“致敬国学——2014首届全球华人国学大典”国学传播奖。

11月22日，北京恭王府管理中心将两株西府海棠移植南开大学迦陵学舍。

12月6日，应邀出席由中国民生银行主办的第九届快哉雅集。12月7日，应民生中国书法公益基金会邀请，在快哉雅集现场为北京市海淀区、西城区师生及家长代表讲《诗的故事》。12月14日，在南开大学为全国国税局国学培训班讲《词意抉隐——谈苏辛词各一首》。12月20日，出席横山书院举办的“学在横山·诗中忘年”雅集。

2015年 1月6日，荣获由中华文化促进会、香港凤凰卫视主办评选的“2014中华文化人物”荣誉称号。1月11日，应邀至南开大学商学院演讲《从漂泊到归来》。

2月11日，在人民教育电子音像出版社录制《叶嘉莹谈吟诵》。2月12日，录制北京民生中国书法公益基金会系列公益项目“中华诗词人物系列《与诗书在一起》专题演讲之冯延巳”。

3月15日，出席由横山书院和中国艺术研究院联合主办的“2015文化中国春季讲坛”，发表演讲《我诗中的梦与梦中的诗》。3月19日，录制北京民生中国书法公益基金会系列公益项目“中华诗词人物系列《与诗书在一起》专题演讲之韦庄”。

4月13日，应邀出席文化部恭王府管理中心举办的第五届海棠雅集，并现场读诵六十七年前刊发在《中央日报》的宗志黄的两套散曲。一套以《正宫·端正好》中的一支曲子为开端，发表于1948年6月21日，写的是当时的政府官员于胜利后，把“接收”变成“劫收”，上下贪腐，不到三年就面临败亡的结果；另一套以《南吕·一枝花》中的一支曲子为开端，发表于1948年7月15日，写的是在抗战后期，百姓在战乱中逃亡，经受颠沛流离之苦。4月13日，录制北京民生中国书法公益基金会系列公益项目“中华诗词人物系列《与诗书在一起》专题演讲之李煜”。4月26日，应邀参加由天津市文化广播影视局、天津市新闻出版局、光明日报社联合主办，由天津图书馆及天泽书店承办的“海津讲坛”公益讲座，在天津图书馆文化中心新馆报告厅演讲《从漂泊到归来》。

5月2日、9日，凤凰卫视《文化大观园》栏目连续两期播出《对话诗词大家叶嘉莹》。

6月3日，录制北京民生中国书法公益基金会系列公益项目“中华诗词人物系列《与诗书在一起》专题演讲之温庭筠”。6月16日，国务院相关领导人亲笔给叶先生等人就中华传统吟诵的联名信书写长达一页的批示，充分肯定了叶先生多年来在延续诗教传统、弘扬民族文化优秀元素方面做出的突出贡献。

8 月 20 日，当选为中华诗词学会名誉会长。

10 月 10 日，出席由横山书院和中国艺术研究院联合主办的“2015 文化中国秋季讲坛”，发表演讲《从词的起源看丝路上的文化交流》。10 月 17 日、18 日，南开大学与中央文史研究馆联合举办“叶嘉莹教授从教七十周年”系列活动，其中包括三个主要活动：① 10 月 17 日，在南开大学举行迦陵学舍启用仪式。学舍功能集教学、科研、办公、生活于一体。修建曾得到加拿大华侨刘和人女士、澳门实业家沈秉和先生各一百万元人民币资助，以及南开大学的大力支持。学舍修建的消息传出后得到社会有关人士多方支持。② 10 月 18 日上午，在南开大学东方艺术大楼举行加拿大阿尔伯塔大学（University of Alberta）授予叶嘉莹教授荣誉博士学位仪式，加拿大驻华大使赵朴（Guy Saint-Jacques）先生全程出席。③10 月 18 日下午，举行“叶嘉莹古典诗词教育思想”座谈会。

11 月 1 日，应邀出席国务院参事室、中央文史研究馆在国家美术馆举办的“文史翰墨——第二届中华诗书画展”开幕式，并现场做吟诵示范。2 日，应邀在北京会议中心面向全国各地文史馆馆员代表发表演讲《从词的起源看丝路上的文化交流》。

2016 年　3 月 25 日，获得由凤凰卫视等共同评选的“影响世界华人大奖”终身成就奖。

4 月 6 日，应邀在天津大剧院演讲《要见天孙织锦成——我来南开大学任教的前后因缘》。

8 月 6 日，出席由横山书院和中国艺术研究院联合主办的“2016 文化中国秋季讲坛”，发表演讲《中印文化交流对中国诗词的影响》。8 月 27 日，在中国词学学会主办、河北大学承办的 2016 词学国际学术研讨会上获颁首届“中华词学研究终身成就奖”。

2016 年，叶嘉莹教授将出售北京、天津房产的收入一千八百五十七万元全部捐赠给南开大学设立迦陵基金，志在推动古典诗词教育，助力中华优秀传统文化传承。

2017 年　3 月 18 日，出席“2017 文化中国春季论坛”，发表《西方文论与中国词学》的主题演讲。

3 月 20 日，应邀参加中央电视台《朗读者》节目录制。

4 月 8 日，台湾洪建全教育文化基金会率团来迦陵学舍观赏海棠雅集。4 月 9 日，在南开大学东方艺术大楼演播厅举办主题演讲《〈迦陵诗词稿〉中的心路历程》。4 月 15 日，文化部恭王府管理中心来迦陵学舍举办海棠雅集。

7 月 20 日，教育部语言文字应用管理司中国语文现代化学会在南开大学综合实验楼报告厅举办“普通话吟诵研究与传承”学术研讨会，做《谈中国诗歌之吟诵》主题演讲及吟诵示范。

11 月 11 日，出席“2017 文化中国秋季论坛”，发表《〈迦陵诗词稿〉中非言志的隐意识之作》主题演讲。11 月 13 日，随文学纪录电影《掬水月在手》拍摄团队在北京恭王府博物馆拍摄、接受访谈。11 月 14 日，随文学纪录电影《掬水月在手》拍摄团队在北京故宫拍摄、接受访谈。

12 月 12 日，在天津中医药大学演讲《以我自己的作品为例——谈诗歌中隐意识与显意识之呈现》。12 月 21 日，出席南开大学举办的“叶氏驼庵奖学金”颁奖典礼暨演讲《“心中一焰”———我对后学者的期望》。

2018 年 1 月 15 日，为配合文学纪录电影《掬水月在手》的拍摄，拟前往迦陵学舍与台湾学生视频见面，不慎在家中摔倒。

2 月 16 日，大年初一，中央电视台科教频道播出叶先生采访。

4 月 3 日，为中共中央纪律检查委员会网站录制讲授孟郊诗。4 月 17 日，入选“改革开放四十周年最具影响力的外国专家”。4 月 22 日，出席由恭王府在南开大学迦陵学舍举办的第八届海棠雅集活动，并当场吟诗。

6 月 24 日，参加南开大学荷花节并在迦陵学舍接受媒体采访。

7 月 13 日，由台湾著名作家、昆曲制作人白先勇担任总制作人、总策划的昆曲剧目——校园传承版《牡丹亭》在南开大学演出，为叶先生祝寿。7 月 15 日，中央电视台新闻频道《面对面》栏目播放叶嘉莹先生专访《诗词慰平生》。

9 月 10 日，荣获 2018 年度中央电视台评选的“最美教师”称号。

11 月 1 日，中央电视台《国家记忆》栏目播出《传薪者——诗词留香叶嘉莹》专题片。

12 月 6 日晚，作为捐赠人应邀出席 2018 年南开大学社会捐赠感恩答谢会，会上播放《掬水月在手》片花。12 月 17 日，出席第二十二届“叶氏驼庵奖学金”、第十四届“蔡章阁奖助学金”颁奖典礼。12月，入选“感动中国2018年度候选人物”。

2019年 1月4日，入选中国新闻社主办的“乔鑫杯·2018全球华侨华人年度人物”。1月29日，再次向南开大学迦陵基金捐款人民币一千七百一十一万元。

3月31日，由北京民生中国书法公益基金会设立的“中华传统文化民生奖学金”在京举行启动仪式。其中包括“叶嘉莹民生奖学金”。

4月13日，由恭王府主办、中华古典文化研究所协办的第九届海棠雅集活动在迦陵学舍举办。

8月18日，获聘为南开大学终身校董。8月22日，首届“迦陵杯·诗教中国”诗词讲解大赛全国总决赛在南开大学开赛，与参赛选手见面交流。

9月10日，“叶嘉莹先生归国四十年暨中华诗教国际学术研讨会”在南开大学举办；荣获“南开大学教育教学终身成就奖”；高等教育出版社研发的数字产品《聆听叶嘉莹》正式上线。9月30日，荣获“中国政府友谊奖”。

10月27日，温哥华国韵合唱团、南开大学学生合唱团、南开大学教师合唱团、天津校友会校友合唱团，共同献礼叶嘉莹教授归国执教四十周年暨纪念《黄河大合唱》首演八十周年，在南开大学田家炳音乐厅举办合唱音乐会。

11月25日，首届“中华传统文化民生奖学金·叶嘉莹民生奖学金”在北京公布获奖名单。

12月31日，在西南村家中会见第二十三届“叶氏驼庵奖学金”、第十五届“蔡章阁奖助学金”获奖学生代表。12月31日，范曾先生向叶先生赠画。

2020年 1月3日，天津市科学技术局党委委员、副局长，天津市外国专家局局长袁鹰一行看望叶先生，并颁发“2019年度中国政府友谊奖”。

4月13日，教育部办公厅发布关于举办第二届中华经典诵写讲大赛的通知，内含“迦陵杯·诗教中国”诗词讲解大赛。

7月18日，文学纪录电影《掬水月在手》入围2020年第二十三届上海国际电影节金爵奖官方入选影片纪录片单元。

8月29日，文学纪录电影《掬水月在手》在北京国际电影节放映。

9月10日，文学纪录电影《掬水月在手》教师节特别展映暨“央视新闻公开课”致敬“弱德之美”活动在南开大学举办，并通过央视新闻客户端、学习强国等直播。9 月 11 日，“远天凝伫，弱德之美”叶嘉莹文学纪录电影《掬水月在手》学术研讨会在南开大学迦陵学舍举行。

10 月 16 日，文学纪录电影《掬水月在手》全国艺联专线上映。

11 月 28 日，文学纪录电影《掬水月在手》荣获第三十三届中国电影金鸡奖最佳纪录 / 科教片奖项。

12 月 21 日，第二十四届“叶氏驼庵奖学金”、第十六届“蔡章阁奖助学金”因疫情原因在网上公布获奖名单。12 月 23 日，第二届“叶嘉莹民生奖学金”获奖名单在网上公布。

2021 年 2 月 17 日，叶嘉莹先生获颁“感动中国 2020 年度人物”。

3 月 23 日，教育部办公厅发布关于举办第三届中华经典诵写讲大赛的通知，内含“迦陵杯・诗教中国”诗词讲解大赛。

7 月 7 日，国际儒学联合会会长刘延东一行在南开大学党委书记杨庆山陪同下，看望了叶嘉莹先生。之后国际儒联与南开大学签署战略合作框架协议，共建迦陵书院，扩大中华诗词与文化的传播面和影响力。

10 月 18 日，叶嘉莹先生获得“第六届世界中国学贡献奖”。

10 月 18 日至 19 日，第三届“迦陵杯・诗教中国”诗词讲解大赛全国总决赛在浙江诸暨海亮教育园举办，叶嘉莹先生录制了视频向参赛选手表示问候。

11 月 5 日，中央电视台《鲁健访谈》栏目播出《对话叶嘉莹》专题片。

附录二　叶嘉莹著作版本目录

可延涛　闫晓铮　编

中国出版

一

《迦陵论词丛稿》　上海古籍出版社，1980 年 11 月

《中国古典诗歌评论集》　广东人民出版社，1982 年 5 月

《王国维及其文学批评》　广东人民出版社，1982 年 9 月

《迦陵论诗丛稿》　中华书局，1984 年 4 月

《灵谿词说》（精装）　上海古籍出版社，1987 年 11 月

《灵谿词说》（平装）　上海古籍出版社，1987 年 11 月

《杜甫〈秋兴八首〉集说》　上海古籍出版社，1988 年 2 月

《唐宋词十七讲》　岳麓书社，1989 年 2 月

《中国词学的现代观》　岳麓书社，1990 年 7 月

《诗馨篇》（上、下）　中国青年出版社，1991 年 10 月

《中国词学的现代观》（增订本）　岳麓书社，1992 年 7 月

《词学古今谈》（与缪钺合著）　岳麓书社，1993 年 2 月

《与古诗交朋友》（田师善编著，叶嘉莹审校 / 读诵）

天津人民出版社，1996 年 2 月

《阮籍咏怀诗讲录》　天津教育出版社，1997 年 6 月

《迦陵文集》（精装、平装，共十册）　河北教育出版社，1997年7月
《叶嘉莹说词》　上海古籍出版社，1999年12月
《迦陵诗词稿》　河北教育出版社，2000年1月
《多面折射的光影——叶嘉莹自选集》　南开大学出版社，2004年10月
《迦陵论诗丛稿》（新版）　中华书局，2005年1月
《南宋名家词讲录》　天津古籍出版社，2005年2月
《汉学名家书系·叶嘉莹自选集》　山东教育出版社，2005年5月
《顾随诗词讲记》（叶嘉莹笔记）　中国人民大学出版社，2006年3月
《名篇词例选说》　南开大学出版社，2006年9月
《唐宋名家词赏析》（上、下）　南开大学出版社，2006年9月
《迦陵讲演集：词之美感特质的形成与演进》　北京大学出版社，2007年1月
《迦陵讲演集：唐宋词十七讲》　北京大学出版社，2007年1月
《迦陵讲演集：唐五代名家词选讲》　北京大学出版社，2007年1月
《迦陵讲演集：北宋名家词选讲》　北京大学出版社，2007年1月
《迦陵讲演集：南宋名家词选讲》　北京大学出版社，2007年1月
《迦陵讲演集：清代名家词选讲》　北京大学出版社，2007年1月
《迦陵讲演集：迦陵说词讲稿》　北京大学出版社，2007年1月
《迦陵说诗：叶嘉莹说汉魏六朝诗》　中华书局，2007年1月
《迦陵说诗：好诗共欣赏——叶嘉莹说陶渊明杜甫李商隐三家诗》
中华书局，2007年1月
《迦陵说诗：叶嘉莹说阮籍咏怀诗》　中华书局，2007年1月
《迦陵说诗：叶嘉莹说陶渊明饮酒及拟古诗》　中华书局，2007年1月
《迦陵说诗：迦陵诗词稿》　中华书局，2007年1月
《迦陵论诗丛稿》（中国文库）　中华书局，2007年9月
《迦陵说诗：叶嘉莹说杜甫诗》　中华书局，2008年1月
《迦陵说诗：叶嘉莹说诗讲稿》　中华书局，2008年1月
《迦陵说诗：叶嘉莹说初盛唐诗》　中华书局，2008年1月
《迦陵说诗：叶嘉莹说中晚唐诗》　中华书局，2008年1月
《迦陵著作集：杜甫〈秋兴八首〉集说》　北京大学出版社，2008年4月
《迦陵著作集：迦陵论词丛稿》　北京大学出版社，2008年4月
《迦陵著作集：迦陵论诗丛稿》　北京大学出版社，2008年4月
《迦陵著作集：唐宋词名家论稿》　北京大学出版社，2008年4月

《迦陵著作集：王国维及其文学批评》　　北京大学出版社，2008 年 4 月
《迦陵著作集：清词丛论》　　北京大学出版社，2008 年 4 月
《迦陵著作集：词学新诠》　　北京大学出版社，2008 年 4 月
《迦陵著作集：迦陵杂文集》　　北京大学出版社，2008 年 4 月
《风景旧曾谙：叶嘉莹谈诗论词》　　广西师范大学出版社，2008 年 6 月
《叶嘉莹谈词》　　南开大学出版社，2010 年 2 月
《迷人的诗谜：李商隐诗》　　文化艺术出版社，2010 年 4 月
《叶嘉莹诗文选集》　　中国文联出版社，2010 年 8 月
《名篇词例选说》　　北京出版社，2012 年 1 月
《迦陵诗词曲联选集》　　线装书局，2012 年 4 月
《唐宋名家词赏析》　　南开大学出版社，2013 年 4 月
《多面折射的光影——叶嘉莹自选集》　南开大学出版社，2013 年 4 月第一版
《迦陵诗词讲稿选辑》　　南开大学出版社，2013 年 4 月第一版
《叶嘉莹谈词》　　南开大学出版社，2013 年 4 月第一版
《中英参照迦陵诗词论稿》　　南开大学出版社，2013 年 4 月第一版
《红蕖留梦——叶嘉莹谈诗忆往》（叶嘉莹口述，张侯萍撰写）
生活·读书·新知三联书店，2013 年 5 月
《迦陵词稿注》（程滨注）　　华东师范大学出版社，2014 年 4 月
《〈人间词话〉七讲》　　北京大学出版社，2014 年 5 月
《古典诗歌吟诵九讲》（附光盘）　　广西师范大学出版社，2014 年 5 月
《与古诗交朋友》（田师善编注，叶嘉莹校订）
广西师范大学出版社，2014 年 5 月
《中英参照迦陵诗词论稿》（上、下）　　南开大学出版社，2014 年 5 月
《迦陵诗词稿》（线装本）　　中华书局，2014 年 5 月
《迦陵著作集：杜甫〈秋兴八首〉集说》（函装本）北京大学出版社，2014 年 10 月
《迦陵著作集：迦陵论词丛稿》（函装本）　　北京大学出版社，2014 年 10 月
《迦陵著作集：迦陵论诗丛稿》（函装本）　　北京大学出版社，2014 年 10 月
《迦陵著作集：唐宋词名家论稿》（函装本）　　北京大学出版社，2014 年 10 月
《迦陵著作集：王国维及其文学批评》（函装本）　北京大学出版社，2014 年 10 月
《迦陵著作集：清词丛论》（函装本）　　北京大学出版社，2014 年 10 月
《迦陵著作集：词学新诠》（函装本）　　北京大学出版社，2014 年 10 月
《迦陵著作集：迦陵杂文集》（函装本）　　北京大学出版社，2014 年 10 月

《灵谿词说正续编》（缪钺、叶嘉莹合著） 北京大学出版社，2014 年 11 月
《名篇词例选说》 北京出版社，2014 年 12 月
《叶嘉莹说初盛唐诗》（录音光碟） 中华书局，2015 年 1 月
《叶嘉莹说中晚唐诗》（录音光碟） 中华书局，2015 年 1 月
《叶嘉莹说汉魏六朝诗》（录音光碟） 中华书局，2015 年 1 月
《叶嘉莹说陶渊明饮酒及拟古诗》（录音光碟） 中华书局，2015 年 1 月
《叶嘉莹说杜甫诗》（录音光碟） 中华书局，2015 年 1 月
《叶嘉莹说诗讲稿》（录音光碟） 中华书局，2015 年 1 月
《当代中华诗词名家精品集·叶嘉莹卷》 中国青年出版社，2015 年 1 月
《小词大雅》 北京大学出版社，2015 年 3 月
《荷花五讲》 商务印书馆，2015 年 9 月
《给孩子的古诗词》 中信出版社，2015 年 9 月
《迦陵谈词》（精装本） 生活·读书·新知三联书店，2015 年 11 月
《好诗共欣赏》 生活·读书·新知三联书店，2016 年 5 月
《清词选讲》 生活·读书·新知三联书店，2016 年 5 月
《迦陵谈诗》 生活·读书·新知三联书店，2016 年 6 月
《迦陵谈诗二集》 生活·读书·新知三联书店，2016 年 6 月
《给孩子的古诗词》（讲诵版） 中信出版社，2016 年 10 月
《我的老师顾随先生》 河北大学出版社，2017 年 5 月
《独陪明月看荷花——叶嘉莹诗词选译》外语教学与研究出版社，2017 年 6 月
《唐宋词十七讲》（精装本） 北京大学出版社，2017 年 8 月
《沧海波澄》 中华书局，2017 年 11 月
《古诗词课》 生活·读书·新知三联书店，2018 年 1 月
《叶嘉莹诗钞》（线装） 中华书局，2018 年 7 月
《叶嘉莹：爱上古诗词的九堂课》 广西师范大学出版社，2018 年 7 月
《美玉生烟：叶嘉莹细讲李商隐》 北京大学出版社，2018 年 7 月
《叶嘉莹谈词》 长江文艺出版社，2019 年 5 月
《唐诗应该这样读》 中华书局，2019 年 5 月
《弱德之美：谈词的美感特质》 商务印书馆，2019 年 6 月
《性别与文化：女性词作美感特质之演进》 商务印书馆，2019 年 6 月
《迦陵讲赋》 中华书局，2019 年 7 月
《中英参照迦陵诗词论稿》（上、下） 外语教学与研究出版社，2019 年 8 月

《红蕖留梦——叶嘉莹谈诗忆往》（增订一版）

生活·读书·新知三联书店，2019 年 9 月

《迦陵诗词稿》（增订版） 中华书局，2019 年 12 月

《多面折射的光影——叶嘉莹自选集》 人民出版社，2019 年 12 月

《好诗共欣赏：陶渊明、杜甫、李商隐三家诗讲录》

人民文学出版社，2020 年 1 月

《清词选讲》 人民文学出版社，2020 年 1 月

《迦陵谈诗》 人民文学出版社，2020 年 1 月

《迦陵谈诗二集》 人民文学出版社，2020 年 1 月

《几多心影：叶嘉莹讲十家词》 北京大学出版社，2020 年 1 月

《迦陵杂文集二辑》 北京大学出版社，2020 年 5 月

《叶嘉莹诗文选集》 中国书籍出版社，2020 年 7 月

《驼庵迦陵师生酬唱集》（线装） 广陵书社，2020 年 9 月

《叶嘉莹手稿集》 巴蜀书社，2020 年 10 月

《迦陵各体诗文吟诵全集》 广西师范大学出版社，2021 年 1 月

《迦陵词萃 迦陵曲选》（线装） 广陵书社，2021 年 5 月

《红蕖留梦——叶嘉莹谈诗忆往》（增订二版）

生活·读书·新知三联书店，2021 年 7 月

《兴于微言：小词中的士人修养》 四川人民出版社，2021 年 11 月

二

《夏完淳》 台湾幼狮出版社，1954 年

《杜甫〈秋兴八首〉集说》 “国立编译馆”中华丛书编审委员会，1966 年 4 月

《迦陵存稿》 台湾商务印书馆（人人文库 1256 分册），

1969 年 12 月初版，1982 年 12 月第二版

《迦陵谈诗》（一、二） 台湾三民书局，1970 年 4 月初版

《迦陵谈词》 台湾纯文学出版社，1970 年 11 月再版（横排）

《迦陵谈诗》（一） 台湾三民书局，1971 年 2 月再版

《迦陵谈诗》（二） 台湾三民书局，1971 年 2 月再版

《迦陵谈词》 台湾纯文学出版社，1974 年第五版

《迦陵谈词》 台湾纯文学出版社，1975 年 7 月第六版

《迦陵谈诗》(一) 台湾三民书局，1977 年 3 月再版
《迦陵谈诗》(二) 台湾三民书局，1977 年 4 月第三版
《迦陵谈诗》(一) 台湾三民书局，1980 年 12 月第三版(二册)
《迦陵谈诗》(二) 台湾三民书局，1980 年 12 月第四版
《迦陵论词丛稿》 明文书局，1981 年 9 月
《中国古典诗歌评论集》 纯真出版社，1983 年 4 月
《迦陵谈诗》(二) 台湾三民书局，1984 年 1 月第五版
《迦陵谈诗二集》 台湾东大图书股份有限公司，1985 年 2 月
《迦陵谈诗二集》 台湾三民书局，1985 年 2 月初版
《唐宋词名家论集》 台湾国文天地，1987 年
《中国词学的现代观》 台湾大安出版社，1988 年 12 月
《唐宋名家词赏析》(共四册) 台湾大安出版社，1988 年
《中国古典诗词评论集》 台湾桂冠出版社，1992 年
《唐宋词十七讲》 台湾桂冠出版社，1992 年
《王国维及其文学批评》(增订本) 台湾桂冠出版社，1992 年
《词学古今谈》(与缪钺合著) 万卷楼图书有限公司，1992 年 10 月
《迦陵谈诗》(一) 台湾三民书局，1993 年 8 月第六版
《灵豀词说》(与缪钺合著) 台湾正中书局，1993 年
《杜甫〈秋兴八首〉集说》 台湾桂冠图书公司，1994 年
《清词选讲》 台湾三民书局，1996 年
《清词名家论集》(与陈邦炎合著) 台湾“中央研究院”文学哲学研究所，1996 年
《迦陵谈词》 台湾三民书局，1997 年 2 月
《迦陵谈词》(重印) 台湾三民书局，1997 年
《好诗共欣赏》 台湾三民书局，1998 年
《唐宋名家词赏析》(共四册) 台湾大安出版社，1998 年
《叶嘉莹作品集》(共二十四册) 台湾桂冠图书公司，2000 年 2 月
《迦陵学诗笔记——顾羡季诗词讲记》(上、下) 台湾桂冠图书公司，2001 年
《诗词的美感》 台湾“中央研究院”，2003 年 1 月
《迦陵谈诗》(二版一刷) 台湾东大图书股份有限公司，2005 年 10 月
《清词选讲》(初版二刷) 台湾三民书局，2006 年 3 月修正
《照花前后镜——词之美感特质的形成与演进》
台湾“清华大学”出版社，2007 年 5 月

《迦陵谈诗》 台湾三民书局，2010年10月第三版
《迦陵谈诗二集》 台湾三民书局，2010年10月第二版一刷
《南宋名家词讲录》 台湾“清华大学”出版社，2010年11月
《王国维及其文学批评》（上、下）初版
台湾“清华大学”出版社，2011年10月
《唐五代名家词选讲》初版 台湾“清华大学”出版社，2011年10月
《汉魏六朝诗讲录》 台湾大块文化出版股份有限公司，2012年12月
《阮籍咏怀诗讲录》 台湾大块文化出版股份有限公司，2012年12月
《陶渊明饮酒及拟古诗讲录》 台湾大块文化出版股份有限公司，2012年12月
《叶嘉莹说杜甫诗》 台湾大块文化出版股份有限公司，2012年12月
《杜甫〈秋兴八首〉集说》 台湾大块文化出版股份有限公司，2012年12月
《叶嘉莹说初盛唐诗》 台湾大块文化出版股份有限公司，2012年12月
《叶嘉莹说中晚唐诗》 台湾大块文化出版股份有限公司，2012年12月
《迦陵说诗讲稿》 台湾大块文化出版股份有限公司，2012年12月
《迦陵论诗丛稿》 台湾大块文化出版股份有限公司，2012年12月
《迦陵说词讲稿》 台湾大块文化出版股份有限公司，2013年9月
《名篇词例选说》 台湾大块文化出版股份有限公司，2013年9月
《唐宋词十七讲》 台湾大块文化出版股份有限公司，2013年10月
《唐宋词名家论稿》 台湾大块文化出版股份有限公司，2013年10月
《我的诗词道路》 台湾大块文化出版股份有限公司，2013年11月
《迦陵杂文集》 台湾大块文化出版股份有限公司，2013年11月
《迦陵诗词稿》 台湾大块文化出版股份有限公司，2013年12月
《中国古典诗歌的美感特质与吟诵》
台湾大块文化出版股份有限公司，2013年12月
《迦陵学诗笔记》（上、下） 台湾大块文化出版股份有限公司，2013年12月
《迦陵谈诗二集》 台湾三民书局，2014年5月第二版二刷
《红蕖留梦——叶嘉莹谈诗忆往》
台湾大块文化出版股份有限公司，2014年5月
《〈人间词话〉七讲》 台湾大块文化出版股份有限公司，2015年1月
《给孩子的古诗词》（讲诵版） 台湾大块文化出版股份有限公司，2017年9月
《迦陵谈诗二集》 台湾三民书局，2019年1月第三版

《迦陵谈诗》 台湾三民书局，2019 年 1 月第四版

《美玉生烟：叶嘉莹细讲李商隐》

台湾大块文化出版股份有限公司，2019 年 12 月

《中国词学的现代观》 台湾大学出版中心，2021 年 11 月

《唐宋名家词赏析》 台湾大学出版中心，2021 年 12 月

三

《中国古典诗歌评论集》 香港中华书局，1977 年

《王国维及其文学批评》 香港中华书局，1980 年 6 月

《风景旧曾谙——叶嘉莹说诗谈词》 香港城市大学出版社，2004 年

《给孩子的诗词》 香港牛津大学出版社，2015 年

《四季读诗》 香港天地图书有限公司，2021 年 5 月

《知人论诗——叶嘉莹带你读唐诗》 香港天地图书有限公司，2021 年 8 月

美国出版

Studies in Chinese Poetry（Co–Author） Harvard University Press，1998

加拿大出版

《独陪明月看荷花——叶嘉莹诗词选译》

（加拿大）中侨互助会，2007 年 8 月第一版

俄罗斯出版

Seven Lectures on Wang Guowei's Renjian Cihua Routledge，2019

（俄文版《〈人间词话〉七讲》

俄罗斯科学院科学出版集团东方文学出版社，2019 年）

附录三　叶嘉莹历年所获主要荣誉

张　静　可延涛　编

加拿大皇家学会院士　1990年

香港岭南大学荣誉博士　2002年11月

斐陶斐荣誉学会第十一届杰出成就奖　2006年4月

中华诗词终身成就奖　2008年12月

中央文史研究馆馆员　2012年6月

中华之光“传播中华文化年度人物”（由中央电视台、文化部、国务院新闻办公室、国务院侨务办公室、中国人民对外友好协会、孔子学院总部等共同主办）　2013年12月20日

2014首届全球华人国学传播奖·年度海外影响力大奖（凤凰网、凤凰卫视联合岳麓书院主办）　2014年9月29日

2014中华文化人物（由中华文化促进会、凤凰卫视联合主办）

2015年1月6日

加拿大阿尔伯塔大学荣誉博士　2015年10月

“影响世界华人大奖”终身成就奖（凤凰卫视、凤凰网发起，联合《北京青年报》、中国新闻社、《联合早报》、《明报》、南方报业传媒集团、《星洲日报》、《大公报》、旺旺中时媒体集团、香港《文汇报》、北美《世界日报》、《亚洲周刊》、《侨报》、《欧洲时报》共同举办）　2016年3月25日

入选“改革开放四十周年最具影响力的外国专家”（国家外国专家局组织评

选）	2018 年 4 月 15 日
“最美教师”荣誉称号（教育部和中央电视台主办）	2018 年 9 月 10 日
乔鑫杯·2018 全球华侨华人年度人物（中国新闻社主办）	2019 年 1 月 5 日
中国政府友谊奖（外国专家局组织）	2019 年 9 月
南开大学首届教育教学奖终身成就奖（南开大学颁发）	2019 年 9 月 10 日
感动中国 2020 年度人物（中央电视台主办）	2021 年 2 月 17 日
第六届世界中国学贡献奖	2021 年 10 月 18 日

《灵谿词说》（与缪钺合著）于 1995 年荣获教育部颁发的“全国高等学校首届人文社会科学研究优秀成果奖”一等奖

《〈人间词话〉七讲》荣获“2014 年中国好书”

《中国古典文心》入选第十届文津图书奖推荐图书，2015 年 4 月 23 日国家图书馆正式公布

《小词大雅》2018 年被教育部教材局列入“中学生必读书目”

附录四　叶嘉莹主要捐赠及募资情况

可延涛　编

1997 年，叶嘉莹教授募资，由加拿大实业家蔡章阁先生向南开大学捐赠二百万元人民币，建设南开大学文科大楼（范孙楼）。

1997 年，叶嘉莹教授捐出加拿大不列颠哥伦比亚大学退休金的一半计十万美元，分别设立“叶氏驼庵奖学金”（五万美元）和“永言学术基金”（五万美元），至 2021 年“叶氏驼庵奖学金”已颁发二十四届。

2000 年，澳门实业家沈秉和先生向中华古典文化研究所捐赠一百万元人民币，建立研究所资料中心。

2005 年，蔡章阁先生长子蔡宏豪先生向中华古典文化研究所捐赠三十万元人民币，设立“蔡章阁儒学奖学金”，迄今已颁发十六届。

2006 年，加拿大施淑仪女士捐赠十一余万元人民币，用以支持叶嘉莹教授《唐宋词系列讲座》录像的制作出版。

2012 年和 2013 年，澳门实业家沈秉和先生与加拿大刘和人女士分别捐赠一百万元人民币，用以支持南开大学修建迦陵学舍。

2015 年，横山书院众学员筹资捐赠七十余万元，用以迦陵学舍内部装修。

2016 年至 2017 年，叶嘉莹教授将历年稿酬及出售北京、天津房产的收入计一千八百五十七万元捐赠给南开大学设立迦陵基金，推动诗词教育，助力中华传统文化传承。

2019 年，叶嘉莹教授再次向南开大学迦陵基金捐赠一千七百一十一万元。

编后记　在先生的感召下

2019年10月19日，南开大学百年校庆期间，一群中文系一九八二级学子登门拜望叶嘉莹先生。先生漫忆了四十载授业南开的过往，师生相谈甚欢。最后她满怀期冀地说："你们出一本我在南开讲学的书给我吧。"此为本书的肇始。

两度春秋转瞬即逝，面对新冠肺炎疫情影响，我们一直努力完成先生的这份作业。作为为此组建的编辑团队，每个人付出很多的同时又收获了很多。也正因如此，当新书面世之际，我们感到特别欣慰、特别荣幸！

出一本严肃的书不易，给所敬爱的前辈出书不易，给一位学富五车、名扬海内外的名师出书尤其不易。对编者而言，这是一次全新挑战，也是一个重大课题。

第一是明确选稿标准颇费周折。作者中除叶先生本人外，最高龄者年近九旬，最年少者才刚二十出头。他们中有专攻中国古典诗词的学者、教授，有听叶先生诗词讲座入门并追随多年的"叶粉"，有"文革"后恢复高考入学的首批南开学子，有在叶先生中华古典文化研究所工作的助理、老师及由此毕业走出校门的硕士、博士。文稿视角不同，各具风格，差异很大，如何筛选没有捷径。第二是稿件增删修改困难重重。面对篇幅过长、题目雷同的文稿，该怎么改？由谁来改？改到什么程度为好？这些都要反复探讨。多篇文章经数位编辑修改润色，有的被压缩万字以上，也有的经剪裁修改如芙蓉出水面目一新。第三是划分篇章结构历经反复。最终受叶先生诗词的启发，以“客子初从海上来”“谁知散木有乡根”“师弟因缘逾骨肉”“弱德持身往不回”这四句来划分主要篇章，反映了先生从事中国古典诗词教育，尤其是在南开四十多年的教学、研究、创作生涯，有助于让先生的生涯脉络、学术成就、人格魅力更清晰地呈现在读者面前。

能完成这项并不轻松的“作业”，我们的力量来自作者及团队的使命感，也来自叶嘉莹先生。没有诸多作者满怀激情奋笔直书，出一本好书的愿望只是空中楼阁。《我与恩师叶嘉莹先生》《难忘诗骚李杜魂》《叶嘉莹对中国传统文化的现代化创新》《叶嘉莹先生与我们》等出自南开大学中文系一九七七级、一九七八级学子之手的文章，记叙了先生初到南开授课的风采，探究引发了新时期中国古典诗词热的原因。《我与姑母叶嘉莹》等文章，为了解先生身世及归根祖国、情系南开提供了翔实史料。《叶先生的立身之本是中华诗词文化》《千春犹待发华滋——叶嘉莹先生的诗教传承》等文章，对叶先生毕生传承中华古典诗词文化做出专家解读。《祝寿歌》《望日莲》《在大师身边》《我做“叶粉”四十年——追随叶嘉莹先生学诗悟道记忆珍存》等文章，描述了在大师身边的观察与收获。序章诸文及附录《迦陵年表》《叶嘉莹著作版本目录》等，对介绍本书背景、帮助读者深入了解叶先生的成就大有助益。有缘先睹这些文章让人欣喜难抑，让人感受到作者、编者心心相通。使命感能凝聚“散沙”，也能激发潜能。2019年南开大学百年校庆，2020年《掬水月在手》文学纪录电影公映及同名书籍出版，2021年叶嘉莹先生荣获“感动中国2020年度人物”，本书编辑出版可谓赶上好机遇。以南开大学中文系一九八二级学子为主体，其他年级校友助阵的编辑团队紧急启动。没有固定办公地点就采用临时会议与网络办公相结合，先期经费尚未落实就边推进边落实，缺乏专业队伍就八方招贤、广撒“英雄帖”。按照主编沈立岩提出的“一定要把书编好”的要求，团队成员感受到身上有一份沉甸甸的责任，也体会到寝不安席、食不甘味的滋味。每一篇稿件都来之不易，有的是付出辛苦“淘来”“挖来”；有的是捕捉精彩、描摹细节，力求图文并茂，臻于完善；有的是登门采访当事人并认真核对得来；有的是编者作者切磋修改，最终定稿。这些文章或有新视角，或讲新故事，或填补新空白，为本书增色，也让我们感到付出有所值，对读者有价值。最让人感动也最受鼓舞的是来自叶先生的关怀和指导。今年（2021 年）已九十七岁高龄的叶先生精神矍铄、思维清晰，这是晚辈学子之福。2020 年夏，我们首次把十多篇文稿呈给叶先生，先生逐篇审阅，提出她的标准：“要言之有物”“要有真情实感”“要朴实无华”“有话则长，无话则短”。这些标准被运用于本书文稿编辑过程中。经过数月紧张工作，我们把对新书设计的一些想法连同书名呈叶先生，很快得到她的回复：“书名挺好，简单明了。封面风格朴素淡雅一些……”2021 年春节后，我们将所有文稿分批呈叶先生审阅。先生对有些文章中所引用诗词的错误给予了纠正，对有的诗句平仄不当给出了具体修改意见，对有的文章还做了批注。如批注《“跑野马”之境——在南开聆听叶嘉莹先生古典诗词讲座札记》：“写得好，此一篇文稿全然不需改动一字”；批注《温哥华来客和穿裙子的“士”——读听迦陵三十年，写于叶著六种出版之际》：“此文论述较全面而深入，可喜也”。看到先生的手书批语，团队成员如沐春风。先生还专为各章节题词，令我们特别感动！

本书编辑出版工作得到南开校友和社会各界的广泛支持。项目进展被列入《南开校友总会 2020 年大事记》，并得到南开大学文学院、南开大学教育基金会大力支持。南开大学天津校友会詹先华会长给予热心支持和指导帮助，南开大学扬州校友会会长、天津远方资产管理有限公司董事长梅传正闻讯后慨然出资支持出版。中国电影评论学会常务副会长、一九七八级校友张卫也给我们多方支持和指导，对此，我们深表感谢！此外，中国大百科全书出版社刘国辉社长及社科学术分社曾辉社长等的鼎力相助，让本书得以在最短时间内和读者见面……对来自社会各界的无私支持，我们在此深表感谢！因篇幅所限，诸多作者的相关文章未能应收尽收，还望见谅。我们企盼本书成为“引玉之砖”，书中难免存在的疏漏或谬误处也望方家指正！

“叶嘉莹热”已成为当代中国一种重要的文化现象。它从当年先生来南开讲学开始，迄今仍在从教育到文化等领域影响和惠及海内外自白发苍苍的老人到牙牙学诗的孩童……正如央视在“感动中国2020年度人物”颁奖仪式上给予叶先生的颁奖词——“你发掘诗歌的秘密，人们感发于你的传奇……”

愿叶嘉莹先生致力一生、浸润灵魂的中华诗教传承之灯点亮更多人的心灵，让经典永流传的诗句给我们前行的力量！

编委会